KB073989

유교문화권 전통 마을 2

영양 주실 마을

동양문화산책 18

유교문화권 전통 마을 ②
영양 주실 마을

지은이 안동대학교 안동문화연구소
펴낸이 오정혜
펴낸곳 예문서원

편집·교정 조영미·명지연
인쇄 및 제책 상지사

초판 1쇄 2001년 12월 24일
    2쇄 2025년   1월 8일

주   소 서울시 동대문구 용두 2동 764-1 송현빌딩 302호
출판등록 1993. 1. 7. 제5-343호
전화번호 925-5914 · 929-2284 / 팩시밀리 929-2285
Home page http://www.yemoon.com
E-mail yemoonsw@unitel.co.kr

ISBN 89-7646-145-2 03150

YEMOONSEOWON 764-1 Yongdu 2-Dong, Dongdaemun-Gu Seoul KOREA 130-824
Tel) 02-925-5914, 02-929-2284 Fax) 02-929-2285

값 9,800원

| 동양문화산책 18 |

유교문화권 전통 마을 ②

영양 주실 마을

안동대학교 안동문화연구소 지음

예문서원

안동문화연구소는 작년 즉 2000년에 경북 북부 지역을 '안동문화권'으로 상정하고, 그 안에 자리한 전통 마을을 소재로 교양서를 편찬하기로 결정하였다. 그 첫 사업으로 안동시 서후면에 자리한 금계 마을의 역사와 문화를 정리하여 『안동 금계 마을 ─ 천년불패의 땅』을 발간하였다. 그리고 금년 2001년 들어 두번째 주제로 영양군 일월면 주곡리에 위치한 주실 마을을 선정하고 이제 한 권의 책으로 펴내게 되었다.

주실 마을은 경상북도 북동부 지역의 깊은 산골짝 영양군 일월면에 자리하고 있다. 태백산맥이 한반도의 등줄기로 내려오다가 소백산맥이 갈빗대처럼 서쪽으로 뻗어나가는 갈림목, 바로 그 남서쪽 첫 번째 골짜기가 영양이고, 그곳에 바로 주실 마을이 있다. 물론 그곳은 첩첩산중이라 숨이 턱막힐 만큼 좁으니, 풍요한 살림을 일굴 만한 넉넉한 토지라고는 꿈에서조차 찾을 수 없는 곳이다. 그런데 이 마을에서 한국사에 독보적인 자취를 남긴 인물들이 쏟아져 나왔으니, 모두들 감탄해마지 않았다. 그러면서 한편으로 무엇이 그러한 역사를 만들게 하였는지 한결같이 의문을 제기해 왔다. 바로 이 점이 우리 연구소에서 이 책을 만들게 된 이유이다.

주실 마을은 1600년대 초에 서울에서 남하해 온 한양 조씨에 의해 열린 마을이다. 그 뒤 400년 가까운 세월이 지나는 동안, 오직 한양 조씨 한 문중만이 이 마을의 역사를 일구어 왔다. 주실 마을의 역사를 들여다보면 두 가지 특성을 찾을 수 있다.

첫째, 안동문화권에서 가장 반反안동적 마을이라는 것이다. 영양에서,

문과급제자가 배출된 첫 역사는 주실 산골 마을에서 펼쳐졌다. 조덕순 형제가 문과에 급제하면서 주실의 한양 조씨들은 중앙으로 진출해 나갔고, 조덕린이 영남을 대표하는 유학자로 성장한 뒤에는 안동을 중심으로 거대한 권역을 형성한 퇴계 학맥 속에 자리잡았다. 그러면서도 이 마을은 퇴계 학통이 중심 맥락을 이루는 안동문화권에서 독특한 목소리와 색깔을 냈다. 실학에의 접근이 그러하고, 주위의 여느 마을과 달리 개화 개혁의 길로 발빠르게 나아간 점이 그러하다.

둘째, 전통과 개혁이라는, 도저히 공존하기 힘든 역사를 조화롭게 일구어 왔다는 점이다. 이 마을은 근대에 접어들면서 어느 마을보다 먼저 개혁의 길로 나아갔다. 즉 단발령에 저항하여 의병을 일으키고 끝까지 반대한 영남 지방의 여느 지역과 달리, 이 마을은 가장 먼저 단발을 단행하였다. 깊디깊은 산골 마을이었음에도, 서울과 대구를 비롯한 국내 대도시뿐 아니라 멀리 일본에까지 일찌감치 유학생을 보냈던 이른바 '깬 마을'이었다.

물론 이처럼 근대를 향해 급속도로 나아간 마을이 비단 이곳 주실 마을뿐만은 아닐 것이다. 그러나 궁벽한 산골 마을이 개화와 근대화의 선봉에 섰다는 점도 믿기 어려운데, 그러한 와중에 나타날 수 있는 반민족적 행적조차 거의 찾아 볼 수 없다는 것은 주실만의 특징으로 보아도 틀리지 않을 것이다.

이 책은 이러한 특징들을 정리하여 크게 11개의 주제와 부록으로 구성하였다. 마을의 지세와 풍수적인 해석(이효걸), 입향 과정(김용헌), 조덕순·조덕린 형제의 삶(안병걸), 가학 형성과 전개(권오영), 중앙학계와의 만남(김문식), 근대로의 길(김기승), 민족운동(김희곤), 문학과 국학(정천구), 전통 건축(이호열), 민속놀이(김미영), 오늘의 주실 인물(노대환) 등이 그것이고, 여기에 주실 마을에 대한 기행문 성격을 지닌 다섯 편의 글을 부록으로 실었다.

　책을 내는 과정에서 많은 분들의 도움을 입었다. 우선 사진 촬영에는 『안동』(사랑방)의 김복영 편집장님의 노고가 컸다. 지난번 『안동 금계 마을 ─ 천년불패의 땅』 편찬에서도 사진을 촬영하느라 수고하였는데, 이번에도 선뜻 일을 맡아 하며 현장을 몇 번이고 다녀와야 하는 수고를 한 번도 싫다하지 않았다. 거듭 감사의 인사를 드린다. 그리고 자료 수집과 조사 과정 및 자문에 일일이 즐거운 얼굴로 대해준 조동건 · 조필수 · 조건영 · 조동길 · 조세락 선생님께 필진을 대표해서 감사의 말씀드린다. 아울러 기행문을 게재할 수 있도록 마음 써주신 다섯 분에게도 감사하다는 인사를 드린다. 또 조사 과정에서 많은 일들을 뒷바라지하고 지도를 제작하느라 애를 쓴 안동대학교 대학원 사학과의 류현정 · 이현정 · 신창균 · 양승진, 밀양대학교 대학원 건축공학과의 이상길 · 김호주 · 권순강 · 이정자 · 임진열에게도 고마운 마음을 표한다. 끝으로, 출판을 맡아준 예문서원의 오정혜 사장님과 편집부 여러분에게도 감사의 인사를 드린다.

2001년 12월
안동대학교 안동문화연구소장 김희곤

| 유교문화권 전통 마을 ②

영양 주실 마을

영양 주실 마을 지도

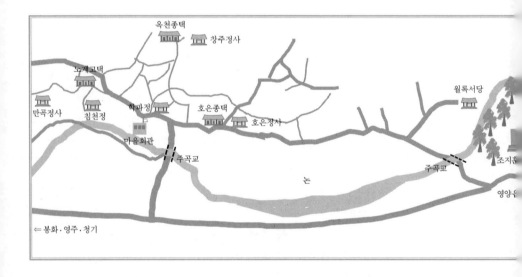

1장

주실 마을의 자연 환경과 풍수지리적 상징

1. 자연과 교감하며 살아가는 주실 사람들

경상북도 영양군 일월면 주곡리에 위치한 주실 마을은 시인 조지훈趙芝薰(본명 東卓, 1920~1968)의 생가生家가 있는 곳으로 유명하다. 그러나 조지훈을 좀더 알고 있는 사람이라면 신간회新幹會(1927) 활동을 하였고 훗날 한의학의 기초를 닦은 그의 부친 조헌영, 형이자 요절한 천재 시인 조동진을 기억할 것이다. 더 나아가 조선시대 영남 유학사의 전개 과정을 이해하고 있는 사람이라면 주실 마을이 오늘날과 같은 명망을 얻게 된 것이 조지훈이나 그들 부자父子 때문만은 아니라는 것을 잘 알고 있을 것이다. 산간 오지에 자리한 이 작은 마을이 유명하게 된 것은 17세기 이래로 영명한 인물이 계속해서 배출되었기 때문이다.

특정 지역에서 유능한 인물이 보통 이상으로 많이 배출되었다면 그것은 대개 자연적 환경보다는 사회 문화적 배경에 기인한 경우가 대부분이다. 예를 들어 신분적 특권이 일반적으로 승인되었던 조선시대 서울의 유력한 특

▲ 주실 마을 전경

정 가문에서 대대로 고급 관리나 학자를 배출할 수 있었던 것은 그들이 선진 문화를 누구보다 앞서 쉽게 접할 수 있었기 때문이다. 마찬가지로 안동에서 수많은 인물이 배출될 수 있었던 것 역시, 퇴계 이래 영남학파 일단이 이 지역을 구심점으로 하여 혼인이나 학연 등으로 관계를 맺고 문화를 주도하였던 데에 기인한 바 크다.

그런데 주실 마을에서 수많은 인재가 배출된 것은 위의 어떠한 경우에도 해당하지 않는다. 물론 주실 마을의 유학적 성향이 영남 남인에 속하고 또 안동의 유력한 가문과 혼인을 계속 맺어 온 것은 사실이지만, 이 산간 오지의 작은 마을에서 역사적 인물을 집약적으로 배출해낼 수 있었던 것을 단지 안동 지역 영남 학단의 문화적 배경으로만 간주할 수는 없다. 주실의 좁은 계곡 사이사이에 간간이 마련된 협소한 농지는 어느 한 가문에 집중된다 하더라도, 그 가문이 자손 대대로 학문에만 몰두할 수 있을 정도의 땅은 못 된다. 따라서 산지 마을의 평균 수준을 훨씬 웃도는, 주실의 집약된 인문적 역량을 합리적으로 설명하기란 사실상 불가능하다고 하지 않을 수 없다. 여기서 우리는 전통적인 풍수지리적 해석을 곁들일 여지를 찾을 수 있다.

왜냐하면 우리는 우리 앞에 일어나는 이 세계의 모든 현상을 어떻게든 해석해야만 하기 때문이다. 그리고 우리는 그 해석을 따라 그 나름대로 자연에 적응하고 사회적 삶을 꾸려나가기 때문이다. 우리의 삶이 아직 전통의 품을 떠나지 않던 시대에 우리는 우리 방식의 삶을 자연에 맞게 꾸려가기 위해서 자연을 그 나름대로 열심히 설명해내고 있었다. 그것이 우리의 전통적 풍수지리설이다.

우리의 풍수설은 오랜 경험을 토대로 자연이 어떠한 방식으로 인간의 삶에 영향을 끼치고 있는가를 읽어내고 그 원리에 적응해 가기 위한 것만은 아니다. 오히려 주어진 자연에 우리가 꿈꾸고 싶은 것을 형상적으로 유비하고 명명하여 늘 우리의 삶 가까이 둠으로써 사람들의 집단 무의식 속에 그 꿈이 일회성에 끝나지 않도록 반복적으로 일깨우고 그것을 현실화시키는 일종의 제의요 기도였던 측면이 더 크다. 그러므로 한 마을에 주어진 풍수지리적 이름들은 마을을 열어간 사람들이 자연과 교감하고 그 위에 그들의 꿈을 투영한 상징이며, 풍수지리 관련 설화는 그 꿈을 풀어낸 그들 나름의 각본이라고 할 수 있겠다. 그러나 마을을 열어간 사람들이 주어진 자연에 자신의 꿈을 암묵적으로 각색해낸 설화적 풍수설에는 자연의 기운과 그 형상이 뿜어내는 힘이 더 크게 작용한다. 그것은 결코 자연이 가진 필연성의 이름으로 인간 자신의 주관적 욕망을 투영한 것이 아니다. 자연이 솟아 내는 기운을 읽어낼 수 있는 열린 마음과 겸손한 희망을 가진 자만이 우리의 풍수와 함께 할 수 있을 것이다.

2. 주실의 품격 높은 주산, 일월산

우리 나라의 모든 마을 풍수의 총론은 백두대간으로부터 시작한다. 주실의 풍수 총론을 거론함에 있어서도 백두대간과 주산인 일월산日月山(1219m)과의 관계부터 이야기하지 않을 수 없다. 여기서 일단 주목할 만한 사실은 주실의 주산인 일월산이 마을의 주산으로서는 격이 너무 높다는 점이다. 영남 지역에 있는 이름난 숱한 마을이 일월산을 조산으로 한 것을 염두에 둔다면, 조산의 품격을 가진 일월산을 주산으로 한 주실 마을은 어떤 원천과 '직접성'의 기운을 품고 있다고 볼 수 있다. 다시 말하면 이 마을의 정신적 지향성이 주변과의 조화에 침잠하기보다는 근본적인 것이나 새로운 힘에 직접적으로 맞닿으려는 데로 향해져 있다는 것이다. 안동 유림과 깊은 유대를 가지면서도 안동 지역의 그 어떤 마을보다도 서울인 한양의 문물이나 일본을 통한 신문명을 받아들이는 데 주실은 개방적이고 직접적이었다. 주실의 지리적 여건으로 볼 때 도무지 이해가 되지 않는 이러한 부분도 풍수적 해석으로는 설명이 가능하다. 그리고 또한 이러한 점이 풍수설의 재미를 더해 주는 대목이기도 하다.

주실의 주산인 일월산은 백두대간과 어떤 관계에 있는 것일까? 한반도의 뼈대인 백두대간은 반도의 등줄기를 따라 힘차게 내려오다가 반도의 종단 중심부인 태백산에서 일단 그 기세를 추스른 다음, 반도의 횡단 중심부로 향하면서 소백산맥을 키워내고 다시 남진하면서 지리산까지 뻗어 큰 뼈대(대간)를 마무리짓는다. 소위 영남이란, 백두대간이 태백산에서 소백산맥을 키워내면서 둘러싼 한반도의 동남부 지역을 말한다. 그러므로 태백산과 소백산은 영남 지세의 두 원천인 셈이다. 그리고 이 두 산이 자리잡은 곳이 백두대간인 만큼 백두대간이 한반도 남부의 모든 지세를 아우르고 있다고 볼 수 있다. 그러나 백두대간이 영남 지세를 실제로 기획하고 끌어가기 위해 뻗친

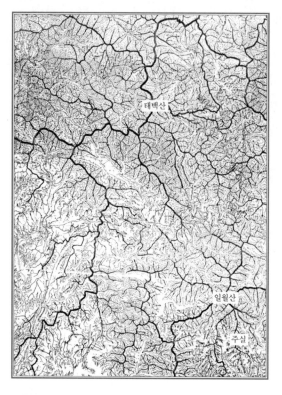

태백산

일월산

주실

▲ 주실 마을의 지세

것은 낙동정맥이다. 이 낙동정맥은 태백산이 그 본류를 서쪽으로 진행시키면서도 소백산맥을 뻗어낼 즈음 그와 동시에 백두대간이 지금까지 남진하던 방향대로 영남에서 키워낸 맥이다.

더불어 태백은 영남 지세를 위해 낙동정맥뿐만 아니라 낙동강이라는 영남의 젖줄을 동시에 키워냈다. 낙동정맥과 낙동강은 산줄기와 물줄기가 되어 서로 짝을 이루며 영남에 잠재해 있는 모든 생명을 잉태하고 양육해 내었다. 이러한 상응성 때문에 태백에서 뻗어 나온 맥도 낙동이라는 이름을 얻었을 것이다. 지금 우리가 알고자 하는 주실의 주산인 일월산은 영남 지세의 사령인 낙동정맥의 큰 줄기에 자리잡아 영남 북동부의 상당한 지역 경영을 담당하고 있으므로 한 마을의 주산 정도에 머물 산이 아닌 것이다. 한반도의 전체를 경영하는 백두대간은 영남의 경영을 낙동강과 낙동정맥에 맡겼다고 볼 수 있다. 그런 임무를 맡은 낙동정맥은 그 첫 사업으로 영남 북동부의 지역 경영을 위해 다시 일월산을 낳은 것이다. 이 같은 측면에서 볼 때 일월산은 낙동정맥의 순정

純精이 처음 솟아난 영기 어린 산이라고 할 수 있다.

인간 세상에서 가장 밝은 빛은 햇빛과 달빛이다. 그러므로 낙동정맥이 초기에 생산한 산이 해와 달의 이름을 얻은 것은 정당하다. 빛이 빛다운 역할을 하자면 밝은 데서도 빛나야 하고 어두운 곳에서도 빛나야 한다. 빛이 살아 있는 것이기 위해서는 때와 곳에 맞춰 빛나야 한다. 어둠을 밝히는 해의 빛과 어둠 속에서도 밝음을 주는 달의 빛이 모두 필요한 것은 그런 까닭이다. 누가 낙동정맥의 기운찬 솟음과 더불어 일월의 빛을 이야기하였는지는 모르겠으나, 선인의 지혜로움에 절로 찬탄이 나온다. 하늘의 해와 달이 신령한 영기를 품고 자신의 형상을 지상에 만들어 백두대간의 맥에 잇대어 자리잡은 것이 바로 '일월산'인 것이다. 아니, 이 지역에 살았던 우리 조상들이 그렇게 보고자 했고 또 그렇게 꿈꾸었던 것이다.

해와 달의 산인 일월산은 해에 해당하는 일자봉과 달에 해당하는 월자봉, 두 봉우리를 가지고 있다. 영양 주실 마을은 일월산 일자봉의 한 줄기가 남쪽으로 뻗어 내려가 첫 번째로 한 매듭을 짓고 마을을 낸 터에 있다. 그런데 사실 일월산은 낙동정맥의 큰 줄기에서도 약간 비켜 서 있다. 영남 남부까지 이어지는 낙동정맥의 크고 긴 줄기는 일월산이 있는 줄기와는 다르기 때문이다. 이러한 형세는 일월산이 영남 북동부를 경영하기 위해 미리 낙동정맥의 기운을 적당히 빼내 분가한 것처럼 보인다. 그러니 주실 마을은 태백산을 정점으로 백두대간에서 분가한 낙동정맥에서도 다시 분가한 일월산 아래의 가장 가까운 마을이라 할 수 있다.

3. 주실이라는 이름의 유래와 호리병 형국

주실이라는 이름은 사실 어법에 꼭 들어맞는다고 할 수 없다. 왜냐하면 물을 댄다는 의미의 '주注' 자는 한자이고 골짜기를 뜻하는 '실'은 순우리

말이기 때문이다. 그러므로 '주실'보다는 '주곡'이 맞는 말일 것이다. 주실보다는 주곡이 맞는 말이지만 오히려 귀에 익은말은 주실이다. 그래서 혹 '주실'이라는 단어가 원래 순우리말이거나 순우리말인 어떤 단어로부터 음이 바뀌어 굳어지게 되고 거기에 한자말을 억지로 끌어들인 게 아닌가 하는 의문도 든다. 그러나 주실의 어원을 순우리말로 전제한다 해도 현재로서는 그 의미를 정의할 만한 뚜렷한 근거를 찾는 것은 불가능하다. 설사 어원의 행방을 찾는다 해도 '물을 댄다'는 의미로 굳어진 말을 이제 와서 다시 무력화시킬 수는 없을 것이다. 대상이 언어를 얻지 못하면 의미를 잃어버리지만, 대상이 언어를 갖더라도 불러주지 않으면 또한 의미를 잃어버리기 때문이다. 어쨌든 주실이라는 말의 뜻은 '물을 대는 골짜기'이거나 '물이 대어지는 골짜기' 정도로 이해하면 될 것이다.

주실의 형세를 보면 이 두 가지의 의미가 다 들어 있음을 알 수 있다. 영양에서 31번 국도를 따라 약 4km 정도 올라가다 보면 좌측으로 918번 도로가 나오는데 이 도로를 따라 다시 약 3km 정도 가면 길을 뒤덮는 숲이 나온다. 여기가 바로 주실 마을 입구이다. 숲을 지나면 지금까지의 계곡과는 다르게 폭이 양쪽으로 활처럼 넓어졌다 다시 좁아지며 언덕을 이룬다. 마을이 흡사 호리병 형상을 이루며 마을 입구 쪽으로 기울어져 있다.

주실은 계곡의 폭이 펼쳐지는 곳에서 시작하고 다시 좁아지는 곳에서 마감한다. 주실 마을은 이 계곡 한가운데를 흐르는 냇가(半邊川의 지류로서 마을에서는 將軍川이라고도 부른다)를 중심으로 일월산 쪽에 자리를 틀고 있다. 그래서 이 계곡 사이를 흐르는 적은 수량水量도 이 마을을 지날 때 유속을 떨어뜨려 마치 호리병에 물을 채웠다가 동구 쪽을 향해 필요에 따라 쏟아 내는 느낌을 주고 있다. 말하자면 주실 마을이 자리잡은 계곡의 형상이 호리병과 같아서 계곡을 흐르는 물의 흐름 또한 호리병에 물을 채웠다가 빼내는 것과 같게 된 것이다. 따라서 주실이란, 계곡의 양쪽 골짜기(용골 · 논골 · 성지골 · 새미골 · 감북골 · 앞산골 등 크고 작은 많은 골짜기가 있다)에서 이 마을에 물을 대어주는 것과, 이 마을이 간수한 물을 바깥에 대어주는 두 가지 역할을 의미한다고 하겠다.

주실 마을이 자리잡은 계곡의 형상이 호리병과 같다는 사실은 일찍부터 알려졌다. 한양 조씨 영양 입향조인 조원趙源에게는 광인光仁 · 광의光義 두 아들이 있었는데, 이들 형제에 의해 한양 조씨 일문이 영양에 확고하게 안착하게 되었다. 또한 이들 형제의 아들인 수월水月 검儉, 사월沙月 임任, 연담蓮潭 건健, 호은壺隱 전佺이 임진 · 병자 양란 때에 의병으로 맹활약하여 영양 한양 조씨의 명망을 더욱 드높이고 이곳에서의 지역 기반도 넓혔다. 그 중 조전이 입향하여 세거한 주실 마을이 영양 한양 조씨 일문 가운데 가장 유명하게 되었다. 여기서 우리는 조전이 주실 마을에 처음 자리를 잡으면서 스스로를 호은壺隱이라 자처한 사실에 주목할 필요가 있다. 호리병 속에 조용히 은거하겠다는 뜻의 '호은'이라는 호에서 우리는 조전이 이미 주실 마을의 형세를 호리병 형상으로 보았음을 알 수 있다. 오늘날의 주실 마을을 있게 한 두 기둥이라고 하면 조전의 증손자 조덕순과 조덕린 형제를 들 수 있는데, 조덕순의 호 역시 호봉壺峯이다. 또한 그의 아우 옥천 조덕린 역시 「주실본제정침상량문(注谷本第正寢上樑文)」을 쓰면서 주실 마을의 형세를 "몇 개의 언덕을 갖춘 호리병 안에 있는 별천지"(壺裏別天, 藏數丘之曲折)라 하여 은거의 땅으로 규정한 바 있다. 주실 마을을 연 이들 세 사람은 마을의 형상이 호리병 모양으로 생겼음을 일찍이 알고 있었음에 틀림없다.

4. 앞산의 산세와 기운

마을 뒤쪽에는 부용봉 · 매방산이 있고 마을 앞쪽에는 갈미봉 · 문필봉 · 연적봉 · 홍림산 · 독산 등이 서에서 동으로 차례로 늘어서 있다. 마을의 집들은 거의 대부분 남향을 하고 있기 때문에 마을 사람들은 마을 앞쪽에 있는 홍림산·문필봉·연적봉·갈미봉·독산과 이 사이에 있는 작은 골짜기들을 늘 보게 된다. 주실 마을 사람들이 항상 마주 보고 있는 앞쪽 산들의 형세는 부지불식간에 마을 사람들의 심성에 새겨져 그들의 의식과 행동에 영향을 끼친다고 볼 수 있다. 뒤쪽에 있는 부용봉과 매방산도 마을 사람들의 심성에 영향을 끼치고 있지만 앞쪽 산들만큼 직접적이지는 않다. 그것은 우리의 의식이 늘 우리의 눈에 띄는 것에 쏠려 있는 반면, 눈에 띄지 않는 뒤쪽의 모습은 이따금씩 우리의 생각에 떠올라 앞쪽에 빠져 있는 우리의 시선을 다그치거나 고쳐 주는 경우와 같다. 누구나 일상적 삶 속에서 눈앞에 부닥친 상황에 골몰해 있다가 문득 자신을 바라보는 부모의 시선이 생각나 행동을 추스른 경험이 있을 것이다. 이 때를 생각하면 쉽게 이해할 수 있을 것이다.

요컨대, 우리의 시야를 채우는 일상적 모습과 기운은 심성에 직접적으로 침투되어서 우리의 생각과 행동으로 드러나게 하는 것이라면, 후면에 있는 그것은 드러낸 행동과 생각에 힘을 북돋워 주거나 낱낱의 행동들을 묶어 주는 후견인 역할을 하는 것이라 할 수 있다. 앞쪽 산의 형세가 주실 마을 사람들의 생각과 행동을 이끌어 주는 수단과 방법이라면, 뒤쪽 산의 형세는 그것을 밀어 주고 조정하는 동력원이고 방향타인 셈이다.

이런 측면에서 주실 앞쪽에 있는 홍림산興霖山·갈미봉葛迷峰(葛尾峰)·문필봉文筆峰·연적봉硯滴峰·독산獨山 등이 만들어내는 모습과 기운이 주실 사람들의 일상적 의식과 행동에 끼친 영향에 대해 다음과 같은 풍수적 구도를 그려 볼 수 있다. 우선 주실의 전면에 배치된 산들이 엮어 낸 그림을, 원근·좌우의 구도 면에서 살펴보고 각각의 모양이 어우러져 드러내는 느낌을 찾아야 한다. 마을 앞산들이 연출해 내는 전체적 흐름은 우측(서쪽)에서 좌측으로 흐른다. 또한 그 흐름은 마을과 인접해 있는 갈미봉에서부터 먼 쪽에 있는 홍림산으로 흐르고 있다. 이처럼 서에서 동으로, 그리고 가까

▲ 마을 입구에서 본 주실 마을 전경. 오른쪽 부용봉이 마을 뒷산에서 내려와 마을 앞산의 문필봉과 장군천에
서 만나는 이 경계선이 호리병 모양을 이루고 있다.

운 데서 먼 쪽으로 흐르는 두 흐름이 바로 외향적으로 드러나는 마을의 유동
성을 읽어내는 데 관건이 된다.

서에서 동으로 흐르는 산의 흐름은 마을을 관통하는 물 흐름의 방향과 일
치하기 때문에 산세山勢와 수세水勢가 서로 조화되고 있음을 알게 해준다.
이러한 조화는 서로 상승 효과를 주어 주실 마을을 감도는 전체적 기운을 동
東으로 흐르도록 이끈다. 또 가까운 데서 먼 쪽으로 흐르는 산세는 점차 닫
힌 데서 열린 데로 뻗어 나가는 기운을 뿜어내고 있다. 그러나 동네를 감돌
다 동구에서 다시 바짝 끌어당긴 수세는 산세로 말미암은 겉보기의 개방적
기상에도 불구하고 내밀히 속을 닫고 있는 기운을 품고 있음을 보여 준다.
이것은 마을 입구에 있는 독산과 그 인근에 꽉 찬 숲이 속내를 지키는 기운

을 더욱 조장하고 있다.

그러나 속내를 지키는 폐쇄성은 다분히 방어적이다. 이는 마을 사람들 스스로는 바깥으로 뻗어 나가려 하지만 바깥 사람들이 이 마을의 정체성을 쉽게 허물지 못한다는 의미에서 방어적 폐쇄성이라는 말이다. 이러한 방어적 폐쇄성에는 주실 사람들이 바깥 세상에서 진취적으로 활동하면서도 자신의 정체성을 쉽사리 해체하지 않는다는 의미도 담겨 있다. 요컨대 주실 사람들은 마을 안에 있으나 밖에 있으나 활달하게 뻗어 나가는 진취적 기상에도 불구하고 정신적 자기 정체성을 고수하는 감추어진 속내를 갖추고 있다고 하겠다. 달리 말하자면 전통에 대한 의식적 자부심과 무의식적 귀소성으로 잠재되어 있다고도 하겠다. 우리는 전통의 권위가 도전받고 상처받던 시대에 정신적 지조를 전통의 언어로 그림 그리듯 조탁해낸 조지훈으로부터 이러한 점을 발견할 수 있다. 「고풍의상古風衣裳」이라는 다음의 시는 조지훈의 시상詩想을 처음으로 세상에 표현한 것으로써 조지훈의 시 세계를 더듬어낼 수 있는 갈피가 된다.

하늘로 날을 듯이 길게 뽑은 부연 끝 풍경이 운다
처마 끝 곱게 늘이운 주렴에 반월半月이 숨어
아른아른 봄밤이 두견이 소리처럼 깊어가는 밤
곱아라 곱아라 진정 아름다운지고
파르란 구슬빛 바탕에 자주빛 호장을 받힌 회장저고리
회장저고리 하얀 동정이 환하니 밝도소이다
살살이 퍼져 나린 곧은 선이
스스로 돌아 곡선을 이루는 곳
열두 폭 기인 치마가 사르르 물결을 친다
치마 끝에 곱게 감춘 운혜雲鞋 당혜唐鞋
발자취 소리도 없이 대청을 건너 살며시 문을 열고
그대는 어느 나라의 고전을 말하는 한 마리 호접胡蝶

호접인 양 사풋이 춤을 추라 아미蛾眉를 숙이고…
나는 이 밤에 옛날에 살아
눈 감고 거문고 줄 골라 보리니
가는 버들인 양 가락에 맞추어
흰 손을 흔들어지이다.

자신의 몸에 스며들어 있던 전통적 삶이 바깥 세상에서 여지없이 허물어지고 있을 때, 눈을 감고 어린 시절 어느 한밤의 주실 마을 풍경으로 돌아가 '이 밤에 옛날에 살아 눈 감고 거문고 줄 골라' 자신을 지켜내겠다는 심정을 읊은 시이다.

요약하면 호리병 안에서 물을 감돌게 하는 이 마을의 수세가 주실 한양 조씨의 혈연적 연대성과 정신적 자기 정체성을 강화하는 상징적 촉매제였다면, 서에서 동으로 그리고 가까운 곳에서 먼 곳으로 뻗어 내는 이 마을 전면의 산세는 새로움에 대한 희망과 호기심을 자극하며 외향적 개방성을 유도하는 이정표였다고 할 수 있다.

여기서 이 마을의 산세가 새로움에 대한 희망과 호기심을 자극한다고 말할 수 있는 것은 산세가 수세와 더불어 마을 사람들의 정신적 지향성을 동쪽으로 이끌기 때문이다. 다들 아는 바처럼 서쪽의 일몰이 하루의 마무리를 뜻한다면, 동쪽의 일출은 하루의 시작을 뜻하므로 동쪽에서 새로움에 대한 희망과 호기심을 자극하는 기운을 더 느낄 수 있는 것이다. 또 마을 입구가 동쪽에 있기 때문에 이 마을로 들어오는 모든 것들에 대해 마을 사람들은 부지불식간에 대개 희망과 호기심의 기운으로 응대하려는 태도를 취하게 마련이다.

이러한 기운은 이 지역 영남 남인들이 퇴계 성리학에 침잠해 한 치도 벗어날 수 없을 때에도 기호 남인의 새 조류인 실학에 비상한 관심을 가지고 활발히 교류한 태도에도 잘 나타나 있다. 또 일제 강점기 개화 문명에 대해서는 맞설 것과 받아들일 것을 혼동하지 않고 다른 마을에 비해 훨씬 적극적으로 수용한 것도 이 마을에 배어 있는 기운과 무관하지 않다고 보여진다. 동구 숲에 있는 조지훈 시비의 "해바라기 닮아 가는 내 눈동자는 자운紫雲 피어나는 청동靑銅의 향로香爐, 동해 동녘 바다에 떠오르는 아침에 북바치는 서름을 하소하리라.…… 빛을 찾아가는 길의 나의 노래는 슬픈 구름 걸어 가는 바람이 되라"는 구절에서도 시대의 암울한 분위기를 뚫고 빛을 찾아가려는 희망과 호기심이 절절하게 토로되어 있음을 엿볼 수 있다. 1950년대 초반에 지었다는 「주실의 노래」(조동걸 작시, 조동건 작곡)를 보면 이러한 기운이 철철 넘쳐흐르고 있음을 느낄 수 있다.

훈기 찬 매방산의 아침해 받아
영남의 개명천지 열어 가던 주실
영웅의 산발로 찾는 새 모습
긴 수풀 거친 길을 다시 닦는다
아아, 주실아, 새 사조 받아서
새 역사 새 천지를 이루어 가자.

이 마을 산세와 수세의 상승적 작용이 마을 사람들의 정신적 지향성을 해 뜨는 동쪽으로 이끌어 그들에게 희망과 호기심을 부추기고 있지만, 동시에 그에 못지않게 낭패감과 인고忍苦의 삶을 안겨 주기도 한다. 그것은 해가 동쪽에서 뜨지만 해의 진행 방향은 서쪽이기 때문이다. 마을의 전체적 흐름은 동쪽으로 쏠려 해를 찾아가는데, 해가 뜨는 것은 잠시이고 뜬 해는 하루 종일 서쪽으로 향해 가고 있다. 이 천상과 지상의 어긋난 흐름이 낭패감과 인고의 삶을 안겨 주고 있는지도 모른다. 희망과 호기심은 강렬하지만 해뜰 때처럼 짧고, 낭패감과 인고는 다음 해가 뜰 때까지 오랜 시간을 기다려야 하기 때문이다. 그러나 주실은 결코 썩지 않고 인고를 통해 자기를 오랜 동안 숙성시키며 기다리다가 때가 되면 밖을 향해 그 열기를 집약적으

로 쏟아내는 호리병
같은 마을이다.

천상 기운
과 지상 기
운의 어긋난
흐름이 이
마을에 인고
의 덕성을 요청
한다 해도 필연적인
것은 아니다. 다시 말하면,

▲ 옥천종택 초당

동으로 향하는 지세(산세와 수세를 합하여)
로 말미암아 새것을 찾아 밖으로 나아가려는 욕구가 충동하더라도, 그 욕구
를 억제한다면 그만큼 천상 기운의 흐름에 역행하는 데서 오는 낭패감과 인
고는 줄어들 수 있다는 말이다. 남향하여 가만히 있으면 동에서 서로 진행
하는 태양의 열기에 비례해서 스스로를 자연스럽게 숙성시킬 수 있기 때문
이다. 혹은 아예 그 넘치는 기개를 바깥에서 펼칠 경우에도 초기의 기상은
주실 마을 안에서 얻을 수 있는 역행의 운기를 피해 오래 유지될 수 있을 것
이다.

이와 관련하여 주실의 명성을 한껏 드높인 조덕린이 만년에 지은 초당을
언급하지 않을 수 없다. 그의 마음이 담긴 초당(지금의 옥천종택에 있는 별채)
의 시선이 유별나게도 동향을 하고 있기 때문이다. 이 마을의 고가古家들은
대부분 남향을 하고 있는데, 또 그래야만 지세에도 맞는다. 조덕린의 활동
무대는 주실이나 영양 인근에 한정되었던 것이 아니라, 서울과 영남 일원에
달할 정도로 매우 활발했다. 비록 그가 정치적 좌절을 맛보고 고향에 은거
하겠다고 지은 초당이지만 그의 마음은 여전히 바깥 세상을 잊지 못하고 있

었다. 그래서 그가 지은 초당 또한 동구를 바라보고 있는 것이다. 그만큼 그의 낭패감은 짙었고 그의 후손이 겪어야 했던 인고의 세월도 길었다. 다행스럽게도 진도進道(손자), 술도述道(손자) 성복星復(옥천 4대손)과 같은 그의 후손 집들(만곡정사 · 학파헌은 물론 이들에 의해 지어진 집은 아니다)은 남향을 하고 있다.

5. 갈미봉과 흥림산의 왕성한 상생성, 문필봉과 연적봉의 문학적 재질

주실 마을 앞을 휘도는 산세는 서쪽 갈미봉으로부터 동쪽 흥림산까지 마치 빨랫줄에 빨래를 널어놓은 것 같은 형상이다. 갈미봉과 흥림산이 이 빨랫줄을 괴는 두 개의 버팀대가 되어 줄에 걸려 있는 물 머금은 빨래의 무게를 들어올려 주고 있다. 물론 갈미봉은 흥림산에 비해 규모가 훨씬 작은 봉우리에 불과하지만 갈미봉은 마을 가까이에 있고 흥림산은 멀리 있기 때문에 마을에서 볼 때는 시각적으로 거의 같은 느낌을 준다. 이와 같이 실제의 크기와 모양보다는 보는 이의 시각적 차이에 따라 그 역할과 기능이 달라질 수 있다는 관점이 전통적인 우리의 자연관이다.

마을의 관점에서 볼 때, 산세의 흐름이 시작되는 서쪽의 갈미봉은 일월산 일자봉이 한 줄기의 맥을 일단 주실 뒷산으로 한번 빼내고 다시 남진하는 기점이자 방향을 동쪽으로 트는 변환점이기도 하다. 갈미봉이라는 이름을 얻게 된 정확한 이유는 알려져 있지 않다. 다만 한양 조씨가 이 마을에 처음 입향할 때 이곳에 이미 다른 성씨(朱氏)가 살고 있었다는 설과 칡넝쿨을 걷고 새로 개척했다는 설이 있는데, 후자의 설에 근거하면 칡넝쿨로 어지럽게 뒤덮여 있다는 뜻으로 '갈미葛迷'라고 쓴 것이 아닐까 하는 추측이 가능하다. 그런데 갈미봉에서 흥림산으로 이어지는 것을 줄기로 하고 그 사이에 내려뜨린 수많은 골짜기를 넝쿨로 보아 이 맥을 칡의 형상으로 본다면, 갈미봉이 바로

▲ 창주정사에서 본 마을의 앞산. 갈미봉과 홍림산이 빨랫줄을 괴는 두 버팀대가 되어 마을을 향해 여러 갈래의 빨래(산)를 늘어뜨린 형상을 하고 있다.

그 칡넝쿨의 끄트머리가 된다. 그렇다면 이 때 갈미봉의 갈미는 '갈미葛尾'가 될 것이다.

빨랫줄처럼 쳐진 이 맥의 또 다른 버팀대인 홍림산興霖山은 사실 이 맥을 마감하는 주인공이다. 홍림산은 글자 그대로 '장마를 불러일으키는 산'이 되어 달라는 사람들의 기대감을 투영한 것인지, 아니면 '림霖'이라는 글자의 모양처럼 숲이 무성한 이 산 위에 늘 구름이 있어 그 모양을 따라 지은 것인지 그 유래를 알 수는 없으나 어느 것이 옳든 결론은 마찬가지다. 왜냐하면 어떤 특정한 형상은 그것과 연상되는 희망을 자극하고 있는 것이 사실이지만, 이름 없는 대상이라도 바라보는 자의 희망에 따라 특정한 형상의 이름을 얻게 되는 것 또한 사실이기 때문이다. 이 산의 형상이 주실 사람들의 시야를 가득 차지한 때문인지 이곳의 학자들 이름이나 호號에는 '림霖' 자가 적지 않게 들어간다.

갈미봉이 갖는 '칡'의 이미지나 홍림산이 갖는 '장마'의 이미지에는 모두 '번성하다', '왕성하다'는 뜻이 내포되어 있다. 그리고 그 두 이미지는 서로 상생적이다. 하나는 하늘에 속하고 다른 하나는 땅에 속하며, 하나는 물(홍림의 장마)이 되어 다른 하나인 생명(갈미봉의 칡)을 키우는 관계에 있다. 요컨대, 갈미봉에서 홍림산으로 이어지는 주실 앞산들의 기운은 동으로 진출하는 외향적 개방성 외에 '왕성한 상생성相生性'을 가지고 있다. 이 왕성한 상생성이 주실을 향해 크고 작은 골짜기를 여럿 생산하였지만, 역시 회심의 작품은 주실 앞마당까지 다가와 낳은 문필봉과 연적봉이다.

문필봉과 연적봉은 실과 바늘의 관계만큼이나 밀접하다. 글쓰는 붓과 붓을 적셔 주는 먹물은 그 어느 것 하나 없이는 쓸모가 없다. 대개 문필봉이라는 이름을 얻은 산은 봉우리 모양이 붓끝처럼 뾰족하다. 그러나 뾰족한 봉우리를 갖더라도 이 문필봉처럼 어느 방향에서 보더라도 좌우로 완전한 대칭 형태로서 단아한 모습을 가지고 있는 경우는 드물다. 이러한 붓으로 글을 쓴다면 생각이 모자라면 몰라도 붓 때문에 글을 못 쓰는 경우는 없을 것이다. 붓털이 사방으로 고루 퍼져 있어서 붓만 들면 매끄럽게 글이 줄줄 잘 나간다. 거기다가 연적봉이 바로 옆에서 문필봉의 붓끝만 쳐다보고 있음에랴 더 말해 무엇하겠는가! 더군다나 한 수 더 떠서 연적봉이 물을 대어 주는 골짜기 즉 주실(注谷)에 있으니 주실의 글은 마를 날이 없지 않겠는가. 조동일 교수의 생가인 노계고택은 주실에서도 비교적 높은 위치에 자리잡고 있는데, 이곳에서 보면 문필봉과 연적봉이 정남향에 바짝 다가와 있어 붓끝의 모습이 더욱 선명하다. 주실 뒷산인 부용봉에서 문필봉으로 이어지는 둔덕의 선에는 당대에 문명文名을 날린 조언유趙彦儒(1767~1847, 호는 心齋)를 기리는 침천정枕泉亭이 있다. 문필봉과 연적봉의 이미지로 둘러싸인 분위

▲ 주실 마을의 글 실력을 상징하는 마을 앞산의 문필봉. 고른 붓털과 그 옆에 먹물을 잔뜩 머금은 연적봉이
문필의 기운을 한껏 드높이고 있다. 문필봉 뒤의 산은 갈미봉에서 흥림산으로 이어지는 부분이다.

기에서 자란 이들의 예사롭지 않은 문명文名을 그들 개인의 우연적 자질로
만 쉽게 귀속시킬 수 없다는 생각이 든다. 한편 이 문필봉은 호은종택에서
바라보면 문필의 모양을 유지하면서도 볏단을 쌓은 노적가리와 같은 형태
를 하고 있다(주실 마을에서는 갈미봉을 노적봉이라고도 함). 더구나 그 방향
이 축좌미향丑坐未向(풍수에서 소위 衣食의 풍족을 의미하는 방향임)이어서
이를 본 풍수사들은 이 때문에 주실의 넉넉지 못한 경제 기반 가운데서도
이곳만은 빈한貧寒을 면할 수 있었던 것이라고 말할 것이다. 왕성한 상생
의 기운을 가진 갈미─흥림의 맥세에서 끊임없는 인물 배출의 기운을 받
고, 문필이자 노적인 이 봉우리를 축미丑未의 향으로 넉넉한 시선으로 바
라보면서 문필과 면궁凅免窮乏의 기운을 쌓았기 때문에 호은종택에서

▲ 호은 종가 안대문으로 내다본 문필봉

가히 삼불차三不借* 이야기가 나올 수 있었을 것이다.

호은종택은 주실에서도 가장 중심이 되는 터이다. 아마 조전이 이곳에 입향하여 처음 터를 마련할 때 호리병을 채운 자연의 기운이 가장 안정적으로 모여 있는 곳이라 여겼을 법하다. 호은종택은 주실 뒷산인 부용봉이 평지로 완전히 내려와 장군천에 입수入首하므로 부용의 씨앗이 간수된 곳이라 할 수 있고, 옥천종택은 부용봉의 기운이 인간 세상과 연결되는 부위에 위치하므로 호시절에 피는 부용의 화려함을 세상에 드러나게 하는 곳이라 할 수 있다. 주실의 명성을 드높인 이들 두 집안에서 어떠한 인물이 배출되었는가는 여기서 언급하지 않겠다. 다만 이 글은 인물을 다룬 뒤의 글을 위해 풍수적 시나리오를 미리 써 놓은 것이라 할 수 있으므로 거기에 대입시켜 뒤의 글을 읽으면 더욱 재미있을 것이다.

6. 주실의 뒷산, 부용봉의 '지혜'와 매방산의 '지조'

주실에 내재된 힘을 배태시키고 이를 기르는 부모의 역할을 하는 산이 부용봉과 매방산이다. 즉 어머니가 부용봉이라면 매방산은 아버지라 할 것이다. 주실은 일월산이 자신의 한 갈래인 일자봉의 정기를 온축蘊蓄하고 생명력이 넘치는 한마당의 인간 세상을 펼치기 위해 부용봉과 매방산을 내외로 하여 한 살림을 꾸려 놓은 꼴이다. 그리하여 부용봉과 매방산이 내외가 되어 생산하고 길러낸 주실의 생명들은 이 두 산이 가지고 있는 기운을 선천적으로 지니고 있다. 그리고 이 부모 밑에 태어난 여러 생명들은 갈미봉과 흥림산이 뿜는 기운을 후천적 양식으로 하여 각자의 타고난 자질을 독자적으로 개발하여 주실의 전체적 생명력을 풍부하게 전개시키고 있다.

---

* 자손이 끊이지 않아 양자를 들이지 않았다는 人不借, 글이 끊어지지 않아 남의 글을 빌리지 않았다는 文不借, 살림이 곤궁치 않아 재화를 빌리지 않았다는 財不借를 말한다.

▲ 매방산 아래에 있는 월록서당. 이 마을의 수많은 인재들은 매화의 기운을 내리받아 지조와 진취의 기상을 키웠으며, 마을 밖으로 나가 새 세상을 열어갔다.

일반적으로 부용이라는 이름의 산들은 주변의 지세가 산봉우리를 꽃잎처럼 감싸고 있고 그 아래로 물길이 휘둘러져 있는 형국을 갖고 있다. 주실의 부용봉도 앞산에서 보면 영락없이 이런 형국을 취하고 있다. 다만 꽃잎처럼 외호하는 산세가 취약하니, 그것은 부용이 꽃잎을 젖히고 만개했다고 보면 될 것이다. 그런 반면에 부용봉은 특이하게 가까이에서 매방산을 짝하고 있으니 보기에만 좋은 부용이 아니라 쓰임새가 좋은 부용이라 할 것이다. 주실이 단순히 수려한 경관을 가진 마을에 머물지 않고 알찬 생명을 잉태하여 인간세를 이롭게 하는 인물을 많이 배출함으로써 이름난 마을이 된 것은 바로 이런 까닭에서가 아닐까?

부용봉의 짝인 매방산梅放山은 속설에 의하면 호은공 조전이 처음 주실에 들어와 집터를 잡을 때 이 산에 올라 매를 날려보내 지금의 호은종택 자리를 정한 데서 이렇게 부르게 되었다고 한다. 그러나 이 말은 이치에 닿지 않는다. 여기서의 '매'는 '매화'이므로 구태여 한자로 쓴다면 응방산鷹放山이라 해야 옳다. 이 속설은 나름대로 의미를 지니고 있지만 매방산의 '매'는 매화로 보는 것이 옳을 듯하다. 사실 이 마을을 주실이라 부르기 전에는 매계梅溪 혹은 매곡梅谷으로 불렸다 하니, 이 마을에는 자연 상태의 매화가 상당히 많았을 것으로 짐작된다. 이 마을에 들어설 때, 매방산의 많은 매화가 눈에 두드러지게 나타나고 또 그 향기가 물씬 풍겨 오니 '매방산'이라 한 것이 아닐까? 또 매방산을 매화의 이미지로 단순화시키면 부용의 이미지와도 잘 어울린다. 부용이 상징하는 '지혜'와 매화가 상징하는 '지조'가 음양적 조화를 이루어 주실 사람들의 정신적 자양분을 한껏 제공하고 있었다고 가정한다면, 역사 속에서 구체화된 주실 사람들의 정체성을 포착할 수 있는 그럴듯한 단서가 될 것이다.

　마지막으로 주실의 후면인 부용봉·매방산과 전면인 갈미봉·홍림산으로 둘러싸인 호리병 모양의 주실에 전·후면의 산이 내는 기운이 상호 작용하여 주실다움의 기질을 조형하고 있음에 대해 살펴보겠다. 전면의 갈미봉과 홍림산은 마을에 바싹 다가와 있는 부용봉·매방산과 직접 상호 작용하기 위해 각각 문필봉과 독산을 마을까지 내려보내고 있다. 그래서 부용봉—문필봉이 전후로 작용하는 기운과 매방산—독산이 전후로 작용하는 기운이 마을의 축을 형성하여 호리병 안의 생명을 숙성시키고 있다. 앞의 것은 호리병의 둥근 공간을 데우며 '지혜—문필'의 기운을 조장하고, 뒤의 것은 호리병을 통해 그 생명력을 '지조—혁신'의 방향으로 분출시키는 왕성한 기운이다. 특히 매방산은 홍림산의 맥이 마을에 닿아 있는 독산과 서로 마주하여 주실을 외부와 경계 지우며 지조—혁신의 기운을 다시 한번 강화하여 세상에 내보내도록 하는 일종의 전진 기지라 할 수 있다. 매방산 바로 아래에 있는 월록서당이 바로 그곳이다. 우리는 근·현대사에서 주실의 쟁쟁한 인물들이 지조와 혁신의 정신을 이 월록서당에서 단련하고, 고난에 차 있는 민족 앞에 성큼 나서서 새로운 세상을 도모하기 위해 열성을 다한 것을 기억하고 있다. 그것이 반드시 주실의 풍수지리적 환경 때문에서라고는 할 수 없어도 주실 사람들의 지혜와 재주 그리고 지조와 개혁적 기상이 산간 오지의 한 작은 마을에서 집단적으로 분출되었던 데는 분명히 설명할 수는 없지만 자연의 힘이 작용하고 있다는 점을 결코 간과해서는 아니 될 것이다.

2장

한양 조씨들의 주실 마을 정착

일월산日月山(1219m)의 한 자락 끝에 자리한 주실 마을은 한양 조씨 집성촌이다. 호은공壺隱公으로 불리는 조전趙佺이 그의 아들 정형廷珩과 함께 이 마을에 정착한 것이 1629년이므로 이 마을 조씨 집안의 역사는 370여 년 전으로 거슬러 올라가는 셈이다. 그리고 이 무렵에 세워진 종가 즉 호은종택에서 청록파 시인 조지훈趙芝薫(본명은 東卓, 1920~1968)이 태어났다는 것은 이 마을의 저력이 얼마나 깊은지 말해준다.

눈에 띄게 화려하지는 않지만, 빙 둘러쳐진 산들과 마을 앞을 가로질러 흘러내리는 실개천이 어우러져 빚어내는 이 마을의 풍광은 어느 마을 못지 않게 수려하다. 물론 아름다움으로만 말하자면 이 나라 땅의 어느 산천 어느 골짜기인들 이만큼 아름답지 않은 곳이 있을까? 그러나 한 시인의 체취가 묻어나는 생가가 보존되어 있고 그를 기리는 시비詩碑가 세워져 있는 마을, 그래서 이곳을 찾는 사람들로 하여금 잠시나마 과거를 돌아보고 자신을 들여다보게 할 수 있는 마을은 그리 흔치 않다.

이런 의미에서 오래도록 많은 사람들의 사랑을 받고 있는 인물을 배출하였다는 것은 그 마을의 축복이라고 하겠다. 더욱이 오랜 기간 동안 정치적 수난을 견뎌야 했고 때로는 급변하는 시대적 흐름을 과감하게 떠 안으면서, 수백 년 동안 그 마을의 마을다움을 잃지 않고 오늘에 이르고 있는 마을이 있다면, 이는 정녕 한 나라의 자랑이 아닐 수 없다. 주실이 바로 그런 마을이다.

1. 한양 조씨의 조상들

한양漢陽 조씨趙氏 집안에서 정리한 기록에 의하면, 그 시조는 고려 시대에 조순대부첨의중서사朝順大夫僉議中書事를 지낸 지수之壽이다. 그 아들 휘휘輝暉는 원나라에 의해 영흥에 설치된 쌍성총관부雙城摠管府 총관에 임명되

었고, 그 이후 쌍성총관의 직위는 아들 양기良琪에서 손자 임琳을 거쳐 증손
자 소생小生으로 계승되었다. 이렇듯 원나라가 망할 때까지 4대에 걸쳐 99
년 동안 영흥 땅은 한양 조씨에 의해 관리되었던 것이다. 그러나 원나라가
망하고 고려 또한 망한 후에 소생의 후손에 대한 자취 역시 사라졌으며, 실
제로 한양 조씨의 종손이 된 것은 돈暾이었다.

　돈은 양기의 아들이자 임의 동생으로서 고려에 귀화하여, 공민왕이 쌍성
총관부를 철폐하고 옛 영토를 수복하는 데 도움을 주었고, 그 이후 고려에서
예의판서禮儀判書 등을 지냈다. 그의 아들 양렬공襄烈公 인벽仁璧은 두번
째 부인이 이성계의 손위누이였음에도 불구하고 이성계의 역성 혁명에 적
극적으로 가담하지 않았다. 인벽은 혁명의 조짐을 미리 알고 강원도 양양에
은거하였고, 이성계가 왕위에 올라 불렀으나 그 부름에 응하지 않음으로써
고려 왕조에 충절을 지켰다. 그의 충절을 기리기 위해 양양 사람들이 세운

사당이 동명서원東溟書院 충현사忠賢祠이다. 인벽에게는 온溫과 연涓 두 아들이 있었다. 그들은 이성계를 도와 조선 개국에 일익을 담당하였고, 그 결과 공신에 책봉됨은 물론 훗날 각각 좌찬성과 우의정에 오르는 등 조선 초 정계에서 두각을 드러내었다. 정암靜庵 조광조趙光祖(1482~1519)가 바로 온의 4대 손이고, 주실 마을의 조씨는 연의 후손들이다.

조연趙涓의 후손들이 영남 지방으로 이주한 것은 그의 증손자인 종琮에 이르러서이다. 연의 아들 린隣은 병조참판을 지냈으며 슬하에 운공云恭, 운종云從, 운명云明, 운총云聰, 운철云哲 다섯 형제를 두었다. 이 가운데 군수를 지낸 운종의 아들 종琮이 가족들을 이끌고 영주의 율지리栗枝里로 이주하였다. 음직으로 청하 현감을 지내기도 한 그는 조광조를 비롯해 많은 사림들을 죽음으로 몰고 간 기묘사화己卯士禍(1519)의 여파로 낙향하게 된다. 훈구파 세력에 맞서서 개혁 정치를 주도하다 끝내는 목숨을 잃고만 조광조는 종琮과 9촌간이니 그리 멀지 않은 일가이다. 그러므로 기묘사화 때 종의 집안에 닥친 위기와 그 위기 속에서 낙향을 하게 된 처지 또한 어렵지 않게 짐작할 수 있다.

조종趙琮이 새로운 삶의 터전으로 삼은 영주 지역은 그의 외가 및 처가와 연고가 있다. 그의 어머니는 전주 이씨로 의안대군義安大君 화和의 증손녀인데, 아들 종과 함께 영주로 이주한 후 그곳에서 죽었다. 그녀의 무덤이 있는 영주 초곡草谷에 바로 전주 이씨 문중의 묘소가 있는 것으로 보아 영주 지역에 의안대군의 후손들이 살았던 것으로 짐작된다. 한편 종의 6대 손인 군顜의 묘갈명(顜의 아들 德隣이 씀)에 보면 종이 영주로 장가를 들었다고 되어 있는데, 평해 황씨인 그의 처가妻家 역시 영주에 있었던 것으로 생각된다. 종의 손자인 원源의 묘갈명(源의 현손인 頬가 씀)에서는 종이 황진黃震의 손녀와 결혼하여 비로소 영주에 거주하게 되었고, 그 후 기묘사화의 참혹함을 보고 귀경을 포기하였다고 하였다.

종은 인완仁琬, 의완義琬, 예완禮琬, 지완智琬, 신완信琬, 형완亨琬 등 여섯 아들을 두었다. 이 가운데 인완仁琬의 둘째 아들 정貞은 풍기로 이사했고, 형완亨琬은 안동의 풍산에 정착하였으며 그의 아들 원源은 다시 영양으로 이주하였다. 이렇듯이 조종趙琮이 영주에 터를 잡은 이후 그 후손들은 풍기·예천·안동·영양 등 영남 북부 지역으로 퍼져 나가 오늘에 이르고 있다.

〈표 1〉 조원趙源의 선대先代 세계世系

趙之壽	—	暉	—	良琪	—	暾	—	仁璧	—	涓	—	憐	—	云從	—	琮	—	亨琬	—	源
始祖, 高麗龍津縣		雙城摠管		雙城摠管		高麗歸屬		朝鮮 禮儀判書 開國功臣		右議政		兵曹參判				淸河縣監, 榮州		豊山		英陽

2. 영양으로 오다

조원趙源(1511~?)이 1535년에 영양으로 이주함으로써 한양 조씨의 영양 시대가 열리게 된다. 그는 함양 오씨 필澤의 딸과 결혼하였으며, 처가가 있는 영양의 원당리元塘里로 이주하여 살았다. 이 시기까지만 해도 부모의 재산을 아들과 딸이 균등하게 분배받는 것이 일반적이었으므로 이처럼 처가 쪽에 정착하여 사는 것은 흔한 일이었다. 영양에 이주한 원의 생활이 구체적으로 어떠했는지에 대해서는 그다지 알려진 것이 없다. 다만 공신의 후손이라는 후광과 오씨 집안의 경제력을 기반으로 영양 지역 사회에 뿌리를 내리기 시작했을 것으로 짐작된다.

원은 광인光仁(?~1582)과 광의光義(1543~1608) 두 아들을 남기고 일찍 세상을 떴는데, 이 두 형제는 영양 일대의 사족들과 활발하게 교류를 하는 등 사족으로서 지역적 기반을 확고하게 다져나갔다. 이는 영산서당英山書堂의 건립 과정에 그 두 형제가 참여한 것에서 확인된다. 영산서당의 건립

은 김성일金誠一(호는 鶴峯, 1538~1593)의 아버지로 더 유명한 김진金璡(1500
~1580)에 의해서 1578년에 발의되었다. 안동의 임하에 삶의 터전을 두고 있
던 김진은 만년에 영양의 청기에 농장을 개설하고 그곳에 머물면서 영양의
교육에 관심을 쏟았다. 김진을 비롯해 모두 23명의 사족들이 기금을 모아
영산서당을 건립하였는데, 여기에 광인·광의 두 형제가 동참했다는 것은
영양에서 조씨 가문이 차지하는 사회적 지위와 경제적 기반이 어떠하였는
지를 상징적으로 보여준다. 훗날 영산서당은 이현일李玄逸(호는 葛庵,
1627~1704)의 아버지인 이시명李時明(호는 石溪, 1580~1674)에 의해서 영산서
원으로 개창되었으며, 영양 사족의 학문과 문화 활동의 중심 공간으로서 그
기능을 하였다.

　이렇듯 한양 조씨가 영양에 입향한 지 수십 년도 되지 않아 사족 사회에
편입되면서 지역적 기반을 다질 수 있었던 데는 선조의 후광이 컸다. 특히
조광조의 신원伸冤과 관계가 있었다고 볼 수 있다. 조광조의 관작이 복원된
것이 1545년이고, 문정文正이라는 시호가 내려진 것은 선조 원년인 1568년
이다. 조원이 영양에 정착하고서 10년 뒤에 조광조의 신원이 이루어져 있었
던 것이다. 조광조의 신원은 곧 그 친족들에게 있어 관직에 나아갈 수 있는
길이 열렸음은 물론이고, 공신의 자손이라는 특권을 다시 인정받게 되었음
을 의미한다. 일례로 조원과 8촌간인 조덕원趙德源이 문과에 합격한 것도
1553년의 일이라는 것을 주목할 필요가 있다. 그리고 원의 아들 광의는 스
무 살을 갓 넘긴 나이에 음직으로 무관의 종8품 수의부위修義副衛에 임명되
는 등 지속적으로 관직을 제수받았고, 1572년에는 내금위에 들어갔다. 비록
무관의 종8품이지만 음직으로 관직을 제수받았다는 것은 그만큼 사회적 지
위가 회복되었음을 뜻한다. 여기에다 임진왜란 때에 군량을 보탠 공으로 광
의는 정3품 통정通政에 오르고 장례원판결사掌隷院判決事를 제수받기에 이
르렀다. 이로써 광인 형제는 해동이로海東二老라 불리는 등 영양에서 사족

으로서의 입지를 굳히게 되었고, 그 아들 대에 이르러서는 그 입지를 더욱 다지게 된다.

광인은 검儉(1570~1644)과 임任(1573~1644) 두 아들을 두었으며, 광의는 건健·전佺·간侃·신伸 등 4형제를 두었다. 검의 자는 자순子純, 호는 수월水月이다. 아들 셋을 두었으니 정곤廷琨·정서廷瑞·정린廷璘이 그들이다. 임의 자는 자중子重, 호는 사월沙月이다. 그는 임진왜란이 일어나자 20세의 나이로 그의 형과 함께 곽재우郭再祐(호는 忘憂堂, 1552~1617)의 화왕의진火旺義陣에 참여하였다.

▲ 수월축천단비

1613년에 천거를 받아 감찰監察이 되었고, 이후 군자판관軍資判官·통정通政을 거쳐 1627년에는 자헌대부지중추부사資憲大夫知中樞府事가 되었다. 1636년에 병자호란이 일어나자 형 검과 함께 집 뒤에 단壇을 쌓고 나라의 안녕을 밤낮으로 하늘에 기원하였으며, 인조가 항복하였다는 소식을 듣고서는 단에 올라가 눈물을 흘리고 다시는 서쪽을 향해 서지 않았다고 한다. 임은 이때부터 문을 닫고 폐인으로 자처하며 거처하는 집을 월담헌月潭軒이라 이름하고, 이준李埈·홍우정洪宇定·이시명李時明과 더불어 도의를 갈고 닦으며 세상의 일을 한탄하였다고 전한다. 현재 영양읍 하원리에 있는 사월종택은 그가 1602년에 지은 것이며, 월담헌은 이 집 사랑채의 당호이다. 슬하에 4남3녀를 두었다.

▲ 사월종택

　한양 조씨가 영양의 각 지역으로 분가하여 살게 된 것은 영양 입향조인 조원의 손자 대에 와서이다. 검은 도계리道溪里, 임은 원당리元塘里, 건은 가지리嘉芝里, 그리고 전은 주곡리注谷里 즉 주실 마을에 정착하였다. 이는 그것을 밑받침하는 경제적 기반이 있었기 때문에 가능했던 것으로 보인다. 다시 말해 새로운 거주지로 선택된 지역에는 조씨 집안의 토지가 있었을 것으로 생각되는데, 임진왜란 때에 이들 집안에서 제공한 군수 물품의 규모가 이러한 추측을 가능하게 한다. 임진왜란이 일어나자 광의와 검·임·건·전 4종형제는 군수 물품을 지원하는 등 의병 운동에도 참여하였다. 이 가운데 검은 곽재우 장군의 휘하에 종군하면서 쌀 오백 곡斛, 말 수십 필, 가동家童 40명을 바쳤다고 한다. 쌀과 말의 양도 적지 않지만, 특히 하인을 의미하는 가동을 40명이나 차출할 수 있었던 것으로 보아 그 가세의 규모가 상당하였음을 알 수 있다.

아울러 이 시기는 한양 조씨의 혼인 관계가 영양을 넘어 영해·안동 지역의 사족들로까지 확대되기 시작한 시기이기도 하다. 이 시기의 결혼은 사회적 신분의 유지라는 측면에서도 중요하지만, 경제적으로도 중요한 의미를 지닌다. 왜냐하면 이 시기는 아직 적장자 상속제가 확립되기 이전이므로 재산 상속이 아들과 딸에게 균등하게 이루어졌기 때문이다. 사실 영양의 한양 조씨가 사족의 지위를 유지하는 데는 결혼을 통한 부의 축적이 한몫을 하였다. 우선 영양의 입향조인 원과 함양 오씨와의 관계가 그러하고, 그의 손자인 검이 부호로 알려진 무안 박씨 효장孝長의 사위가 된 것이 그러하다.

특히 주목해 볼 만한 것이 영해의 유력한 사족인 재령 이씨와의 혼인이다. 전佺이 재령 이씨 영해파의 종손인 이신일李莘逸을 사위로 맞음으로써 이들 집안간의 관계가 시작되었다. 영양의 석보石保에 머물던 이시명이 수비首比로 이주하면서 영산서당의 책임을 맡았기 때문에 그와 영양의 한양 조씨들이 빈번하게 교류할 수 있었던 것이다. 검·전 등 4종형제와 이시명의 밀접한 교류로 인해 재령 이씨와의 통혼이 계속 유지되었다. 이시명의 아들이자 이현일의 동생인 이숭일李嵩逸은 광의의 손자인 정환廷瓛의 사위가 된 것이 그것이다. 이러한 통혼 관계는 학문적인 교류와 밀접한 관련이 있다. 정환은 물론이고 그 아들 규頍도 이시명 문하에서 공부하였는데, 규는 수학하던 시절에 세 살 많은 이현일과 형제처럼 친하게 지냈다고 한다. 훗날 퇴계학파의 대표적인 학자로 성장하게 된 이현일의 문인록 『금양급문록錦陽及門錄』에는 덕린을 포함하여 한양 조씨가 8명이나 들어 있다.

영해의 유력한 사족인 영양 남씨와도 통혼이 이루어졌다. 검의 아들 정곤廷琨은 남율南慄의 사위가 되었으며, 전은 남율의 아들 필대必大를 사위로 맞았다. 한편 정환은 정영방鄭榮邦(호는 石門, 1577~1650)의 딸을 부인으로 맞는데, 이를 계기로 동래 정씨와의 통혼도 이루어지게 되었다. 정경세鄭經世(호는 愚伏, 1563~1633)의 제자이기도 한 정영방은 지금의 예천군 지보 출신으로 병자호란 이후에 영양의 연당리에 정착하였다. 이 때 그에 의해 만들어진 것이 조선시대 대표적인 정원의 하나인 서석지瑞石池이다. 뿐만 아니라 훗날 류치명柳致明(호는 定齋, 1777~1861)을 배출하여 성가를 높인 전주 류씨와도 통혼이 이루어졌다. 조전의 두 딸이 임진왜란 때 의병장을 지낸 류복기柳復起의 자손과 혼인한 것이 그것이다. 이렇듯 조검의 대와 그 아들의 대에 이르러 영양의 조씨들은 영해의 사족인 재령 이씨·영양 남씨·무안 박씨와 통혼하였고, 나아가 안동 인근의 동래 정씨 및 전주 류씨들과도 통혼함으로써 자신의 영역을 안동 인근으로 확대해가기 시작하였다. 다만 훗날과는 달리 이 시기까지만 해도 안동의 유력한 사족이었던 진성 이씨·의성 김씨·광산 김씨·안동 권씨·풍천 유씨 들과의 통혼은 보이지 않는데, 이들과의 본격적인 교류는 군頵과 그 아들 덕린德鄰의 대에 와서 이루어진다.

3. 주실에 자리잡다

주실 마을에 한양 조씨가 정착한 것은 1629년으로 전佺과 그의 아들 정형廷珩에 의해서였다. 따라서 한양 조씨의 집성촌인 주실 마을의 입향조는 조전이라고 할 수 있다. 1576년(선조 9)에 광의의 둘째 아들로 태어난 전의 자는 여수汝壽요 호는 호은壺隱이다. 오늘날 주실 마을 한가운데 자리잡고 있는 호은종택의 호은은 바로 조전趙佺을 가리킨다. 그의 묘갈명에 따르면, 조전은 어린 시절부터 기개가 있었고 일찍이 무예에 힘썼으나 형제가 적다하여 무예를 버렸다고 한다. 그리고 형인 건健이 후사 없이 일찍 죽었기 때문에 홀로 가문을 이끌어가야 했다. 임진왜란이 일어났을 때는 아버지 광의

〈표2〉한양 조씨 영양파의 통혼 관계 (조준호, 「17~18세기 영양 지역 한양 조씨의 문중 연구」에 의거함)

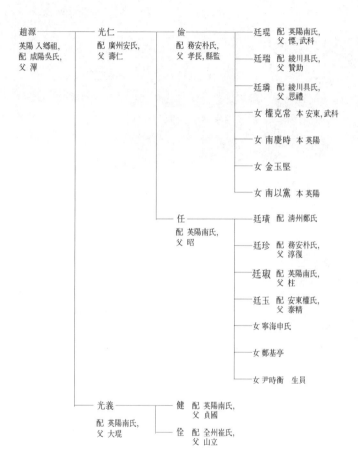

및 종형제들과 더불어 군량미를 조달하는 등 의병 운동에 참여하였으며 이 일로 관직을 제수받았다. 1632년(인조 10)에 세상을 뜨니 그의 나이 57세였다. 최산립崔山立의 딸과 결혼하여 2남3녀를 두었는데, 맏아들이 정형廷珩, 둘째 아들이 정환廷瓛이다. 정환은 출계하여 후사 없이 죽은 큰아버지 건健

▲ 호은종택

▲ 호은종택 표식

의 뒤를 이었다.

정형廷珩의 자는 명경鳴卿이다. 외삼촌인 최철崔喆에게서 배웠고, 후에는 이명준李命俊, 김시양金時讓에게서 배웠다. 1630년에 진사시에 합격하였으며, 성균관에서 공부할 때 많은 선비들을 불러모아 북인 정권의 실력자였던 이이첨李爾瞻을 베어 죽일 것을 청하기도 하였다. 병자호란 이후에는 과거에 뜻을 버리고 술을 즐겨 마셨는데, 과거를 보지 않는 이유를 물으면 "병이 있다"고 대답하였다고 한다. 1560년에 정형이 죽자, 이시명은 글을 지어 곡하기를 "굴원은 맑은 정신에 물에 빠져 죽었고 정형은 술을 마시다 요절하였으나, 이 두 사람이 분을 품고 죽은 것은 하나이니 도道에 무슨 손상됨이 있으리오"라고 하였다. 울진 장씨 호문好文의 딸과 결혼하여 군적軍頔, 병병軍軿, 변頨 삼형제와 네 딸을 두었다.

정환廷驩의 자는 환경驩卿, 호는 석문石門이다. 1612년에 전의 아들로 태어났으나 가지리에 터를 잡고 있던 백부 건의 후사를 이었다. 그는 정영방의 딸과 결혼하여 규頠와 옹顒 두 아들을 두었다. 규는 1630년에 태어나 일찍부터 정씨 집안의 가법을 익혔고 이시명의 문하에서 공부하였고, 생원시에 합격하여 이름을 드러냈다. 뒷날 규의 종가는 가곡으로 이거하였다. 그리고 옹과 후손들은 주곡과 가곡 마을을 중심으로 거주하였다.

군頹은 1629년에 태어났고, 자라서는 이시명에게 배웠다. 아버지 정형이 병으로 가사를 돌보지 못해 가난이 극심하였으므로 그는 가사를 일으키는 데 힘쓰느라 학문에는 전념할 수 없었다. 아버지가 죽은 후에 오래도록 할머니와 어머니를 모셨는데, 몸소 농사를 짓고 사냥을 하여 맛있는 음식을 대접하였다. 그뿐만 아니라 형제와 함께 집을 접하여 살며 조석으로 화목하게 지냈으며 홀로 된 누이를 데리고 살면서 고아가 된 생질을 양육하였다. 막내 동생 변頹이 딸만 하나 남기고 일찍 죽자 그 집안도 보살피며 조카딸을 시집보내고 자신의 셋째 아들 덕신德臣을 양자로 보냈다. 둘째 동생 병頹 역시 먼저 죽자 그 가사를 돌보아주었다. 풍산 유씨 유운룡의 증손인 세장世長의 딸과 결혼하여 네 아들과 두 딸을 두었다. 이 가운데 맏아들 덕순德純은 장원으로 문과에 급제하여 지평 등을 지냈다. 둘째 덕린德鄰은 문과에 급제하여 우부승지를 역임하였고, 셋째 덕신은 계부 변에게 양자로 갔다. 넷째의 이름은 덕빈德賓이다. 병頹은 덕후德厚·덕구德久·덕수德壽 3형제를 낳았다. 이 가운데 덕후는 생원으로 이름을 드러냈으나 일찍 죽었고, 덕구 역시 소과에 합격하여 이름을 드러냈다. 변頹은 딸만 하나를 두고 일찍 죽었다.

1652년에 태어난 덕순德純의 자는 현보顯甫요 호는 호봉壺峯이다. 어려서 빼어난 기운을 믿고 예법을 잘 따르려 하지 않았다고 한다. 그러나 그 아버지 군頹의 단속이 매우 엄하여 공부방에 들어간 후에는 버선과 신발을 치워버림으로써 함부로 출입할 수 없었고, 조금만 게으름을 피우면 매질을 하여 일찍부터 학문에 전념할 수 있었다. 1689년에 숙종이 성균관 유생들을 불러 자신이 친히 출제한 문제로 시험을 치른 적이 있는데, 여기서 덕순이 일등으로 뽑혔다. 그 다음 해에 치러진 전시殿試에서도 일등으로 합격하였다. 그 이후 전적·감찰·예조정랑·사헌부지평 등을 역임하다, 1693년에 42세의 나이로 세상을 떠났다.

덕린은 1658년에 나서 20세에 진사가 되었으며, 1691년에 대과에 급제하였다. 예조좌랑 등을 역임하다 숙종 34년에 물러나 영양에 은거하였다. 영조 즉위 후 여러 벼슬이 내려졌으나 나아가지 않고 노론의 전횡을 비판하는 상소(10조소)를 올렸는데, 이로 인해 종성으로 유배되는 고난을 겪어야 했다. 1728년(영조 4)에 이인좌의 무신란戊申亂(李麟佐의 亂이라고도 함)이 일어나자 호소사號召使로 임명되어 안동에서 사족을 규합하여 의병을 일으키게 하는 등 난의 진압을 도왔다. 그 공으로 난이 끝난 이후에는 원종공신에 책록되고 참찬관·우부승지에 제수되었다. 그러나 노론과 소론 및 남인 사이의 정치적 대립이 격화되면서 또다시 제주도로 유배를 가게 되었고, 끝내는 유배 가는 도중에 강진에서 유명을 달리하고 말았다. 그 이후 주실의 한양 조씨들은 조덕린의 신원이 이루어진 정조 12년(1788)에서 순조 2년(1802)까지의 15년 남짓한 기간을 제외하면 사실상 조선왕조에서 벼슬할 수 있는 길이 막히게 되었다.

이렇게 보면 주실 마을의 한양 조씨들은 17세기 중반 이후 정형의 손자 대에 이르러 명실이 상부한 사족의 반열에 들게 되었다고 할 수 있다. 영양에 거주하기 시작한 이래로, 그리고 그 후 주실에 정착을 한 이후에 이들은 영산서당의 건립 과정, 영산서당의 영산서원으로의 개창 과정, 그리고 영해의 속현이었던 영양을 독립된 현으로 승격시키기 위한 복현 운동 등에 적극적으로 참여하면서 영양에서의 지위를 확고하게 다져왔다. 그리고 이 시기에 와서 덕후德厚·덕구德久 형제가 소과에 합격하였고 덕순德純·덕린德鄰 형제가 대과에 급제함으로써 주실의 한양 조씨들의 지위가 한층 강화되

〈표 3〉 주실의 한양 조씨 통혼 관계 (조준호, 앞의 글에 의거함)

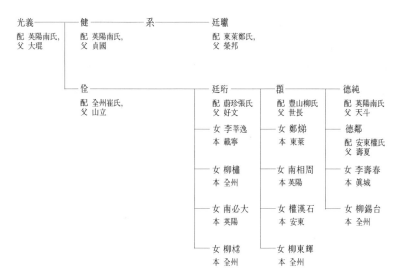

光義――――	健 ―――――	系 ――――	廷壎
配 英陽南氏,	配 英陽南氏,		配 東萊鄭氏,
父 大琨	父 貞國		父 榮邦

佺	廷珩	頵	德純
配 全州崔氏,	配 蔚珍張氏	配 豊山柳氏	配 英陽南氏
父 山立	父 好文	父 世長	父 天斗
	女 李莘逸	女 鄭焴	德鄰
	本 載寧	本 東萊	配 安東權氏
			父 壽夏
	女 柳櫃	女 南相周	女 李壽春
	本 全州	本 英陽	本 眞城
	女 南必大	女 權漢石	女 柳錫台
	本 英陽	本 安東	本 全州
	女 柳檮	女 柳東輝	
	本 全州	本 全州	

었다.

주실 마을은 요즘 들어 그 규모가 더욱 왜소해졌지만 해방 무렵에도 대략 70호에서 350여 명 정도가 살았던 그리 크지 않은 마을이다. 그럼에도 불구하고 조선시대에 문집과 유고를 남긴 학자가 63명이나 되었으니 대단한 학자 마을이라고 할 수 있다. 뿐만 아니라 구한말의 변혁기에는 의병의 고장이 되었고 계몽운동시기에는 개화 마을로 일변하여 결국에는 일찍이 양력 과세로 전환했던 마을이 주실 마을이다. 그러면서도 민족의 독립이 민족적 과제였던 시기에는 많은 민족운동가를 배출했고 끝까지 창씨 개명을 거부했던 지조의 마을이 주실 마을이다. 근대화의 물결 속에서는 가난 때문에 산전을 일궈 농사를 짓고 죽을 먹으면서도 자식 교육에 전념하여 수많은 인물들을 배출해 낸 마을, 바로 이곳이 주실 마을인 것이다.

지난 400여 년 동안 우리 역사의 온갖 파고를 온축시켜 놓은 듯한 주실 마을의 숨가쁜 역사를 들여다보면서, 역시 한 마을의 아름다움은 산수 그 자체보다는 그 마을에 어떤 사람들이 살았고 그 사람들이 어떤 역사를 일구어 왔는지에 있다는 평범한 사실을 새삼 확인하게 된다. 주실 마을을 돌아나오면서, 수려한 산세도 좋지만 아늑한 느낌이 더 좋았던 것은 바로 그 곳에 우리의 삶과 역사가 살아있기 때문이 아닐까?

3장

조덕순 · 조덕린 형제의 삶과 생각

서울에서 살던 한양 조씨의 한 갈래가 1519년의 기묘사화己卯士禍를 피하여 영남으로 내려온 지 8대 만에, 특히 영양으로 들어와 그 고장 사람이 된 지 6대 만에, 주실의 조씨는 두 사람의 문과 급제자를 배출하였다. 조덕순趙德純 · 조덕린趙德鄰 형제가 그들이다. 조덕순은 문과에 장원 급제하여 이름을 떨쳤고, 아우 조덕린도 문과를 거쳐 벼슬길에 올랐다. 그러나 조덕린은 벼슬보다는 영남 지방을 대표하는 유학자로서 후세에 큰 이름을 남겼다. 두 사람은 영양 주실에 정착한 조전趙佺(호는 壺隱)의 증손자이다. 조전의 맏아들 조정형趙廷珩은 진사로 한때 성균관에서 수학한 적이 있으나, 곧 고향에 내려와 은거하면서 동향의 선비 정영방鄭榮邦(호는 石門) · 이시명李時明(호는 石溪) 등과 함께 시詩와 술로 세월을 보냈다고 한다. 조정형의 장자 조군趙頵은 소년 시절에 이시명에게서 배운 뒤에 평생 독서에 힘쓴 선비로서 그가 바로 조덕순 · 조덕린 형제의 부친이다. 형제의 모친 풍산 유씨는 퇴계 이황李滉의 제자인 유운룡柳雲龍(호는 謙菴)의 증손자 유세장柳世長의 딸이다.

1. 조덕순 — 이루지 못한 천재

조덕순趙德純의 자는 현보顯甫이고, 호봉壺峰은 그의 호이다. 그는 1652년(효종 2년) 6월 14일에 조군의 아들 사형제 중에 장남으로 태어났다. 생전의 명성에 비하여 조덕순의 저술을 담은 문헌은 전하지 않고 있다. 생전의 저작이 초고로 정리되었을 것이지만, 근대로 접어들면서 일실된 것으로 짐작된다.

따라서 그의 일생을 간략하게나마 정리한 묘도문자墓道文字에 의존할 수밖에 없다. 그와 관련된 자료로는 아우 조덕린이 지은 묘표墓表와 고유문告由文이 있고, 종손자 조술도趙述道(호는 晩谷)의 행장行狀, 정종로鄭宗魯(호

▲ 주실의 옥천종택

는 立齋)의 묘지명墓地銘이 있다. 이상의 글에 의하면, 조덕순은 우뚝하게 큰 키에 타고난 자질이 빼어났으며, 얽매이기 싫어하는 성격이었던 듯 세세한 의례에 구속받지 않았다고 한다. 타고난 성품이 대범한 이였던 것이다.

조금 자란 뒤에는 조덕린과 함께 숙부 조병趙甁(호는 霖叟)에게서 글을 배웠다. 조병은 조덕순 형제와 자신의 아들인 덕후德厚·덕구德久(호는 霖岳)들을 함께 가르쳤는데, 학습 과정을 정해 두고 엄격하게 지도하였다. 형제의 부친 조군은 학사를 따로 지어 자제들이 그곳에서 공부에 전념하도록 하였다. 방에 들어간 후에는 나막신과 버선을 치워 두고서 일없이 밖에 드나들지 못하게 하였다. 조덕순은 경전經傳 장구章句를 세세하게 따지지는 않았지만, 대의와 강령을 잘 파악하였다. 붓을 잡기만 하면 마치 글의 제목을 미리 알고 있었던 듯이 주저 없이 바로 글을 지었는데, 논리가 정연하고 생기가 있었다고 한다.

조덕린의 「옥천연보玉川年譜」를 보면 1671년 어느 날, 20세의 조덕순과 15세의 조덕린이 모친 유씨를 모시고 안동 하회의 외가를 찾았던 적이 있다. 당시 하회에는 그들의 외조부인 유세장과 그 아우 유세철柳世哲(호는 悔堂)·유세명柳世鳴(호는 寓軒)이 있었다. 이들은 유운룡柳雲龍·유성룡柳成龍 형제 이래로 유진柳袗(호는 修巖)·유원지柳元之(호는 拙齋) 등이 전한 하회 유씨의 가학家學을 계승한 선비들이다. 유세명은 문과에 급제하여 벼슬길에 나아간 뒤, 호당湖堂에 선발되어 사가독서賜暇讀書한 이름난 문장가이다.

조덕순이 영양과 안동을 오가던 때의 일이다. 안동부사가 낙동강 가에 새 정자를 짓고서 선비들을 모아 백일장을 열었다. 우연히 지나다가 시장試場에 들어간 조덕순이 그 자리에서 바로 수백 자의 글을 지어내자, 안동부사가 문장의 고수라며 감탄하여 마지않았다고 한다. 이 정자는 영호루映湖樓로 짐작된다. 송지향 편 「안동향토지」에 의하면, 1605년의 대홍수에 영호루가 떠내려갔는데 70여 년이 지나도록 복구하지 못하다가 1678년에야 다시 지었다고 한다. 이 때의 안동부사는 맹주서孟冑瑞라는 이였고, 조덕순은 27세의 청년이었다.

그 다음 해인 1679년에 진사시에 합격하였다. 그 뒤 서울로 올라가 아우 조덕린과 함께 성균관成均館에서 수학하였다. 그곳에서 조덕순은 타고난 성품대로 쾌활하였고, 조덕린은 처신이 장엄하고 단정하였다. 각기 성품과 행동은 달랐지만 형제는 전국에서 모인 유생들 사이에 중망이 있었다. 학장은 관학 내의 여러 일을 이들 형제와 자주 의논하였다고 한다.

조덕순이 문과에 급제한 것은 그 10여 년 뒤인 1690년의 일이다. 1674년 숙종 즉위 이후 남인이 6년여의 기간 동안 정국을 주도하다가 남인이 물러나고 서인이 정권을 다시 장악하는 계기가 된 사건이 1680년의 경신환국庚

申換局이다. 서인은 성혼成渾(호는 牛溪)과 이이李珥(호는 栗谷)의 위패를 문묘文廟에 배향配享하였다. 이 때 남인계 유생들은 우牛·율栗의 문묘 배향을 반대하는 집단상소를 올렸다. 그러나 그 일을 주도한 유생 박성의朴成義는 귀양을 갔고, 조구원趙九畹은 과거科擧 응시 자격을 박탈당하는 정거停擧의 벌을 받았다. 이후 몇 년간 남인계 유생들이 관학을 멀리하였음은 물론이다. 1680년 경신환국 당시 조덕순 형제는 성균관에 있었던 것 같지는 않다.

두 형제가 성균관에 다시 유학한 것은 1689년 즈음의 일인데, 이 해는 서인이 물러나고 남인이 다시 정국 운영을 맡은 기사환국己巳換局이 일어난 해다. 1689년 11월에 숙종은 관학의 유생들을 빈청賓廳으로 불러들여, 친히 문제를 출제하고 과거 시험을 보였다. 시제는 '법천무일法天無逸'이었고, 시험 형식은 제술製述이었다. 이날은 먹물이 얼어붙을 정도로 추웠다. 조덕순은 먹에 침을 묻혀 갈고, 따뜻한 입김을 쐬어 붓을 녹여 가면서 차근차근히 답안을 작성하였다. 그날 정오 즈음에 답안을 완성하여 제출하고 바로 집으로 돌아왔다. 그의 답안이 장원壯元으로 뽑혔으나, 그는 이 사실을 알지 못한 채 숙소에서 깊은 잠에 빠져 있었다. 한밤중에 방방方榜을 전하는 이가 집안으로 내달으면서 장원이라고 야단스럽게 외쳐대어 동리가 떠들썩할 정도였다. 이 때 조덕순은 자리에서 천천히 일어나면서 "이미 알아들었다. 떠들지 말라"고 하였다고 전한다.

이 때의 시험은 성균관 유생들을 대상으로 치른 특별 시험이었다. 장원을 한 조덕순은 회시會試를 거치지 않고 전시殿試로 직부直赴하였다. 1690년 봄의 전시에서도 조덕순은 장원으로 급제하였다. 이 때의 시험 문제와 그의 답안은 당시 장안의 사대부들 사이에서 한동안 회자膾炙되었을 정도로 유명하였다.

조덕순은 전례에 따라 성균관 전적(정육품)으로 임명받았고, 몇 달 사이에 감찰(사헌부의 정육품 관직)·예조좌랑(정육품)·정랑(정오품)을 거쳐 병조정 랑에 올랐다. 오륙품 정도의 낭관郎官이었지만, 1년도 채 지나기 전에 중요 부서를 두루 거친 것이다. 그 해 9월 충청도 도사(종육품)로 나갔다. 도사는 관찰사를 보좌하여 도내의 서무를 관장하는 직책이다. 당시의 충청도 관찰 사 이인징李麟徵도 일찍이 장원으로 급제한 문신이었다. 감사와 도사가 모 두 장원 급제 출신이라 이 또한 일세에 화제가 되었다.

간소하고 활달한 조덕순의 성품은 관직 생활에서도 그대로 드러났다. 크 고 작은 공사를 처리하면서, 세세하게 따지지 않아도 대체에 들어맞았다. 그런데 그 지방에 오래 묵은 송사가 있었다. 감사가 판결해야 할 사안이었 으나, 쉽게 처리하지 못할 만큼 꼬인 사정이 있었던 일이었다. 감사는 이 일 의 처리를 조도사에게 맡겼다. 그는 문서를 천천히 살펴본 뒤에, "여기 있는 문서로 증거가 충분하다"라 하고서는 한마디로 판결을 내리고 사건을 매듭 지었다. 그의 타고난 대범함이 엿보이는 일이었다.

그런데 당시 조정의 고관 한 사람이 패소자의 사돈이었다. 패소자는 바로 이 고관을 끼고서 유언비어를 퍼뜨려 조덕순을 무고하였다. 이 때문에 일이 나쁜 방향으로 진행되었다. 대간이 이 소문을 문제삼자, 임금은 "일단 파직 을 한 뒤에 (그 사건도 함께) 추고하라"고 하명하였다. 결국 부임한 그 해를 못 넘기고, 조덕순은 파직을 당하였다. 이 사건을 재심한 경사京司(한성부인 듯)는 사건을 종결하라는 임금의 뜻에 따라, 양측에 반으로 갈라 나누어주는 것으로 마무리하였다. 그러나 사정을 아는 사람들은 '조공의 판결을 변동해 서는 안 된다'고 한결같이 입을 모았다고 한다. 『옥천집玉川集』에 실린 조 덕린의 편지글 「상백형上伯兄」을 통해 짐작컨대, 패소자의 사돈이 당시 형 조판서로 있었다. 이 때문에 경사에서 사안을 처리하면서 조덕순의 판결과 는 달리 적당한 선에서 정리하였던 것이다.

다시 해가 바뀐 1692년에 결성현감을 제수받았으나, 이 때는 노부모를 핑

계로 부임하지 않았다. 그 해 6월 다시 예조정랑을 거쳐서 병조정랑이 되었고, 12월에 사헌부司憲府 지평持平으로 자리를 옮겼다. 한달 여가 지나자, 홍문관의 직책을 맡기고자 하는 논의가 있었다. 그러나 그는 신병을 이유로 사퇴하고, 한직인 오위도총부五衛都摠府 사직司直으로 자리를 옮겼다. 이후 병이 갑자기 깊어져 그 다음달인 1693년 정월 15일에 서울의 집에서 세상을 떠났다. 이 때 그의 나이 42세였고, 벼슬 생활을 한 지 채 3년도 지나지 않았을 때였다.

부음訃音이 전해지자, 그의 재주를 아깝게 여긴 임금은 관재棺材를 보내주라고 하명하면서 그의 죽음을 애도하였다. 당시 서울에서 벼슬을 하던 아우 조덕린이 형의 상여를 호송하여 고향으로 내려왔다. 이 때 한강까지 장례 행렬을 전송한 이가 수백 명이었다고 한다.

행장의 기록에 따르면 그는 우뚝한 키에 당당한 용모를 갖고 있었다. 문과에 장원 급제하고서 관료의 길로 나아간 처음 몇 달은 그의 천재가 순탄하게 빛을 발하였으나, 충청도 도사로 부임하여 송사에 휘말린 때부터 세상과 어긋났고, 그의 고매한 정신은 깊은 상처를 입었다. 그렇지 않다면 불과 42세의 강장한 나이에 그렇게 갑작스럽게 세상을 떠날 수가 없는 일이다.

2. 조덕린 — 영예와 시련이 교차한 삶

1) 생장기의 수학

조덕린趙德鄰은 1657년(효종 7) 12월에 조군의 차남으로 태어났다. 자는 택인宅仁, 호는 옥천玉川이다. 그의 나이 7세 때 숙부 조병趙頫에게서 형 조덕순과 함께 글을 배우기 시작하였다. 어린 시절의 그는 특히 총기가 있었다. 10세 때인 1667년에 『자치통감自治通鑑』의 「반씨총론班氏總論」을 읽었는데, 그날 중에 한 글자도 막힘 없이 외웠다고 한다. 『논어』, 『맹자』 등을 학습한 뒤인 1669년, 12세 때에 당시 영남의 이름난 선비인 이유장李惟樟(호는 孤山)이 그의 부친을 찾아왔다. 그는 어린 조덕린을 보고서 시험삼아 몇 가지 질문을 하였는데, 조덕린의 답변이 매우 명석하였다. 이유장은 "장래에 학문으로 이름을 날릴 것이니, 동남의 문맥을 이을 사람은 반드시 이 아이이리라"며 칭찬을 아끼지 않았다.

그 해 겨울, 청량산에 들어가 한 겨울을 독서하고 돌아왔다. 이듬해인 1670년 가을, 부형을 따라 도산서원의 강회에 참가하였다. 도산서원 동주 김총金璁은 참석자 중에서 가장 나이가 어린 소년 조덕린에게 큰 관심을 가졌다. 뒤이어 원근의 선비들이 모인 자리에서 회강會講을 할 때, 중진들이 그에게 경의經義에 대하여 물었는데, 조덕린이 조리 있게 대답하여, 좌중이 탄복하였다고 한다. 1671년에는 부친의 명을 따라서 안동의 이보李簠(호는 景玉齋)에게서 현량책을 공부하였다. 이보는 그의 사촌 조덕후의 장인으로서 당시 안동 지방의 이름난 선비였다.

그 다음 해, 15세의 소년 조덕린은 조덕순과 함께 모친 유씨를 모시고 안동 하회의 외가로 갔다. 그곳에서 형과 함께 유운룡·유성룡 형제의 가학을 이은 선비들에게서 훈도를 받았음은 앞서 기술한 바와 같다. 만년의 조덕린은 "내가 외가를 출입한 뒤에야 비로소 이 학문에 연원淵源이 있음을 알았다"고 회고하였다.

2) 문과 급제, 그리고 짧은 벼슬살이

1676년, 19세 되던 해 가을, 조덕린은 향시를 통과하였고 그 다음 해에는 진사시에 합격하였다. 이 해에 그는 예천 맛질 권수하權壽夏의 딸에게 장가갔는데, 권씨 부인은 김응조金應祖(호는 鶴沙)의 외손녀이다. 1678년에는 서울로 올라가 성균관에 입학하였다. 관학館學에서 그는 언동이 엄정하고 교유를 신중히 하였다. 백형 조덕순과 함께 주변의 경애를 받았고, 학장이 자주 그들 형제를 불러 학교의 일을 상의하였다고 한다. 당시의 학장이 "내가 선비를 많이 보았으나, 조덕린 같은 사람은 처음이다"라고 말하였다는 기록이 전한다.

얼마 뒤에 다시 고향으로 내려온 그는 1681년에 처남 권기權愭와 함께 예천의 용문사龍門寺에서 『주역』을 공부하였다. 1685년 겨울에는 청량산 용혈사에서 『이정전서二程全書』를 학습하였다. 1686년 29세 되던 해 봄, 조덕린은 형 조덕순과 함께 다시 성균관에 유학하였다. 이 해에 숙부 조병趙頩이 별세하였다. 조병은 평생을 처사로 살면서 후진 양성에 힘을 기울인 선비였다. 그에게 배운 조덕순과 조덕린은 문과에 급제하였고, 조덕후는 생원시에, 조덕구는 진사시에 합격하였다. 조병의 훈도에 힘입어 주실 조씨의 문한이 크게 퍼진 것이다. 조덕린은 제문을 지어 숙부를 추모하였고, 뒷날 행장을 지어 그 생애를 후세에 전하였다.

1689년 가을, 동당책시東堂策試에 합격하였다. 이 해에 이현일李玄逸(호는 葛庵)을 처음 뵙고 조부 조정형趙廷珩의 비문을 청하였다. 이 때 이현일은 산림학자로서 숙종 임금의 부름을 받고 서울에 올라와 있던 중이었다. 1690년 겨울에 조덕순이 먼저 문과에 장원으로 급제하였고, 그 다음 해인 1691년에는 조덕린도 증광 문과에 급제하였다. 형제가 연이어서 급제하는 경사를 맞았던 것이다.

그가 처음 받은 관직은 승문원承文院 정자正字였다. 승문원은 본시 외교문서를 관장하는 부서인데, 정자는 정구품에 불과하지만 정원에서 논의되는 언론, 즉 정사를 기록하는 춘추관春秋館의 기주관記注官을 겸하였다. 따라서 문장에 뛰어난 문관을 골라서 임명하였다. 조덕린의 기주가 빠르면서 자세하였으므로, 한 경연관經筵官은 "근년의 기주관 중에 조덕린 같은 사람이 없었다"고 탄복하였다고 한다. 1692년 봄에 가관假官(임시직)으로 사원史院에 입직入直하였는데, 따로 한어漢語를 학습한 일이 없으면서도 청국의 문서를 막힘 없이 독파하였다. 관료로서의 실무 능력이 뛰어났던 것이다.

1693년 봄에 조덕순이 갑자기 세상을 떠났다. 뒤이어 조덕린의 부인 권씨가 예천의 친정에서 세상을 떠나는 불행이 겹쳤다. 그는 백형의 영구를 모시고 고향으로 돌아와 백형과 권씨 부인의 장례를 치렀다. 이 해 가을, 제원역濟原驛(현 충청남도 금산군 제원면 소재의 역원)의 찰방察訪으로 부임하였다가 겨울에 세자시강원世子侍講院 설서說書(정칠품)를 제수받았다. 이보다 앞서 영의정 권대운權大運이 "재주와 문장이 조덕린을 앞설 사람이 없다"라고 말하면서 그를 한림翰林으로 추천한 일이 있다. 그러나 발령을 받기도 전에, 1694년 4월 갑술환국甲戌換局이 일어나 서인이 정권을 장악하자, 신병을 이유로 사임하고 바로 귀향하였다.

3) 은거하여 학문에 전념하다

이 해 겨울에 조정으로부터 예조좌랑을 제수받았으나 취임하지 않았다. 1695년에는 진사 강필명의 딸 진주 강씨와 재혼하였다. 이 해에 주실에 초당을 지었다. 벼슬에의 뜻을 접은 그는 침식을 잊을 정도로 주자서朱子書를 열심히 읽었다. 1696년에 부친상을 당하자, 『주자가례朱子家禮』를 따라 상례를 치렀다. 3년간 상복을 벗지 않고 시묘살이를 하면서 동구를 나가지 않았다. 1701년에는 부친의 벗인 이유장李惟樟이 세상을 떠났다. 이유장은 어린 시절 조덕린을 보고서 많은 기대를 하였던 학자이다. 그에게 배운 일은 없으나 조덕린은 만시를 지어 애도하고, 뒷날에는 그 자손의 요청에 따라 비갈문을 지었다.

1702년에는 영양현령 한세기韓世箕의 부탁을 받고, 향교의 「육영루기문育英樓記文」을 지었다. 1703년 봄에는 『태극도설』을 탐구하였다. 1704년 5월에 모친 풍산 유씨가 세상을 떠나자, 역시 『주자가례』에 따라 장례를 치르고 시묘살이를 하였다. 그 해 10월 스승 이현일李玄逸의 부음을 받았지만 그 자신도 상주이므로 문상은 가지 못하였다. 집에 따로 곡위哭位를 마련하고서 스승의 서거를 애도하였다.

춘양春陽의 소라召羅(현 경상북도 봉화군 소천면 소라리)는 계곡의 천석泉石이 아름다운 고장이다. 그 곳에 별서를 지은 것이 1706년 12월의 일이다. 이렇듯이 고향에 은거한 뒤의 조덕린은 벼슬살이를 잊고 독서하며 학문하는 선비로 살았다.

그런데 1708년 정월에 뜻밖에 강원도 도사를 제수받으니, 1694년 겨울 예조좌랑을 사퇴한 이후 14년만의 일이었다. 벼슬에 뜻이 있었던 것은 아니지만 평소 금강산을 유람하고 싶었던 터이므로 벼슬을 받았다. 고향에서 동해안으로 나가 바닷길로 강릉으로 간 그는 오대산과 금강산을 탐방하고 청평산에 오르는 등 관동 지방의 절승지를 두루 구경하였다. 이 때에 기행시와 함께 『관동록關東錄』을 남겼다.

그 해 10월에 감사 송정규宋挺奎의 문서를 받고서 동해안의 고을 간성杆城의 전답을 점검하였다. 관동은 산간 지역이 아니면 해안에 접하여 농사지을 땅이 넉넉지 못하였다. 특히 산간에는 땅을 바꾸어 가며 농사를 짓는 화전火田이 많았다. 이 때문에 관동 지방은 매년 농사를 짓는 정전正田과 돌려 가면서 농사를 짓는 속전續田을 구분하고서, 정전에만 세금을 부과하였다. 그러나 송감사는 논밭으로 일군 모든 땅을 정전으로 간주하고 일률적으로 세금을 부과하였다. 조덕린은 감사에게 글을 보내, 관동 지세地勢의 특성을 설명하고, 정전에만 상등의 세금을 부과하고 돌려가며 짓는 땅에는 하등의 세금을 부과할 것을 건의하였다. 그러나 송감사는 끝내 듣지 않았다. 조덕린은 즉시 도사직을 사임하고 고향으로 돌아왔다. 그 후 민원이 일어나 조정에서도 문제가 되었고, 송감사는 파직당하였다. 새로 부임한 감사가 조덕린의 의견대로 세법을 시행하자, 관동의 민심이 비로소 안정되었다. 이후 오랜 동안 그가 제안한 법안이 관동의 세법이 되었다고 한다.

조덕린은 다시 소라의 옥천산玉川山 아래 별서로 돌아가 독서와 강학에 열중하였다. 그 다음해인 1709년에 전라도 고산현감을 제수받았으나, "백수로 현감의 녹을 먹는 것이 태백산 중의 한끼 밥만 같지 못하다"라며 사양하였다. 이 해 9월에는 춘양의 풍정리에 사는 85세의 노학자 이시선李時善(호는 松月齋)을 방문하여 경지經旨를 토론하였다. 이시선은 시명詩名을 날린 호방한 문장가로서 평생 시골에서 고고한 삶을 누린 은둔 군자이다. 1711년 12월에는 황해도 도사로 잠시 부임하였다가 그 이듬해 6월에 사임하고 귀향하였다. 이 걸음에 그곳 수양산에 있는 백이 숙제의 사당 청성묘를 배알하고 지은 시가 전한다.

「옥천연보」 1713년의 기록에 의하면, 조덕린이 1694년 갑술환국 직후 고향에 은거한 이래로 20년이 지났다. 그 사이에 이따금 벼슬을 받았지만 대부분 사양하고 나아가지 않았다. 강원도와 황해도 도사로 나아갔을 때도 임기를 채우지 않고 돌아왔다. 산골의 가난한 선비 살림이라 곡식이 떨어지기도 하였으나 마음에 두지 않았다. 그 자신 직접 논밭에 나가 "이로써 세금을 납부하고 양식을 마련하는 것이니 소홀히 해서는 안 된다"고 하면서 농사일을 독려하였고, 남보다 앞서 세금을 냈다.

1713년 4월에 안동 하회를 방문하여 외조부 사당을 참배하고서, 병산서원에서 강론하다가 돌아왔다. 1714년에는 춘양의 한수정寒水亭으로 권두기權斗紀(호는 晴沙)를 방문하였다. 이에 앞서 권두기는 사간원 정언으로 임금에게 간언을 하였다가 비위를 거슬러 전라도 해남으로 귀양을 갔었는데, 이때는 귀양에서 풀려나 고향에 돌아와 있었다. 조덕린이 교유하였던 선비들 가운데 가장 가까운 벗이 권두기였던 것으로 짐작된다. 두 사람 사이에 주고받은 시문이 『옥천집』에 많이 실려 있다.

1715년에 도산서원에 글을 보내 『퇴계집』의 오류를 지적하였다. 일찍이 1600년에 간행된 『퇴계집』의 초간본은 조목趙穆(호는 月川)을 중심으로 한 예안禮安 고을의 사람들이 주도하였다. 그런데 당시부터 편집 원칙을 둘러 싸고 이황의 후학들 사이에 이견異見이 적지 않았다. 이 즈음에 이르러서도 이황의 후학들 사이에 수정본을 내자는 논의가 있었다. 도산서원에서 먼저 각지의 선비들에게 통문을 돌려, 문집의 수정에 대한 의견을 구하던 참이었 다. 이에 조덕린이 오류 몇 부분을 지적하고, 그 해결 방안으로 문집의 뒤편 에 정오표를 덧붙여서 간행하자고 제안하였다. 그러나 이 때도 논의만이 무 성한 채 실행되지 않았다.

1716년 6월에 조덕린은 충청도 도사를 제수받았다. 이 때에도 그는 벼슬 을 사양하다가 부득이 부임하였다. 호서湖西의 노성魯城에는 산림학자山林 學者 윤증尹拯이 살고 있었다. 숙종이 우의정의 벼슬을 주었으나 그는 끝내 받지 않았다. 그럼에도 임금이 정승의 직첩을 거두지 않아, 백의정승白衣政 丞이라 불렸던 당대 호서 지방의 명유이다. 조덕린은 윤증의 마을을 지나면 서도 찾아가지 않았다. 충청도의 도사는 호서지방의 세곡稅穀을 중앙에 운 송하는 직책인 해운판관海運判官을 겸무하였다. 마침 그 때 윤증의 친지가 호조판서로 있었다. 그 해 겨울 호조는 근무 실적을 평가하면서 충청도 해운 판관에게 중고中考를 매겼다. 좋지 않은 성적이었다. 조덕린은 그날로 행장 을 꾸리고 "이미 해직解職되었으니 공복公服을 입고서 방백을 뵐 수는 없고, 그렇다고 사복을 입고 뵐 수도 없지"라 하고 바로 고향으로 돌아와 버렸다. 애초부터 기꺼이 부임한 것도 아니었던 터라, 미련없이 벼슬을 버린 것이다.

1719년 10월, 여강서원에서 의성군수 이진망李眞望과 학문을 토론하고 시를 지었다. 일찍이 1574년에 건립된 이 서원은 예안의 도산서원과 함께 퇴계 이황을 주향으로 하였다. 안동을 대표하는 서원으로서, 이 지방 선비 들의 강회講會를 자주 열었던 곳이다. 1720년 가을에는 여강서원에서 이만 李墁(호는 顧齋)과 『중용中庸』 수장首章의 의미를 강론하였다. 이현일의 조카 이만은 이현일과 이재李栽(호는 密庵) 부자에게서 배운 뒤에, 평생을 학문에만 전념하였다. 1721년 4월에는 경상도 관찰사의 요청에 따라 호포戶布와 구전口錢, 유포游布 및 결포結布로 세금을 징수하는 사역법四役法의 모순을 지적하는 글을 보냈다. 조덕린은 그것의 폐단을 지적한 뒤에, "재정의 운영은 이재理財가 아니라 절용節用에 달려 있다. 불필요한 관원을 줄이고 비용을 절약하며, 장령將令을 가려서 임명하고 병적兵籍을 엄정히 관리하며, 수입을 계량하여 지출을 제한하는 것이 절용이다"라는 의견을 제시하였다. 궁벽진 산골에 살면서도 실용적인 경세적 지론을 갖고 있었던 것이다.

1722년 가을에는 이존도李存道 · 윤세겸尹世謙 · 이협李浹 · 이진급李眞伋 · 이인복李仁復과 함께 청량산을 유람하였다. 이존도는 당시 안동부사 이인복의 부친인데, 서울에서부터 조덕린과 평소 교유가 자별하였다. 이즈음에 의성향교의 「흥학재기문興學齋記文」을 지었다. 1724년 4월에 권두경權斗經(호는 蒼雪齋)과 함께 청량산을 유람하였다. 이 해 8월에 경종이 승하하고 영조가 즉위하였다.

1724년 12월에, 조정의 대신이 "40년을 산림에서 독서하여 문장과 경학이 당세에 제일이라"고 말하면서 그를 추천하여 홍문관에 선입選入 되었다. 이 해는 경종 말년으로서, 소론이 정국을 운영하고 있었다. 소론은 노론들에 비해 남인들에게 호의적이었다. 경종 재위 중의 영남 남인들에 대한 우호적 분위기에 따라 그를 추천한 것이다.

4) 영조의 즉위, 다시 벼슬길, 뒤이은 귀양길

1725(영조 원년) 3월, 조덕린은 홍문관 수찬修撰(정육품)에 임명되었다. 높은 관직은 아니지만, 조덕린으로서는 처음 받는 청요직이었다. 사임하는 상소문을 올렸으나, 서울로 빨리 올라오라는 재촉을 거듭 받고서 부득이 길을 떠났다. 예천에 도착하여 다시 상소를 올렸으나, 이번에도 허락하지 않으므로 결국은 상경하였다. 조덕린이 다시 조정에 나가기는 1694년의 귀향 이후

실로 31년만의 일이었다. 이 때 그는 이미 68세의 노인이 되어 있었다.

그런데 이렇듯이 상소문을 거듭 올린 데는 이유가 있었다. 홍문관弘文館 관원들의 고유 업무는 나라의 문한文翰을 담당하는 것인데, 경연經筵에서 임금을 교도하는 일도 겸하였다. 자연히 임금을 가까이 모실 자리가 많았다. 이 때문에 홍문관은 사헌부司憲府 · 사간원司諫院과 함께 삼사三司라고 불리는, 요직 중에서도 요직이었다. 삼사의 관원들은 본시 임명을 받는 날부터 사직을 청하는 상소문을 지어 올리는 것이 상례였다. 그런 형식을 빌어 시정施政에 대한 의견, 또는 임금에 대한 직간直諫을 개진하는 것이었다. 혹 과격한 발언을 하여 문제가 되는 경우도 자주 있었다. 그러나 대개는 충심衷心에서 우러나오는 직언直言이라 하여 수용하는 일이 많았다. 요즘의 방식으로 말하자면, 임명받는 날부터 사직서를 써 두고서 소신껏 발언하는 것과 같다.

이 해는 경종 때에 정국을 운영하였던 소론이 물러나고, 영조의 즉위에 공이 컸던 노론이 정권을 잡았다. 노론은 송시열을 정신적 지주로 삼고 있었다. 그들은 송시열에게 사약賜藥을 내려 죽게 한 기사환국己巳換局 뒤의 집권 남인들에 대하여 매우 적대적이었다. 그 중에서 당시 영남의 남인을 대표하였던 산림山林 이현일李玄逸을 가장 미워하였다. 이 때문에 그의 상소문 한 구절을 왜곡하여 명의죄인名義罪人으로 몰아서 7년간 변방에서 귀양살이를 시켰다. 이현일은 신원이 회복되지 않은 채 1704년에 세상을 떠났다. 경종이 즉위한 뒤에 소론이 정국을 주도하면서 이현일을 복관시켰다. 그러나 영조가 즉위하자, 노론 정권은 바로 이현일의 관작을 추탈하였다. 조덕린은 이러한 시기에 조정에 나갔다. 그의 출사出仕는 거센 풍파를 예고하는 것이었다.

그 해 5월, 세자시강원世子侍講院 필선弼善(정사품)으로 옮긴 뒤에, 홍문관 교리(정오품)와 수찬(정육품), 용양위 부사과(종육품)를 거쳐서 9월에는 사간원司諫院 사간司諫(종삼품)이 되었다. 그 다음 달인 10월에 사직을 청하는 상소를 올렸다. 이 글에서 그는 시무時務 10개조를 열거하였다. 이것이 「을사십조소乙巳十條疏」이다. 그것을 옮기면 다음과 같다.

첫째, 성학을 밝혀 마음을 바르게 하소서(明聖學以正心).
둘째, 실제의 덕을 닦아서 하늘에 보답하소서(修實德以應天).
셋째, 관원의 선임을 정밀히 하여 바른 정치를 세우소서(精選任以立政).
넷째, 백성을 보호하여 나라의 근본을 굳건히 하소서(保庶民以固本).
다섯째, 재물을 절약하여 비용을 줄이소서(節財用以省費).
여섯째, 군비를 충실히 하여 미리 대비하소서(討軍實以備豫).
일곱째, 옥사를 삼가 형벌을 잘 살피소서(愼庶獄以恤刑).
여덟째, 기강을 떨쳐서 풍속을 다듬으소서(振紀綱以勵俗).
아홉째, 공도를 넓혀 사사로움을 없애소서(恢公道以滅私).
열째, 명분과 실제를 바로잡아 왕도를 세우소서(正名實以建極).

이 상소문이 올라가자 노론들 사이에 큰 물의가 빚어졌다. 성학을 배워 마음을 바르게 하라는 것, 실제의 덕을 닦아 하늘의 뜻을 따르라는 것, 백성을 보호하여 나라의 근본을 굳건히 하라는 것 등은 유신儒臣의 건의로서 하등의 문제가 될 것이 없었다. 그러나 관원의 선임을 정밀히 하여 정치를 바로잡으라는 제삼조와 공도公道를 넓혀 사사로움을 없애라는 제구조는, 바로 노론의 전횡에 대한 직접적인 비판이었다. 그는 이 글을 통해 새 임금에게 탕평의 실질적인 시행을 건의한 것이다.

노론들은 그가 이현일의 제자로서 신원 운동에서 중심적 위치에 있었음을 이미 알고 있던 터였다. 이 상소문을 올린 다음날, 대신들이 조덕린을 함경도 종성 땅에 귀양 보낼 것을 청하였다. 조덕린은 다시 상소문을 올린 뒤에 고향으로 내려갔다. 그 해 11월, 그는 함경도의 끝자락 종성鍾城으로 귀양을 가야 했다. 조덕린은 한 달 반 만인 12월 26일 유배지에 도착하였다. 70세의 노인이 섣달의 풍설을 무릅쓰고 3,000여 리의 길을 간 것이다. 종성

▲ 사미정

▲ 사미정 현판 (채제공의 글씨이다)

은 30여 년 전에 이현일이 유배 생
활을 보냈던 곳이기도 하다.

　귀양지에서도 독서하는 선비의
생활은 다를 바 없었다. 그는 『근사록』과 함께 『주역』의 괘를 매일 한 편씩
읽었다. 북방의 선비들이 수업을 청하면, 신분을 가리지 않고 가르쳤다.
1726년 봄, 『수주독역일과愁州讀易日課』와 『근사록고오近思錄考誤』를 편
찬하였다. 여강출판사 간행 영인본 『옥천문집』 권23 「역경의의易經疑義」와
「근사록참고近思錄參考」는 이 때의 독서를 정리한 것으로 생각된다.

　1727년 봄, 자제들에게 편지를 보내 소라의 별서 뒤편에 사미정四未亭을
짓도록 하였다. 이 해가 정미년丁未年이었는데, 그 해 6월 22일이 정미월 정
미일이었고, 그 날의 미시未時가 또 정미시였다. 『중용』에 "군자의 도는 네

가지인데 나는 아직까지(未) 하나도 하지 못했다"는 구절이 있다. 공자도 그처럼 반성하였으니, 자신과 같은 범인도 마땅히 그처럼 반성해야 된다는 뜻을 담아, 연월일시에 네 개의 '미未' 자가 들어간 날을 일부러 택하여 집을 짓도록 하였던 것이다.

그 다음 달인 7월, 귀양에서 풀려났다. 그 전의 직책인 사간원 사간을 임명받고서 서울로 돌아온 그는, 홍문관 부응교副應敎와 응교應敎를 거쳐서 8월에 다시 사간이 되었으나, 신병을 이유로 사임하고서 고향으로 다시 돌아왔다. 그 뒤에도 교리·수찬·사간·응교·부호군·장악원정 등을 연이어 받았으나 모두 사퇴하였다. 영조가 탕평蕩平을 내세워 소론과 남인을 적절하게 등용하고자 하였음에도, 조정은 이미 노론의 절대적 우위 속에서 운영되고 있었다. 또 그도 이미 70대에 들어선 고령이었던 것이다.

5) 무신란 때의 영남 호소사

1728년 3월, 이인좌李麟佐와 정희량鄭希亮 등이 반란을 일으켰다. 이인좌의 난 혹은 무신란戊申亂이라고 불리는 사건이 바로 이것이다. 이인좌와 정희량의 가계는 본시 남인이었다. 이인좌는 경신환국에 죽음을 당한 산림山林 윤휴尹鑴(호는 白湖)의 손서孫壻이고, 그의 조부는 숙종 초기에 감사를 지낸 이운징李雲徵이다, 정희량은 병자호란의 척화신으로 유명한 정온鄭蘊(호는 桐溪)의 후손이다.

난이 일어나자, 조정은 안동安東을 주시하였다. 이곳은 갑술환국 이후 오래도록 조정에서 소외된 남인들의 중심 고장이었기 때문이다. 이보다 앞서 경종 연간의 이현일 신원 활동도 안동의 서원과 향교를 중심으로 진행되었던 터였다. 조정은 일찍이 안동부사를 지냈던 소론계 박사수朴師洙를 안무사按撫使로 임명하였다. 또 영양의 조덕린의 품계를 통정대부로 올려 주고, 영천의 이형상李衡祥(호는 甁窩)과 함께 영남 상하도의 호소사號召使로 임명하였다.

3월 26일에 왕명을 받은 조덕린은 즉시 안동으로 달려갔다. 그는 안무사와 함께 반적의 진압책을 협의하는 한편, 민심을 수습하기에 힘썼다. 경상도의 각 고을에 초유문招諭文을 지어 보내, 의병을 일으켜 반적을 물리치라고 독려하였다. 안무사와 협의하여 안동 선비들의 중의衆議를 따라 유승현柳升鉉(호는 慵窩)을 의병대장, 권만權萬(호는 江左)을 부장으로 임명하였다. 유승현과 권만은 일찍이 조정에서 벼슬한 적이 있었다. 당시 안동 유림의 원로였던 이재李栽도 들것을 타고 나와 김민행金敏行·권구權榘·권덕수權德秀·김성탁金聖鐸 등과 더불어 의병 일을 논의하였다. 박사수와 함께 조덕린은 영주와 풍기·순흥·예천·문경·상주 등지에도 의병장을 임명하여 의병을 조직하고 민심을 수습하도록 하였다. 각지의 서원과 학사에는 학전學田의 곡식을 모아 군량으로 공급하도록 조처하였고, 따로 자신의 문중의 장정을 모아 의병 대오를 편성케 하였다.

이상의 일을 마친 뒤인 4월 5일, 조덕린은 대구의 감영으로 내려갔다. 그곳에서 관군이 거창·안음·합천의 반적을 평정하고 정희량의 목을 베었다는 소식을 들은 그는 그 즉시 조정에 장계를 올려 이 사실을 보고한 뒤에, 각지에서 편성한 의병진을 해산하도록 조처하였다.

당시 권구權榘(호는 屏谷)의 기록에 의하면, 이인좌 일당은 이보다 앞서 안동의 남인들과 제휴하려고 찾아왔었다. 난의 와중에 사로잡힌 적을 문초하던 중, 권구와 유몽서柳夢瑞·김민행·권덕수 등 안동에서 저명한 사족들의 이름이 나왔다. 이 때문에 권구는 서울로 압송되어 임금에게 국문鞫問을 당하기까지 하였다. 조덕린과 이재·유승현 등의 적극적인 대처가 없었다면, 안동과 영남의 선비들은 심각한 위기에 빠질 뻔한 사건이 바로 무신란이다.

대구에서 경주를 거쳐 영양으로 돌아간 조덕린은 임금에게 상소문을 올렸다. 여러 날 말을 타고 다닌 노독路毒으로 병이 나서 직접 복명復命하지 못한다고 아뢰면서, 앞서 통정대부로 승자陞資한 것을 사양하였다. 그러나 "영남嶺南의 상도上道가 안정을 찾은 것은 그대의 공이니, 속히 올라와서 그간의 사정을 진술하라"는 임금의 재촉을 받았다. 신병을 무릅쓰고 서울에 올라가 사은謝恩하자, 임금은 그를 대궐 안에 머물게 하였다. 그 사이에 난을 진압한 공으로 원종일등공신에 올랐다. 6월에는 동부승지로 임명을 받았으나, 상소를 올려 거듭 사임을 청하였다. 그러나 그가 영남의 이름있는 유신儒臣임을 알고 있던 임금은 경연經筵의 입직入直을 명하였고, 이에 따라 참찬관參贊官으로 입시하여 어전에서 진강進講하였다.

6) 다시 귀향, 거듭 피난 귀양길에 생을 마치다

서울에 올라온 지 두 달여가 지난 7월에 네 차례나 사직을 청한 끝에 고향으로 다시 돌아올 수 있었다. 그 해 9월 이후 우부승지·병조참의·용양위 사과·부호군·병조참지를 받았으나 모두 사퇴하였다. 1730년 가을, 74세의 노학자 조덕린은 낙강 상류에 창주정사滄洲精舍를 짓고서, 이곳과 사미정四未亭을 오가며 강학과 저술에 몰두하였다.

그러나 1736년 9월에 그간 잠잠하였던「을사십조소」가 재론되었다. 결국 서울로 압송되어 국문을 받기에 이르렀는데, 임금의 특명에 따라 출옥한 그는 그 날로 낙향하였다. 그러나 일은 이것으로 끝나지 않았다. 1737년 6월에 노론 측의 대간臺諫들이 이현일을 비방하자, 그 즈음 조정에 출사 중이던 김성탁金聖鐸(호는 霽山)이 상소문을 올려 이현일을 변호하였다. 그러나 이것이 영조의 비위를 크게 거슬렀다.

이현일이 안동의 금소에서 강학하던 시기에 그 문하에 들어간 김성탁은 1730년에 이재李栽가 세상을 떠난 뒤, 안동의 퇴계학파를 이끌어 간 큰선비이다. 그는 1735년 4월 과거에 급제한 뒤로 정언·지평을 거쳐 홍문관 교리

▲ 창주정사 (본래 영양군 청기면에 있던 것을 후손들이 주실로 옮겼다)

로 있으면서 영조의 지우知遇를 받고 있었다. 그러나 스승을 변호한 상소문
이 도리어 화근이 되어 결국 참혹한 국문 끝에 제주에 위리안치圍籬安置되
고 말았다.

나아가 앞서 묻어 두었던 조덕린의 「을사십조소」까지 노론들이 재론하고
나섬으로써 결국 조덕린도 제주에 위리안치하라는 명령을 받고 말았다. 이
소식을 들은 그는 "나의 운명이다"라 말하고서 바로 고향을 떠났다. 한 여름
의 더위를 무릅쓰고 귀양지인 제주로 향했다. 12년 전에는 엄동설한의 매서
운 바람을 맞으며 북쪽 변경으로 귀양을 갔었는데, 이번에는 80여 세의 나이
에 더운 여름날 남쪽의 유배지로 향하게 된 것이다. 이 길이 그의 마지막 행
보가 되었다. 도중에 이질에 걸려 십여 일을 고생하다가 7월 20일 전라도 강

진康津의 후풍관에서 81년의 생애를 마쳤다.

그의 죽음과 관련하여 다음과 같은 이야기가 전해 온다. 그날 밤 그를 호송하던 금부도사가 꿈을 꾸었는데, 조덕린이 사다리를 타고 하늘 높이 솟은 누각으로 올라갔다고 한다. 같은 날 강진의 아전 한 사람도 꿈을 꾸었는데, 조덕린이 머물고 있던 객관에서 만덕사 절까지 무지개 모양의 다리가 걸쳐 있었다고 한다. 그의 영구가 고향으로 돌아갈 때, 강진 근방의 유생들 60여 명이 영암 땅까지 따라와 전송하였다. 그 해 10월 5일 안동 풍산현의 장지에 모인 조문객이 400여 명에 이르렀다고 한다.

7) 영남 선비가 겪은 영예와 시련

1694년에 은거한 이래로 영조 원년인 1725년에 홍문관 수찬으로 임명을 받고서 올라가기 전까지 30여 년 동안, 강원도사(1708년)·황해도사(1712년)·충청도사(1716년)로 잠시 나아갔던 것을 제외하고는 조덕린은 영남지방을 벗어난 적이 없었다. 1696년 부친상과 1704년 모친상에는 각기 삼년간 시묘살이를 하면서 『주자가례』를 실천하였다. 그는 고향집의 초당과 소라의 별서를 오가며, 제자들과 함께 강학에 전념하였다.

그러나 문집을 통해 보건대, 그의 교유 범위는 그다지 넓지 않았다. 그가 지냈던 소라에서 가까운 닭실의 권두경權斗經·권두기權斗紀와 각별히 친하였고, 또 같은 고장인 풍정리에는 문학으로 저명한 이시선李時善이 있어 그를 찾아가 담론하였다. 이들 모두 청명淸名이 있는 선비들이었다. 영양현령 한세기韓世箕와 강박姜樸, 그리고 안동부사 이인복李仁復과 의성군수 이진망李眞望과 각기 만난 일이 있으나, 그들 스스로가 세의世誼를 앞세워 조덕린을 찾아 온 것이었다. 벼슬살이 중의 진퇴가 분명하였고, 지인들과의 교유도 이처럼 담박하였던 것이다.

갑술환국 이후 정치로부터 멀어진 영남 선비들의 주된 회합처는 서원書

院이었다. 그들은 이곳에서 학문을 닦으면서 사상적 · 정신적 결속을 꾀하
였다. 그러나 조덕린은 서원에의 출입을 그다지 즐기지 않았던 듯하다. 소
년 시절인 1670년에 부형을 따라 도산서원의 강회에 참석한 적이 있으나,
그 밖에는 서원에서 수학하였다는 기록이 보이지 않는다. 1713년에 안동 하
회에 들렀던 길에 병산서원에 머물면서 벗들과 학문을 토론한 일이 있고,
1719년에는 이진망과, 1720년에는 이만李檥과 함께 여강서원에서 경의를
토론한 것이 서원과 관련된 일의 전부이다. 이외 1715년에, 도산서원의 원
유들에게 글을 보내『퇴계집』의 오류를 지적하여 개정을 제안한 일이 있다.
그러나 이것도 도산서원에 대한 관심이라기보다는, 퇴계서退溪書에 밝았다
는 기록으로서 의미가 있다고 보아야할 것이다.

　조덕린은 스승 이현일의 신원 운동에 적극 참여하였다. 이현일은 1689년
의 기사환국 뒤, 숙종의 부름을 받아 조정에 나간 뒤로 대사헌 · 대사간 · 이
조판서 등의 요직을 맡아 남인 정권의 핵심부에서 활동하였다. 그러나 1694
년 초에 고향에 내려가 은거를 결행하던 중에 갑술환국이 일어났고, 다시 정
권을 잡은 노론에 의해 이현일은 함경도 종성에 유배되었다. 이후 남북의
변방에서 7년여의 세월을 귀양살이로 보낸 끝에 겨우 풀려났다. 이현일은
1704년에 세상을 떠날 때까지 4~5년간을 안동의 금소에서 제자들과 강학
하면서 만년을 보냈다. 그러나 세상을 떠날 때까지 관작이 회복되지 않았
고, 명의죄인名義罪人이라는 오명을 쓴 채로 세상을 떠났다.

　그 후의 영남 퇴계학계는 이현일의 문인들이 주도하였다. 안동에는 이현
일의 아들이면서 문인인 이재와 이협李浹 · 권덕수 · 권구 · 유승현 · 김성탁
이 있었고, 봉화에는 권두경 · 이완李琓 · 이광정李光庭 · 권만이 있었다. 영
천에는 정만양鄭萬陽 · 정규양鄭葵陽 형제와, 조덕린과 함께 무신란 당시의
영남 호소사로서 공을 세운 이형상이 있었다. 상주에는 이만부李萬敷, 영주
에는 황수일黃壽一 · 나학천羅學川, 칠곡에는 신익황申益愰이 있었고, 영양

에는 조덕린과 조시광趙是光이 있었다.

경종이 즉위하면서 이현일의 신원 운동이 안동을 중심으로 하여 여러 차례 시도되었다. 1721년(경종 원년)에는 문인 김성흠金聖欽을, 1723년에는 이수인李守寅을 소수疏首로 하여 진행되었다. 1724년에는 나학천羅學川이 소수였는데, 그 해에 경종이 승하하는 바람에 중단되었다.

『갈암이선생변정록葛菴李先生辨正錄』에 따르면, 조덕린은 1723년의 신원 운동에 보인다. 안동향교에 소청疏廳을 차린 선비들은 영남 각지의 서원과 향교에 통문을 돌려 공의公議를 집결하였다. 한편 이현일의 문도들 중에 조정에서 벼슬을 받은 적이 있는 권두경(전 장령)·조덕린(전 좌랑)·홍상민洪相民(전 주부)·정규양(전 참봉)에게 상소문 작성을 위촉하였다. 이 중에 조덕린과 정규양의 상소문이 채택되었는지, 앞의 『변정록』에는 두 사람의 상소문만이 수록되어 있다. 3월 6일 안동을 떠난 소수 일행은 18일에 대궐 앞에 나아가 상소문을 올렸으나, 승정원에서 받지 않았다. 이 때부터 4월 1일까지 매일 대궐 앞에 엎드려 접수를 요청하였으나 끝내 받아들여지지 않았으므로, 일행은 다시 돌아오고 말았다.

그러나 이 때의 신원 운동은 만년의 그를 시련으로 몰아갔다. 1737년에 김성탁은 이현일을 변호하다가, 제주도로 귀양을 갔다. 얼마 뒤 전라도 광양으로 옮겨졌으나 끝내 풀려나지 못하고 유배지에서 생을 마쳤다. 이 때 고향에 내려가 있던 조덕린이 그 배후로 지목되면서, 10여 년 전의 「을사십조소」가 재론되었다. 그는 다시 81세의 노구를 이끌고 폭염의 날씨 속에서 제주로 향하던 중 강진에서 세상을 떠났다. 그의 스승 이현일이 40여 년 전에 그랬던 것처럼, 조덕린도 관작을 삭탈당하고 죄인의 멍에를 쓴 채로 삶을 마감한 것이다.

이 역시 영남 남인에 대한 노론의 경계심에서 빚어진 일이었다. 노론은 이현일을 경계하였고, 이현일을 이어서 영남의 선비들을 지도하는 조덕린과 김성탁을 표적으로 삼았다. 그 시대의 영남 선비들은 관직에의 진출이 제한적이었음은 물론, 학덕에 따라서 이름이 높아질수록 노론의 경계 대상이 되었던 것이다.

조덕린의 시련은 그 자신으로 끝나지 않았다. 자손들의 서용敍用이 오래도록 금지된 것이다. 1760년에 그의 손자 조진도趙進道(호는 磨巖)가 문과에 급제하였으나 조덕린의 손자라는 사실이 밝혀지면서 합격이 취소되었다. 1785년(정조 9)에는 무신란 때의 공로를 내세우며, 영남 선비들이 상소한 끝에 일시 조덕린의 관작이 회복되었으나, 정조가 승하하자마자 다시 추탈당하였다. 결국 한말인 1899년(고종 37)에 이르러서야 6세손 조병희의 꾸준한 노력 끝에 그의 신원이 이루어졌다. 그 사이 주실의 한양 조씨들이 겪은 고난은 필설로 다할 수 없을 정도이다. 그러나 신원 활동을 위하여 서울과 영양을 오가는 사이에, 영남의 궁벽진 산골 주실의 조씨 마을이 일찌감치 개화 고장이 된 것은 영남에서는 유명한 이야기다. 이현일은 조덕린보다 더 늦은 1908년(융희 2)에 이르러서야 신원이 되었다.

8) 조덕린의 삶과 학문이 남긴 것

조덕린은 37세에 고향에 은거한 이래로 남은 생애의 대부분을 독서와 강학으로 보냈다. 그가 평생토록 지은 시문들은 18권의 문집에 실려 있다. 이는 그의 손자 조운도趙運道(호는 月下)와 조술도趙述道(호는 晩谷)가 초고를 정리한 것인데, 그가 신원되기 직전인 1898년(고종 36)에 이르러서야 간행되었다. 그가 세상을 떠난 지 160여 년이 지난 뒤의 일이다. 조덕순의 8대 주손인 조승기趙承基(호는 南洲)가, 당대의 명유 권연하權璉夏(호는 頤齋)와 이만인李晩寅(호는 龍山)의 교감을 거쳐 9책으로 엮었다. 그 대체적인 내용은 문집의 해제에 요약되어 있으므로 생략한다.

1987년에, 조덕린의 10대 주손인 조대봉趙大鳳이 주선하여 『옥천선생문

집』 필사본 23권을 여강출판사에서 영인 간행하였다. 여기에는 본집에 포함
되지 않았던 시문 약간 편과 「강진역책시사적康津易簀時事蹟」 및 「청갈암
복직소請葛庵復職疏」 등 5편의 상소문, 잡저로서 『역경의의易經疑義』와
『근사록참고近思錄參考』 등이 보완 수록되었다. 이것은 1898년의 목판본에
는 실리지 않은 글들이다. 권24는 연보와 함께 『조선왕조실록』에서 조덕린
관련 기사를 가려내어 정리한 것이다.

유학자로서 조덕린의 행적을 살필 때 가장 많이 언급되는 것이 「을사십
조소」이다. 정치적으로 파문이 컸고, 그만큼 조덕린의 역사적 위치를 알려
주는 자료이기 때문이다. 권23에 실린 「청갈암복직소請葛庵復職疏」, 「도봉
서원출향소道峰書院黜享疏」, 「청물허문묘배향소請勿許文廟配享疏」, 「청갈
암신원소請葛庵伸冤疏」 등을 주목할 필요가 있다. 이현일의 복직을 청하는
상소는 그가 벼슬하던 초기의 것이다. 당시 성균관成均館 좨주祭酒로서 조
정에 나왔다가 다시 고향으로 돌아간 이현일을 빨리 복직시켜 정치를 쇄신
해야 한다는 건의를 담은 글이다. 도봉서원은 본시 조광조趙光祖를 주향으
로 세운 서원인데, 갑술환국 이후에 노론이 송시열宋時烈을 배향하였다. 송
시열의 위패를 서원에서 쫓아내야 한다는 영남 선비들의 여론을 담은 글이
「도봉서원출향소」이다. 노론 정권은 율곡의 제자이며 송시열의 스승인 김
장생金長生을 성균관의 문묘에 배향하고자 하였다. 이 때도 영남의 선비들
은 그의 문묘 종사를 적극 반대하였다. 「청물허문묘배향소」는 이러한 주장
을 담은 글이다. 이 상소문은 그의 단독 명의로 올라간 것이 아니라 영남 유
생들을 대표하여 지은 글이다. 이 글은 1723년의 「청갈암신원소」와 더불어
영남 유림 사회에서 조덕린의 비중과 영향력을 가늠해 볼 수 있는 자료로 충
분하다.

유학자로서의 학문적 관심을 살필 수 있는 자료는 권5의 「답이군직별지

答李君直別紙」 등 5편의 글이다. 이것은 1720년 여강서원에서 이만李槾과 강론하던 때의 글이다. 『중용장구』 수장의 요지를 낱낱이 토론한 것이 있고, 『의례儀禮』의 학설에 대한 정현鄭玄의 소疏와 주자朱子 학설을 두고 토론한 것이 있다. 이밖에 『역경의의』와 『근사록참고』는 종성에서의 유배 생활 중에 탐구하였던 『주역』과 『근사록』의 노트이다. 대체로 문집을 통해 볼 때, 조덕린은 사칠리기四七理氣 등 사변적 성리설에 대한 토론을 그다지 즐기지 않았던 듯, 이에 대해 깊이 다룬 글은 보이지 않는다.

그의 면모가 돋보이는 것은 「을사십조소」처럼 시무時務를 논한 것과 강원도 도사로 재직 당시 양전量田의 문제를 제기한 「치보강원감사논전역장馳報江原監司論田役狀」, 경상감사의 질의에 사역법四役法의 문제를 검토한 「답조감사별지答趙監司別紙」 등 사회 경제적 견해를 피력한 글들이다. 이것은 영남 호소사로 활약할 때의 글인 「호소사시재안동제일장號召使時在安東第一狀」 이하 5편의 글과 아울러 그의 사회·경제·정치적 시무론을 확인할 수 있는 글이다. 17~18세기의 영남 유학자들에 대한 연구는 대체로 성리학과 예학 또는 당쟁과 관련되어 있다. 재야在野에 은거隱居하였던 조덕린은 정부의 시책에 영향을 줄 정도의 관직에 오르지는 않았으나, 그의 시무론과 아울러 경제론 등은 영남 유학자의 구체적 경세론을 담은 소중한 자료이다.

주실 한양 조씨의 역사에서 조덕린의 존재가 갖는 중요한 의미가 있다. 영남 지방에 정착한 뒤로 그의 문중에서는 대대로 반듯한 선비가 나왔다. 조덕린을 배출하면서 행의行誼와 더불어 깊이 있는 학문을 가학家學으로 전수하는 가문이 된 것이다. 조덕린이 직접 가르친 손자 조운도·조진도·조술도 형제는 조부의 유업을 계승하여 영남 유림들 간에 명망이 높았다. 이중에 조술도는 조부의 학문을 계승한 뒤에, 안동의 이상정李象靖(호는 大山) 문하에서 '이현일 — 이재 — 이상정'으로 계승 발전된 퇴계학을 배운,

유림간에 명망이 높은 선비였다.

타고난 천재를 미처 펼치기 전에 세상을 떠난 이가 조덕순이다. 그의 자손 중에도 글하는 선비가 대대로 배출되었는데, 조술도를 통해 문중의 학문을 익힌 뒤에, 상주의 정종로鄭宗魯(호는 立齋)에게 배운 조언유趙彦儒(호는 心齋)와, 상주의 유주목柳疇睦(호는 溪堂)에게 배운 조승기趙承基(호는 南洲)가 근세에까지 주실을 대표하는 유학자들이다. 이에 대한 기술은 권오영 박사의 다음 글에 상세하게 실렸으므로 이만 줄인다.

4장

가학의 형성과 계승

조선후기 영남 지역의 학문 활동은 주로 한 가문에서 배출된 대표적인 학자를 중심으로 가학家學의 형태로 이루어졌다. 이런 현상은 17세기 말부터 주로 노론老論에 의하여 중앙정치가 운영되어가자 영남의 이른바 양반 가문들이 재야에서 학문과 예절에 더욱 힘쓰면서 양반 사족으로서의 체통을 유지하여 나간 데서 연유한 것이다.

영남의 양반 가문은 1694년 갑술환국甲戌換局 이후로는 거의 중앙의 정치 권력에서 밀려나게 되었다. 영남 인물 중에서 특히 영남 남인의 정치적 견해를 대변하던 이현일李玄逸과 조덕린趙德鄰은 18~19세기 집권 정치 세력의 정치적 박해를 받았으며, 조선 왕조가 망하기 직전까지 정치적 복권이 이루어지지 않아 그 후손들의 정계로의 진출이 거의 막혀 있었다. 영양의 주실에 거주했던 한양 조씨도 18세기에서 19세기 말에 이르는 시기에 재야에서 조덕린의 신원 운동을 전개하는 한편, 학문에 정진함으로써 그 학문적 역량을 통하여 영남의 대표적 양반 가문으로 성장해 갔다.

이 글에서는 17세기 이후 주실 한양 조씨의 학문 연구와 활동을 살펴보고자 한다. 우선 한양 조씨 가학의 형성과 전개 과정을 조전趙佺 이후부터 조승기趙承基에 이르기까지 두루 살펴보고, 이어 그 가학의 산실과 가학의 내용을 알아보고자 한다.

1. 가학의 틀을 잡고

한양 조씨는, 중종 때 도학 정치를 펼쳐서 개혁을 이루어야 한다고 주창했던 조광조趙光祖와 인조·효종·현종 때에 활동한 대학자이며 정치가인 조경趙絅을 배출한 명문 집안이다. 1519년에 기묘사화己卯士禍가 일어나 조광조 등 사림파가 대거 투옥되고 사사賜死되자 조광조의 삼종숙三從叔되는 조종趙琮은 그 화를 피하여 영남으로 내려갔다. 기묘사화로 한양 조씨는 사방으로 흩어져 살게 되었다. 그리하여 1524년에는 조광조의 삼촌 조원기 趙元紀가 가문을 일으키기 위하여 『한양조씨세보漢陽趙氏世譜』를 간략하 게 만들었는데, 이를 갑신보甲譜라 한다. 1651년에는 조경이 신묘보辛卯 譜를 편찬하여 경향京鄕 각지에 흩어져 살고 있던 한양 조씨의 족적 결속을 다졌다. 이처럼 한양 조씨는 비록 경향에 흩어져 살았지만 족보의 편찬 과 정이나 애경사哀慶事를 통하여 왕래를 이어갔다. 따라서 주실의 한양 조씨 도 조선후기에는 영남 사람이 되었지만, 서울과 경기 지역의 일가와 한 뿌리 라는 의식을 통하여 지속적으로 왕래를 하고 있었다.

주실 한양 조씨는 처음에는 영주를 거쳐 안동 풍산에 잠시 머물렀다가 조 원趙源이 영양의 함양 오씨 오필吳澤의 사위가 되면서 영양에 정착하게 되 었다. 그 뒤 조원의 아들 조광의趙光義는 형 조광인趙光仁이 일찍 죽자 자 신의 아들 조건趙健(호는 蓮潭), 조전趙佺(호는 壺隱)과 형의 아들 조검趙儉 (호는 水月), 조임趙任(호는 沙月)의 교육까지 모두 책임지고 꾸려 나갔다.

영남에 내려온 지 몇 대 지나지 않아 한양 조씨 가문을 크게 일으킨 인물 은 조임이다. 그는 열살 때 부친이 돌아간 뒤 김윤명金允明의 문하에 나아 가 따뜻한 가르침을 받았다. 김윤명은 조임에게 "친구의 아들도 나의 아들 이다. 예전에는 자식을 서로 바꾸어 맡아서 가르쳤으니, 만약 죽은 친구가 살아있다면 반드시 너를 나에게 부탁했을 것인데 불행하게 일찍 작고하여 뜻과 사업을 성취하지 못하고 몸과 이름이 묻혀버렸다. 네가 만약 고심하고 부지런히 공부하여 출세하여 이름을 날리면 사람들이 모두 너를 군자다운 사람이라고 말할 것이니라. 그렇게 되면 너는 너의 아버지로 하여금 군자가 되게 하는 것이니 효도를 하는 것이 된다. 너는 힘쓰라"고 하였다.

조임은 임진왜란 때 곽재우郭再祐의 휘하에 나아가 큰공을 세워 자헌대 부資憲大夫 지중추부사知中樞府事에 임명되었고, 그의 벼슬로 인해 아버 지 · 할아버지 · 증조할아버지 3대가 추증되었다.

영양 주실에 처음 터를 잡고 산 인물은 조전이다. 그는 일찍이 무예에 종사하였고 학문에도 힘썼는데, 1608년에 형 조건이 일찍 죽자 홀로 주실 한양 조씨 문중을 지켜나갔다. 특히 그의 아들 정형廷珩과 정환廷瓛은 주실 한양 조씨의 가학 형성에서 빼놓을 수 없는 주요한 인물이다. 정형은 선산善山에 사는 외삼촌 최철崔喆에게 나아가 배웠는데 문장과 행실과 인품이 최철을 매우 닮았다고 전한다. 1636년 병자호란 이후에는 어지러운 시국을 대하여 강개한 마음을 술로 달랬다. 조정형이 불행하게도 요절하자 당시 영해 지역의 대표적 학자인 이시명李時明은 "굴원은 깨어서 물에 빠져 죽었지만 군君은 술을 마셔 요절하였네. 비분을 품은 것은 동일하니 무엇이 도道에 해가 되겠는가"라는 내용의 제문을 지어 추모하였다.

조정형의 아들 조군趙頵은 소년기에 이시명에게 나아가 공부하였다. 조군은 안동 하회의 유세장柳世長의 딸(柳雲龍의 현손녀)과 결혼함으로써 주실 한양 조씨 가문의 새로운 변신을 도모하였다. 그는 1650년에 아버지가 돌아가자 상례喪禮를 극진히 치렀다. 이때에 할머니 최씨와 어머니 장씨가 살아 있었고 지극히 가난하여 오로지 학문에만 뜻을 두지 못했지만 아들과 조카들에게 독서를 권하며 밤낮으로 교육시켰다. 그는 몸소 농사짓고 고기잡이하고 수렵하여 할머니와 어머니를 극진히 봉양하였다.

한편 조정환은 이시명의 아들 이휘일李徽逸·이현일李玄逸 등과 서로 학문을 갈고 닦았다. 그는 병자호란 이후 형 조정형, 숭정처사崇禎處士로 자처했던 안동의 학자 김시온金是榲, 그리고 선산의 외삼촌 최철과 함께 종유하며 비분강개한 마음을 토로하였다. 그는 1613년(광해군 5) 계축옥사 때 영덕에 와 있던 이명준李命俊의 문하에 나아가 공부하였고, 1616년에는 영해寧海에 유배와 있던 김시양金時讓에게 나아가 글을 읽었다. 이렇듯 주실 한양 조씨는 비록 지역적으로는 서울에서 멀리 떨어져 있었지만 유배와 있던 이름난 학자들의 문하에 출입하면서 중앙 정계나 학계의 소식도 어느 정도 듣고 있었다.

조정환은 큰아버지 건健에게 양자로 갔다. 그는 정영방鄭榮邦의 딸을 아내로 맞이하였고, 그의 아들 조규趙頍는 외가인 정씨 집안의 가풍에 많은 영향을 받았다. 또한 조규는 이시명의 문하에 출입하면서 입신立身하고 처신하는 방법을 들었다. 그는 이시명의 아들 이현일과 어린 시절부터 막역한 벗으로 지냈다.

조규는 종질인 조덕순趙德純과 조덕린趙德鄰이 연이어 문과에 급제하여 명성이 자자해지자 이들 형제에게 "번창하고 가득 찼을 때에 옛사람은 경계하였다. 오직 공손하고 삼가야 마지막과 처음을 보전할 수 있으니 너희들은 유념하라"고 당부하였다. 조군과 조규가 이시명의 문하에서 글을 배웠다는 것으로 보아 한양 조씨는 영해 재령 이씨 집안과도 깊은 학문적 유대를 형성하였음을 알 수 있다.

주실 한양 조씨의 문풍文風은 17세기 말부터 18세기 중엽에 이르러 크게 진작되었다. 조덕순·조덕린의 아버지인 조군趙頵은 학사學舍를 설립하여 두 아들을 엄격하고도 철저하게 교육시켰다. 조덕순은 소년 시절에 아버지 조군과 숙부 조병趙頩의 지도하에 정해진 학습 과정에 따라 밤낮으로 학문을 익혔다. 이 때 그는 동생 조덕린, 사촌동생 조덕후趙德厚·조덕구趙德久 형제와 함께 글을 읽었다. 조덕순의 아버지는 형제들이 함께 거처하면서 아침저녁으로 공부하게 하였고, 신과 버선을 치워버려 볼 일 없이는 출입하지 못하게 하였으며, 조금이라도 공부를 게을리 하면 엄하게 다스렸다. 이러한 교육열 때문에 조덕순은 일찍이 문예를 성취할 수 있었다.

또한 조덕순·조덕린 형제는 젊어서는 외가인 안동 하회에 가서 공부하기도 하였다. 당시 하회에는 이들 형제의 외조부인 유세장과 외종조부인 유세명柳世鳴이 문학과 행실로 명망을 얻고 있었다. 소년 시절에 두 형제는 하회 외가에서 지내면서 견문을 많이 넓혔다. 유세명은 조덕린 형제가 열심히 공부하여 문과에 급제하고 벼슬길에 나가자 후원해 주었다. 그러나 벼슬과 학문을 통하여 주실 한양 조씨 가문을 크게 일으킬 것으로 기대되었던 조덕순은 불행하게도 42세의 나이로 작고하였다.

주실 한양 조씨는 조덕린의 학문과 정치적 활동을 통하여 영양뿐만 아니라 영남에 그 가문을 선명하게 드러내었다. 조덕린은 12세에 청량산에 들어가서 겨울 석 달을 공부하고 이듬해 가을에 도산서원의 학술 모임에 참가하여 원근의 선비들이 경전을 강론하는 것을 듣는 등 견문을 넓히기에 힘썼다.

조덕린은 언제나 자제들을 따뜻한 사랑으로 지도하였다. 그는 손자 조준도趙遵道 등에게 과거시험을 목표로 하지 말고 도덕을 갖춘 군자의 학문에 힘을 쓰도록 가르쳤다. 그는 아들에게 황금 한 상자를 물려주는 것보다는 경서 한 권을 물려주어서 대대로 선비의 전아典雅한 모습을 전하고자 하였다. 그는 제주도로 유배가는 도중 강진에서 죽음을 맞기 직전에 자손들에게 유서를 남기면서 "사람은 모두 마치는 때가 있으니 어찌 한스럽겠는가. 다만 악명을 덮어쓰고 세상에 욕됨을 받았으니 내가 비록 이 지경에 이르렀지만 너희들은 오히려 부지런히 힘써 훗날에 몸을 잘 닦아야 할 것이다"라고 하였다.

조덕린이 작고하고 난 뒤 그 아들 조희당趙喜堂은 아버지를 여읜 슬픔을 안고 가업을 짊어졌다. 그는 아버지가 돌아가신 후 두문불출하며 오직 '초당草堂'에 높이 앉아서 아들과 조카들의 공부를 독려하고 가르치는 데 온 정성을 기울였다. 그는 날마다 잠자리에 들기 전에 자제들이 모여 앉으면 고금의 선과 악, 성공과 패망을 예로 들어 낱낱이 설명하면서 자손들에게 선을 행하고 악과 폐단을 좇지 말라고 신신 당부하였다.

2. 학문을 이어가다

조덕린의 손자 대에 이르러 주실 한양 조씨 가학은 활짝 꽃피웠다. 즉 운도運道·진도進道·술도述道 형제가 할아버지 조덕린의 학문을 계승하여 주실의 가학을 더욱 발전시켰던 것이다.

조운도는 근 백 권의 책을 베껴서 자손들에게 전해주었다. 그는 작고하기 전날까지도 손수 쓴 『중용』을 손자에게 주어 읽기를 권하였고 학동들을 가르쳤다. 무엇보다도 중요한 그의 공적은 월록서당의 건립을 제의하여 성사시킨 일이다.

조진도는 일찍이 태백산太白山의 각화사覺華寺에 들어가 공부하였고, 만년에는 사미정四未亭에서 공부하기도 하였다. 그는 설선薛瑄의 『독서록讀書錄』을 마음을 다잡는 요점으로 삼았다. 문과에 급제하여 가학을 발전시키고 가문을 빛낼 인물로 기대를 한몸에 받았던 그였지만 조덕린의 손자라는 이유로 합격이 취소되고 출세길도 막혀 버렸다.

조술도는 타고난 성품이 영리하고 민첩하였으며 배우기를 즐겨하였다. 그는 청량산에서 한 달 동안 『상서尙書』를 천 번이나 읽었는데 잠을 아끼고 밥맛을 잊을 정도로 열심히 공부하였다. 이 청량산에서의 독서는 조술도가 퇴계 학통에 속하게 되는 직접적인 계기가 되었다. 뒷날 채제공蔡濟恭은 조술도의 글을 보고 자기 아들에게 "이 노인의 글은 완연히 퇴계 문인의 여러 선배의 기풍이 있으니 잘 보관해서 잃어버리지 않도록 하라"고 당부하기도 하였다.

조술도는 형 조진도가 문과에 합격하고도 합격이 취소되자 1760년 이후에는 과거를 단념하였다. 그는 1765년(영조 41)에 이상정李象靖에게 편지를 올려 제자가 되었다. 이상정은 조술도를 항상 외우畏友로 대하였고, 문안을 드리러 가면 제자들에게 "오늘 견문이 많고 학식이 넓은 선비가 왔다. 여러 분들은 모름지기 공부하던 것을 멈추고 견문을 넓혀라" 하고 말하였다. 조술도가 이상정으로부터 견문이 넓고 학식이 풍부한 선비라는 평을 들은 것은 학문적 실력뿐만 아니라 서울 왕래를 통하여 이른바 시세時勢를 잘 알고 있었기 때문일 것이다.

조술도는 이상정 문하의 동문인 이종수李宗洙 · 김종덕金宗德 · 유장원柳長源 · 정종로鄭宗魯와도 학문을 토론하였다. 그의 학문적 교유는 영남 학자에만 그치지 않았다. 그는 조덕린의 신원을 위하여 서울에 자주 출입하였고 이를 계기로 근기 지역의 남인 실학자들과도 깊이 교유하였다.

조술도의 문인인 조언유趙彦儒는 이황李滉 이후 조술도 형제까지의 학맥을 다음과 같이 설명하고 있다.

아! 동방의 도학道學이 도산陶山(이황)에서 집성되어 그 적전嫡傳을 얻은 것은 서애西厓(유성룡)와 학봉鶴峯(김성일) 두 선생이다. 옥천玉川(조덕린) 선생이 일찍이 외가에 노닐어 애옹厓翁(유성룡)의 지결旨訣을 들었다. 선생(조술도)이 이미 가정의 가르침을 이어 받고 또 처가에서 학로鶴老(김성일)의 심법心法을 사숙私淑하여 연원이 온 곳이 이미 확실한 단서가 있다. 또 호학湖學(이상정의 학문)의 성함이 동남 지역에 으뜸일 때를 만나 나가서는 사우師友가 토론하는 도움이 있었고, 들어가서는 형제가 부르고 화답하는 즐거움이 있었다. (『心齋遺稿』,「先師晩谷先生遺事」)

조덕린의 신원을 힘써 오던 중 주실 한양 조씨들은 드디어 기쁜 소식을 접하게 된다. 정조가 1788년 무신년을 맞이하여 60년 전 무신란의 진압에 공을 세운 인물을 표창하면서, 먼저 당시 호소사號召使로 활동했던 조덕린의 관작을 회복하여 주고 아울러 조덕린 때문에 과거 합격이 취소되었던 조진도의 과거 합격증도 돌려준 것이다. 주실의 분위기는 들떠 있었다. 조술도 역시 할아버지의 신원이 기뻤지만, 집안 자제들에게 들뜨지 말고 오직 뜻을 진지하게 가지고 배움에 힘써 성은에 보답해야 할 것이라고 당부하였다.

그런데 1803년(순조 3)에 이르러 시국이 다시 급변하여 조덕린의 직첩이 환수되었고, 다시 한번 주실 한양 조씨는 실의에 빠지게 되었다.

주실 한양 조씨의 정치적 진출은 막혀 있었으나 가학의 맥은 조언유趙彦儒·조성복趙星復에게로 꾸준히 계승되어 나갔다. 조언유와 조성복은 19세기 초·중엽 월록서당月麓書堂에서 학생들을 교육하면서 주실 가학을 주도하였고, 그 가학은 정약용과도 교류한 조연복趙淵復(호는 木淵)으로 이어졌다.

18세기 말부터 주실의 가학을 이끌어 오던 조술도가 죽자, 정종로는 "내 친구 조술도는 죽었으나 죽은 것이 아니다"라고 하였는데, 이는 바로 조술도를 계승한 학문이 조성복에게로 전해지고 있음을 말한 것이다. 조술도의 학문을 이은 조성복의 가학은 그 아들 조언국趙彦國에게 전해졌다.

조언유는 시인이자 학자였다. 그는 자연뿐만 아니라 당시 사회의 다양한 모습을 시로 표현하였다. 그는 주실 한양 조씨 가문의 가학에 대한 내용을 비롯하여 영남 북부에서 활동한 여러 학자들의 다양한 삶의 모습과 학계의 동향을 글로 썼다. 또한 그는 「야기설夜氣說」, 「심통성정설心統性情說」, 「인심도심설人心道心說」, 「호기설浩氣說」 등 성리학의 주요 명제들에 대한 글을 남기기도 하였다.

1832년에 경상도관찰사가 경상도 각 고을에 학술 모임을 갖도록 하여 영양에서도 군수 홍승연洪升淵의 주관하에 학술 모임이 베풀어졌다. 이 때 조언유는 이 학술 모임의 수석首席으로서 학문 활동을 주도하였다. 그는 매달 초하루와 보름에 학생들을 모아놓고 강의하였고, 각각 사서와 소학 중에 한 책을 자원하여 윤독하고 토론하게 하여 진지한 생각을 서로 주고받게 하였다.

조언유의 가학은 그 아들 병주秉周·병로秉魯·병성秉性, 조카 병규秉奎·병연秉淵·병중秉重, 종질 병화秉華, 그리고 손자 사용思容과 증손자 승기承基 등이 전수받았다. 조언유의 제자들은 강한 혈연적 유대 위에 서로 모여 활발한 학문 토론을 전개하였다. 특히 조병성을 중심으로 병규·병연·병중·병화 등은 책상을 맞대고 학업을 익혀 당시 문단에서 뛰어난 명성을 얻었다.

한편 19세기 후반에 주실 한양 조씨는 학계學稧를 조직하고 시회詩會도 자주 가졌다. 주실의 많은 선비들이 가학을 기반으로 학문 활동을 가장 왕성하게 한 때가 바로 이 시기이다.

1871년에 조진용趙鎭容은 조사용·조규용趙圭容·조승기·조언각趙彦珏·조명기趙命基·조영기趙永基·조언찬趙彦瓚·조상기趙相基·조형기趙亨基 등과 임강霖崗 조병성의 학은學恩을 기리기 위하여 임강계霖崗契를 결성하였다. 이들은 각자 약간의 기금을 내어 후일에 스승을 위한 사업을 하기로 하고, 아울러 서로의 학업을 돕는 계기로 삼았다.

그런가 하면 조우용趙寓容·조진용·조인용趙寅容·조병희趙秉禧·조명기趙命基 등은 조시용趙蓍容의 처소에 모여 날마다 시를 지었다. 이들은 자신들이 지은 시를 모아 『매계수창梅溪酬唱』이라 이름짓고 가학의 학문적 연대를 다져 나갔다.

조언유의 증손 조승기는 흔히 '호은壺隱의 고택古宅에 심옹心翁의 유발遺鉢'로 일컬어졌다. 호은은 주실 입향조 조전의 호이고, 심옹은 조승기의 증조부 심재 조언유를 가리킨다. 조승기는 7세 때부터 항상 조언유의 곁에서 공부하였으므로 경전과 역사서 뿐만 아니라 백가百家를 두루 섭렵할 수 있었다. 그리하여 조언유는 다른 사람들에게 "이 아이는 나의 가르침을 기다리지 않아도 저가 이미 잘 이해한다"고 말하였다. 그는 안으로는 증조부로부터 가학을 전수받았고 밖으로는 할아버지 조병주의 명으로 유주목柳疇睦에게 나아가 공부하였다.

조승기가 조언유의 가학을 계승하여 발전시킴으로써, 조덕순의 종가는 세칭 남으로부터 글을 빌리지 않고, 양자養子를 빌리지 않고, 돈을 빌리지 않는다는 '삼불차三不借'의 집으로 널리 알려지게 되었다. 특히 남으로부터 글을 빌리지 않았다는 것은 누대 가학이 지속적으로 전수되어 왔음을 의미한다.

조승기는 1881년에 이만손李晩孫이 소수疏首가 되어 올린 영남만인소嶺南萬人疏에도 임원으로 적극 참여하여 활동하였고, 1896년에는 영양 지역의 의병운동義兵運動에도 참여하여 주도적 역할을 하였다. 또한 그는 「근서아계김공행장후謹書丫溪金公行狀後」를 지어 김일경金一鏡의 정치적 입장을 변호하기도 하였다. 이러한 몇 가지 사실로 보아 그는 학문뿐 아니라 현실 인식에도 투철하여 시국 문제나 정치 문제에 적극적으로 참여하고 의견을 개진한 행동하는 유교 지식인이었음을 알 수 있다.

조승기의 가학은 조진용, 조영기趙榮基, 조병희, 조헌기趙獻基 등에게로 전해졌다. 조진용은 안으로는 가학을 계승하면서, 밖으로는 이만인李晩寅의 문하에서 학업을 익혔다. 그리고 조병희는 처음에는 「척사복원소斥邪復院疏」를 올리는 등 위정척사운동에 참여하였으나, 1890년대 후반에는 개화開化의 흐름이 역사의 대세라는 것을 파악하고 주실의 명민한 청년 인재인 조창용趙昌容·조술용趙述容·조종기趙鍾基·조인석趙寅錫·조두석趙斗錫을 데리고 서울에 올라가 새로운 사조를 받아들이게 하였다. 조병희의 활동에 의해 주실 한양 조씨의 전통적 가학은 신학문으로 변모되어 나갔다.

이와 같이 주실 한양 조씨는 조선 후기 이후 가학을 크게 숭상하여 그 가문의 위상을 유지하여 왔다. 주실 한양 조씨는 가학을 통하여 1630년(인조 8)에 조정형이 진사시에 합격한 것을 시작으로 1882년(고종 19)에 조병석趙秉碩이 생원시에 합격하기까지 252년간 문과 급제자 4명, 생원·진사 급제자 9명을 배출하였다.

한편, 주실 한양 조씨는 조선후기 근 200년간의 정치적 핍박 속에서도 붓을 놓지 않았다. 그리고 그 가학의 결과물은 시문집의 편찬과 간행으로 나타났다. 대표적인 저작물로는 조덕린의『옥천집玉川集』을 비롯하여 조운도의『월하집月下集』, 조진도의『마암집磨巖集』, 조술도의『만곡집晩谷集』, 조거신의『매오집梅塢集』, 조언유의『심재유고心齋遺稿』, 조성복의『학파유고鶴坡遺稿』, 조근복의『송오유고松塢遺稿』, 조거남의『고은집古隱集』, 조연복의『목간집木澗集』, 조병연의『용산유고蓉山遺稿』, 조승기의『남주집南洲集』, 조시용의『취암집翠巖集』, 조진용의『소고문집小皐文集』, 조병희의『석농유고石農遺稿』, 조창용의『백농실기白農實記』, 조인석의『초경독본初徑讀本』·『소녀필지少女必知』, 조헌기의『매서유고梅墅遺稿』등이 있다.

주실 한양 조씨는 이러한 가학을 통하여 문장과 행실이 빼어난 인물을 다수 배출하였다. 주실 한양 조씨가 가학에 힘쓴 결과 배출된 대표적인 학자들의 간략한 정보를 제시하면 〈표 1〉과 같다.＊

3. 학문의 현장

영양의 문풍이 크게 진작된 것은 안동 출신의 학자 김진金璡(호는 靑溪)이 영산서당英山書堂을 창건히면서부터이다. 김진은 영양 칭기에 우거하였는데 영양 지역의 교육 환경이 좋지 않아 학생들이 영해부의 부학府學까지 가서 공부하는 것을 안타깝게 생각하여 영양 선비들의 도움을 받아 서당을 건립하였다. 김진은 서당의 좌주座主가 되어 교육과정을 정하고 학칙을 만들어 학생들을 가르쳤다. 1578년(선조11) 김진이 영산서당의 창건을 주창하였을 당시 영양에 입향한 바로 다음 세대인 조광인·조광의 형제가 이 일에 참

＊ ・등재 인물은『漢陽趙氏兵衆公派族譜』와『英陽郡誌』, 그리고 한양 조씨 학자들의 문집을 참고하여 작성한 것이다. 총 96명이며 배열은 출생순으로 하였다.
・趙健에게 出系한 趙廷瓛(趙佺의 제3자)의 후손 중 몇몇은 주실에 살지 않았다고 하나 표에는 포함하였다.
・하한은 19세기까지 출생한 인물로 한정하였다. 즉 1900년 이후의 출생자는 포함하지 않았다.
・〈표 1〉의 작성에는 趙峻皓 학형(국민대학교 박사과정 수료)의 많은 도움을 받았다.

〈표1〉 전통 시대 주실 출신의 대표적 학자 일람표

姓名	字	號	生沒年	備考
조전趙佺	여수汝壽	호은壺隱	1576~1632	직장直長
조정형趙廷珩	명경鳴卿		1598~1650	1630년(인조 8) 진사進士
조정환趙廷瓛	헌경獻卿	석문石門	1612~1663	조전趙佺의 제3자로, 조건趙健(호는 蓮潭)에게 출계出系함
조군趙頵	자평子平		1629~1696	장사랑將仕郎
조규趙頍	자면子冕	삼수당三秀堂	1630~1702	1660년(현종 1) 생원生員
조병趙甁	자휴子休	임수霖叟	1633~1686	교수敎授
조덕연趙德淵	중심仲深	지옹芝翁	1651~1733	
조덕순趙德純	현보顯甫	호봉壺峯	1652~1693	1679년(숙종 5) 생원, 1690년(숙종 16) 식년문과 갑과1, 지평持平
조덕린趙德鄰	택인宅仁	옥천玉川	1658~1737	『옥천집玉川集』 18권9책,1678년(숙종 4) 진사, 1691년(숙종 17), 증광문과 병과 31,승지承旨
조덕후趙德厚	재숙載叔	임호霖湖	1655~1682	1679년(숙종 5) 생원
조덕구趙德久	구지久之	임악霖岳	1668~1739	1699년(숙종 25) 진사
조신趙藎	화보華甫		1670~1743	
조희명趙喜命	낙천樂天		1673~1701	통덕랑通德郎
조희당趙喜堂	백구伯搆	초당草堂	1680~1755	통덕랑通德郎
조지趙祗	채언綵彦	고산孤山	1683~1757	『고산유고집孤山遺稿集』
조연도趙然道	제언濟彦		1689~1757	
조사도趙師道	사로師魯		1692~1747	
조일도趙一道	관지貫之	개암皆岩	1695~1755	『개암유고집皆岩遺稿集』
조희익趙喜益	겸지謙之	임산霖山	1705~1792	첨지중추부사僉知中樞府事
조성도趙性道	명천命天	졸천拙川	1707~1757	
조준도趙遵道	성능聖能	정수재靜修齋	1710~1803	
조운도趙運道	성제聖際	월하月下	1719~1796	『월하집月下集』 2권1책
조진도趙進道	성여聖與	마암磨巖	1724~1788	『마암집磨巖集』 3권1책, 1759년(영조 35) 별시문과 병과7
조거관趙居寬	홍숙弘叔		1725~1770	
조행도趙行道	평경平卿	송운松韻	1725~1806	
조술도趙述道	성소聖紹	만곡晚谷	1729~1803	『만곡집晚谷集』 18권
조거안趙居安	여지汝止	남와南窩	1735~1816	
조거선趙居善	유성幼性	가옹稼翁	1738~1807	1780년(정조 4) 진사
조인복趙仁復	경연景淵	송음松陰	1739~1811	
조명복趙明復	학손學孫	우계愚溪	1747~1806	
조중복趙重復	수초修初	일만재日晚齋	1747~1805	
조숭도趙崇道	성유聖由	가암佳岩	1748~1820	『가암유고집佳岩遺稿集』
조거신趙居信	충언忠彦	매오梅塢	1749~1826	『매오집梅塢集』 2권1책
조항복趙恒復	천필天必	주계注溪	1765~1806	『주계유고집注溪遺稿集』
조언유趙彦儒	경진景珍	심재心齋	1767~1847	『심재유고心齋遺稿』 11권, 1813년(순조 13) 생원
조성복趙星復	규응奎應	학파鶴坡	1772~1830	『학파유고鶴坡遺稿』 21권10책
조언휴趙彦休	경휴景休	야헌冶軒	1773~1847	
조언성趙彦聖	이성彛性	신헌新軒	1776~1832	
조시복趙始復	유춘有春	사이재四而齋	1777~1837	
조언수趙彦修	경신景身		1778~1837	통덕랑通德郎
조언린趙彦鄰	인경寅卿	선암仙巖	1779~1849	
조언효趙彦孝	이선彛善	백인재百忍齋	1780~1857	
조근복趙根復	회백晦伯	송오松塢	1782~1837	『송오유고松塢遺稿』
조언인趙彦仁	경택景宅	노주蘆洲	1786~1838	
조거남趙居南	경일景逸	고은古隱	1789~1838	『고은집古隱集』 6권

조단복趙端復	치천穉泉	졸와拙窩	1790~1859	『졸와유고집拙窩遺稿集』
조병주趙秉周	치로穉魯	치헌癡軒	1790~1873	
조연복趙淵復	치안致顔	목간木澗	1790~1868	『목간집木澗集』 7권
조언준趙彦俊	경수景秀	취간翠澗	1790~1854	『취간유고집翠澗遺稿集』
조언국趙彦國	필여弼汝	노산蘆山	1792~1837	1819년(순조 19) 식년문과 을과6
조병규趙秉奎	치옥穉玉	대박료大樸寮	?~1839	
조언길趙彦吉	숙명叔明	태고太古	1794~1837	
조언강趙彦綱	기여紀汝	묵와默窩	1796~1867	
조병로趙秉魯	치주穉周	용은蓉隱	1797~1877	호군護軍
조병국趙秉國	사약士約	윤은潤隱	1800~1868	
조병연趙秉淵	치심穉深	용산蓉山	1801~1835	『용산유고蓉山遺稿』 2권 1책
조병성趙秉性	치선穉善	임강霖崗	1801~1872	
조병상趙秉常	맹경孟經	만와晚窩	1804~1862	
조언육趙彦育	숙찬叔贊	죽루竹樓	1811~1881	
조병휘趙彦彙	덕일德一	치암痴庵	1811~1885	
조언교趙彦教	영수英叟	동은東隱	1813~1873	
조병화趙秉華	치관穉觀	남원楠原	1815~1873	『남원유고집楠原遺稿集』
조태용趙泰容	성화聖和	일남日南	1816~1868	
조병중趙秉重	치구穉儿	국오菊塢	1819~1861	
조병훈趙秉薰	순가舜可	죽하竹下	1822~1903	
조근용趙根容	회가晦可	염산念山	1826~1876	
조용희趙鏞熙	자원子遠	마산磨山	1827~1865	
조사용趙思容	성빈聖賓	일하日下	1831~1894	
조휴용趙休容	여함汝咸	지재志齋	1831~1900	
조후용趙垕容	회명會明	노계魯溪	1833~1906	통정대부通政大夫
조승기趙承基	국현國賢	남주南洲	1836~1913	『남주집南洲集』 7권
조병석趙秉碩	자형子亨	구암龜岩	1841~1884	1882년(고종 19) 생원
조우용趙寓容	성겸聖謙	야오冶塢	1841~1890	
조유용趙儒容	여진汝珍	청사자晴蓑子	1843~1914	
조기용趙耆容	성로聖老	응암鷹巖	1843~1914	
조명기趙命基	국형國馨	난고蘭皐	1843~1901	
조영기趙永基	국윤國胤	남산南山	1845~1916	『북천록北遷錄』
조시용趙著容	성원聖園	취암翠巖	1847~1893	『취암집翠巖集』 7권
조규을趙奎乙	현광鉉光	학구鶴龜	1847~1865	
조진용趙鎭容	성거聖居	소고小皐	1849~1922	『소고문집小皐文集』 6권1책
조인용趙寅容	성량聖亮	만죽晚竹	1852~1889	
조상기趙相基	국로國老	소초小樵	1853~1926	
조병희趙秉禧	자정子鼎	석농石農	1855~1917	『석농유고石農遺稿(일엽구화一葉舊話)』 4권1책, 참봉參奉
조영기趙榮基	낙첨洛瞻	지애芝崖	1855~1881	
조수용趙銖容	형로衡老	두산斗山	1856~1910	
조언칠趙彦七	순형舜衡	월초月樵	1857~1907	
조언정趙彦鼎	원일元一	명남明南	1861~1902	
조병림趙秉林	정팔精八	야산冶山	1861~1928	
조창용趙昌容	선일善一	백농白農	1875~1948	『백농실기白農實記』
조언희趙彦禧	명진明振	우산愚山	1878~1940	
조인석趙寅錫	건초建初	내은乃隱	1879~1950	『초경독본初徑讀本』,『소녀필지少女必知』
조만기趙萬基	맹목孟睦	창사滄斯	1881~1912	
조헌기趙獻基	문백文伯	매서梅墅	1881~1912	『매서유고梅墅遺稿』
조형기趙馨基	덕중德仲	매은梅隱	1889~1963	
조환기趙煥基	문숙文叔	명산明山	1891~1971	
조하기趙夏基	맹우孟禹	사은斯隱	1895~1985	

여하였다. 그래서 처음에는 영양의 한양 조씨 자제들 역시 이 영산서당에서 공부하였다.

한편, 효종 초에 이시명이 영양 수비에 은거하여 서당장을 역임하면서 영산서당을 영산서원으로 개창하였다. 그 뒤 1694년에 영산서원은 사액이 되었고, 매월 초하루에 학생들을 모아 사서와 『심경心經』, 『근사록近思錄』 등을 강론하였다. 영산서원은 사액 후에 한양 조씨의 주도로 운영되어 나갔다. 17세기 후반에 한양 조씨가 이 서원의 주도 세력으로 등장하게 된 것은 1690년 조덕순의 문과 장원급제와 1691년 조덕린의 문과급제를 통하여 학문적 역량이 급속히 신장된 것에 힘입은 것이다.

18세기 중반에 주실 한양 조씨의 자손이 번창하고 문풍이 크게 일어나면서 자제들을 교육시킬 장소가 절실히 필요하게 되었다. 조덕린의 손자 조운도는 1764년에 여러 제자들 및 인근 세 마을의 원로들과 서당 설립 문제를 논의하였다. 조운도가 "이곳은 땅이 궁벽하고 또 선배들의 가르침이 날로 쇠하여 제자들이 보고 감화됨이 없을 지경에 이르렀다. 이제 공부하는 장소를 만들어 주는 것이 어떻겠는가? 또 우리들이 강론하고 토론하며 남은 여생을 보내는 장소를 마련할 계획도 생각하지 않겠는가?"라고 하자 모두 그의 의견에 찬성하였다. 그리하여 1766년에 처음으로 기와를 굽기 시작하였고, 그 뒤 1771년에 집을 짓기 시작하여 1773년에 공사를 마쳤다.

서당은 모두 여덟 칸으로 가운데 네 칸은 마루이고 양쪽 두 칸씩은 방으로 꾸몄다. 마루 좌우 벽에는 '존성재存省齋'와 '극복재克復齋'라고 쓴 편액을 달았다. 존성재는 "존양성찰存養省察"의 의미를 담은 이름이고, 극복재는 "극기복례克己復禮"에서 따온 것이다. 이를 통해 보면 이 월록서당에서는 마음을 보존하고 본성을 잘 기르는 존심양성存心養性 공부를 통하여 성誠의 경지를 지향하고, 성찰 공부를 통하여 성리학의 주요 명제인 경敬을 궁구하고자 하였다는 것을 알 수 있다. 또 자기의 사심私心을 이기고 예禮

▲ 월록서당 전경

▲ 월록서당 현판

로 돌아가는 것이 인仁이라는 유학
의 가르침을 기본으로 하였다. 서당
을 창건한 후, 서당이 일월산 기슭에
자리잡고 있다는 데서 '월록서당月
麓書堂' 이라 이름하고 현판을 걸었다.

　1775년 겨울에 학생들은 조술도를 추대하여 월록서당의 학정學正으로
삼았다. 조술도는 학생들에게 강의하고 학업 성적을 매기었다. 그리고 학생
들에게『여씨향약』을 읽게 하고, 예절 교육도 시켰다.

　1776년에는 월록서당에 주희朱熹의「백록동규」를 걸었다. 그리고 서당
창건을 기념하여 조운도가 운자韻字를 내어 시를 짓고, 동생 진도와 술도도

이에 차운하였다. 조운도는 이광정李光靖에게도 시를 청하였다. 현재 월록
서당에는 김종덕金宗德 · 정종로鄭宗魯 · 이헌경李獻慶 · 신체인申體仁 등
당시 학계에서 명망이 높았던 인물들의 시가 걸려 있다. 이뿐만 아니라 현
재 월록서당에는 조술도의 스승인 이상정李象靖의 「월록서당기月麓書堂
記」도 걸려 있다.

월록서당은 19세기까지도 줄곧 주실 한양 조씨 가학의 산실로서의 역할
을 해왔다. 이 서당에서는 매달 초하루와 보름에 여러 학생들이 예禮를 행
하고 강학하였다. 일월산의 정기를 타고난 주실 한양 조씨 인물뿐만 아니라
배움에 뜻을 둔 인근 마을의 인물들 모두가 이 서당에 나와 글을 읽었다.

월록서당 외에도 주실 한양 조씨는 호은정사壺隱精舍 · 창주정사滄洲精
舍 · 사미정四未亭 · 만곡정사晩谷精舍 · 침천정枕泉亭 · 학파정鶴坡亭 등
을 건립하여 가학의 교육 장소로 활용하였다.

호은정사는 주실 입향조 조전을 기리는 집이다. 창주정사는 조덕린이
1708년(숙종 34)에 태백산 노고봉 기슭(봉화 소천)에 건립했던 집이나, 그 뒤
영양군 청기면 홍림산興霖山의 정족리로 이건되었다. 다시 화재로 소실되
었다가 재건하여 임산서당霖山書堂이라 하였다. 1990년 주실로 이건하였
고, 현재는 '창주정사滄洲精舍'라는 현판이 걸려 있다.

주실 한양 조씨는 '장마(霖)'와 무척 관계가 깊다. '장마비(霖雨)'는 『서
경書經』에 의거하면 '세상을 구제하고 백성들에게 은택을 준다'는 의미로
쓰인다. 따라서 임산서당(창주정사)에는 국가와 사회에 유용한 인재를 양성
하겠다는 의미가 담겨 있다고 볼 수 있다. 1867년, 조덕린이 서거한 지 130
년만에 조언교 · 조언영 등이 임산의 서쪽 한 구석진 곳에 임산서당을 중건
하였다고 한 것으로 보아, 주실 한양 조씨의 가학이 줄기차게 계승되어 왔음
을 알 수 있다.

사미정은 조덕린의 정자인데 경치가 빼어나고 아늑하여 주로 그곳에서는

▲ 만곡정사(위)와 그 현판(아래)

시 짓는 모임을 많이 가졌던 듯하다. 그리고 만곡정사는 본래 이름이 미운정媚雲亭으로 뒷날 조술도의 제자들이 세운 것이다. '미운媚雲' 이란 말은 주희의 「운곡雲谷」 시 구절 "다행히 임우霖雨의 자품이 부족하니 아늑한 곳에 홀로 있음을 즐김이 무슨 방해가 될까?(幸乏霖雨姿, 何妨媚幽獨)"에서 그 뜻을 취한 것이다.

침천정은 조언유의 정자이다. 조언유는 자신의 노년을 편안히 보낼 휴식 장소로 정자를 경영했다. 이 '침천' 이란 말에는 주희의 「서각西閣」 시 "언제 흐르는 샘물을 얻어다가 인간에게 혜택을 줄 비를 만들겠는가?(安得枕下泉, 去作人間雨)"에 표현된 경세제민經世濟民의 뜻과, 아울러 손초孫楚의 "흐르는 시내를 베는 것은 귀를 씻는 바이다(枕流洗耳)"라는 고사高士의 은

96

▲ 침천정(위)과 그 현판(아래)

둔 취향이 내포되어 있다. 학파정은 조성복
의 정자인데 이 역시 가학의 강학 장소로 활
용되었던 것이다. 가학의 장소로 쓰인 여러 건물에 붙인 이름으로 보건대
주실 한양 조씨는 자연에 대한 사랑뿐만 아니라 학문에 대한 깊은 애정과 더
불어 백성의 생활을 늘 염려하는 마음을 가지고 있었음을 어렵지 않게 짐작
해 볼 수 있다.

4. 주실 학문이 이룬 것

주실 한양 조씨 가학을 언급하면서 주희와 이황의 학문적 영향을 이야기
하지 않을 수 없다. 주실 한양 조씨의 학문 경향만 그러했던 것이 아니라, 영
남의 학문 경향이 대체로 주희와 이황의 성리학 범주에서 크게 벗어나지 않

기 때문이다. 조덕린은 「창주정사잡영滄洲精舍雜詠」, 「창주정사경차주부자이십육영滄洲精舍敬次朱夫子二十六詠」, 「창주팔영滄洲八詠」 등을 읊었는데, 이러한 작품들을 보면 그의 생활 철학이 주희의 학문에 근거하고 있음을 알 수 있다. 특히 「창주정사경차주부자이십육영」은 주희의 시 「운곡이십육영雲谷二十六詠」을 차운하여 지은 것이다.

조술도는 리기심성론理氣心性論에도 관심을 가졌다. 그는 리기理氣·심성心性·예설禮說 등에 관한 논술과 함양涵養·거경居敬에 대하여 논하였다. 또한 그는 인심人心은 선善과 악惡이 출입하며, 리理와 기氣가 합쳐진 것이라고 보았다. 그는 리수理數의 근원을 탐구하고 인심人心의 위태로움과 도심道心의 은미함의 기미를 생각하여 평범한 말과 일상적인 행실에 증험하려고 하였다.

18세기 말, 영남의 대표적 지식인들은 기호 지역에 널리 퍼지고 있는 서양의 설이 장차 영남 지역으로도 침투할까 염려하였다. 그러나 법으로도 금하기 어려운 천주학天主學의 전파를 재야의 학자들이 말과 글을 통하여 물리친다는 것은 지극히 어려운 일이었다. 그럼에도 불구하고 영남의 학자들은 성리학을 잘 연구하여 밝히면 천주학은 저절로 사라질 것으로 믿고 있었다.

조술도의 「운교문답雲橋問答」은 유교·불교·도교의 사상과 학설을 비교하고 인용하면서 천주학을 비판한 글이다. 당시 영남에는 남한조南漢朝·유건휴柳健休·신체인申體仁 등이 천주학에 대해 비판적인 입장을 취하였다. 영남은 이황 이후 성리학을 순수하게 지키고 있었고 서울에서 거리가 멀어 천주학에 대한 위기 의식이 다른 지역에 비하여 약하였다. 조술도는 잦은 서울 출입의 경험으로 앞으로 전개될 역사적 상황을 정확히 예견하였으며, 비록 재야에서나마 천주학에 대하여 비판적인 글을 발표하였다.

주실 한양 조씨의 가학은 18세기 말 월록서당의 건립을 통하여 본격적으로 이루어졌다. 월록서당에는 「백록동규」를 걸고, 그 위에 한양 조씨 나름의

「월록서당학규」를 제시하였다. 조술도는 「백록동규」에 몇 조항의 세목을 덧붙였다.

첫째 「백록동규」의 오교五教의 조목(父子有親, 君臣有義, 夫婦有別, 長幼有序, 朋友有信)에 붙인 내용은, "가정에서는 일체 빠른 말투와 당황한 기색을 짓지 말고 종족 중에는 일체 작은 일로 서로 논란하지 말고 어른의 곁에서는 일체 말이 끝나기 전에 끼어 들어 말하지 말라"는 것이다.

둘째 「백록동규」의 학문하는 순서(博學之, 審問之, 愼思之, 明辨之, 篤行之)에 붙인 내용은, "잡서雜書를 보지 말라. 정력이 분산될까 두렵다. 편견을 주로 하지 말라. 갈등이 더해질까 두렵다. 다른 설을 끌어들이지 말라. 정의를 어지럽힐까 두렵다. 급히 읽는 것을 취하지 말라. 오래 기억하지 못할까 두렵다. 복습하는 것을 거리끼지 말라. 털끝만큼이라도 배운 것을 잃을까 두렵다"라는 것이다.

셋째 「백록동규」의 수신修身의 요점(言忠信, 行篤敬, 懲忿窒慾, 遷善改過)에 붙인 내용은, "심지心志는 반드시 단정히 하고, 의관은 반드시 반듯하게 하며, 말씨는 반드시 천천히 하고, 걸음걸이는 반드시 편안하게 하라", "분노가 안으로 싹트면 천천히 의리를 보라. 음욕이 밖에서 꾀면 뿌리를 끊어라"라는 것이다.

넷째 「백록동규」의 일에 대처하는 요령(正其義不謀其利, 明其道不計其功)에 붙인 내용은, "마음이 편안하고 몸소 노력하는 자는 실천을 잘하고, 의義가 많고 이利가 적은 자는 실천을 잘한다"는 것이다.

다섯째 「백록동규」의 사람을 접하는 요령(己所不欲勿施於人, 行有不得反求諸己)에 붙인 내용은, "남의 장단점을 논하지 말라. 남의 허물과 실수를 말하지 말라. 남의 어질고 어리석음을 가리지 말라. 남의 은밀한 구석을 엿보지 말라. 남의 부귀를 부러워하지 말라. 남의 주식酒食에 간섭하지 말라"는 것이다.

조술도는 이와 같이 조선시대 학교의 교훈이라고 할 주희의 「백록동규」에 세부적인 사항을 추가하여 주실 한양 조씨의 독자적인 교육지침을 마련하였다. 월록서당에서는 이러한 학규學規에 의하여 학생들이 공부도 하고 생활도 하였던 것이다.

한편 조술도는 월록서당의 강의 방법을 정하였다. 그는 매달 초하루와 보름마다 열흘 안에 읽은 책을 두루 강론하되 권수를 제한하지 않았다. 그러나 게으름을 피워 규정대로 따르지 아니한 경우는 강식講式에 의거하여 벌을 주었다. 그리고 이 월록서당에서 공부하는 학생들에게는 과문科文 및 잡문雜文도 학습하게 하였는데 이를 통해 보면 과거시험 준비 기관의 기능이 전혀 없었던 것은 아니라고 하겠다.

그런데 주실 한양 조씨의 가학은 19세기에 오면 심心의 문제에 더욱 깊은 관심을 갖게 된다. 이는 퇴계학파 내의 심성리기론心性理氣論에 대한 관심의 표명이기도 하다. 이러한 사실은 조언유가 자신의 호를 '심재心齋'라고 한 데서도 쉽게 알 수 있다. 그는 일찍이 아버지 조명복으로부터 '심덕心德'을 잘 지켜가야 한다는 가르침을 받은 적이 있다.

한편 조언유는 『장자莊子』 「인간세人間世」의 "오직 도가 허에 모이니 허라는 것이 심재이다(唯道集虛, 虛者, 心齋)"라는 말과 "비어 있고 신령한 마음 속에서 도가 생긴다(虛室生白)"는 말을 자신의 「심재기心齋記」에 그대로 표현하여 『장자』의 '심'에 대한 견해도 적극 수용하였다. 이러한 사실로 보면 조언유는 성리학에만 침잠한 학자는 아니며, 성리학 외의 학문에도 개방적 태도를 지니고 있었음을 알 수 있다.

조언유의 학맥과 사상은 그의 증손자 조승기에게 전해졌다. 조승기는 생을 마감하는 순간에 "내가 이 세상에 살면서 한 가지 일도 세상에 도움을 준 바는 없지만 온전하게 가지고 돌아가는 것은 오직 심心뿐이다"라고 하였다. 이에는 증조부이자 스승인 조언유로부터 받은 심에 대한 학문적·사상적 영향이 그대로 지속되고 있음을 말해 준다.

영양 주실의 한양 조씨는 16세기 중반에 영남에 정착한 이후 왜란과 호란 등으로 나라가 위기에 처하였을 때마다 분연히 일어나 충忠을 실천에 옮기면서 큰공을 세우고, 학문과 효행을 통하여 그 가문의 사회적 위상을 높여나갔다. 조검·조임 형제와 조건·조전이 임진왜란에 큰공을 세웠으며, 그 뒤 조덕순·조덕린 두 형제가 과거에 급제하여 중앙 정계에 진출하여 활동함으로써 영남 지역에 정착한 지 몇 대 지나지 않아 이름난 양반 가문으로 성장하였던 것이다.

17~18세기에는 조덕순·조덕린 형제가 하회의 외가에서 유운룡·유성룡의 학통을 이어받아 한양 조씨의 가학으로 승화 발전시켰다. 이에 앞서 한양 조씨는 김진이 건립한 영산서당에서 주로 공부하였고, 조군과 조규는 이시명의 문하에 출입하면서 학문을 익혔다.

그런데 조술도가 18세기 영남의 대표적 학자인 이상정의 제자가 되면서부터 주실 한양 조씨는 영남 지역에 그 모습을 보다 선명하게 드러내게 된다. 조술도는 이상정을 통하여 이황의 학통과 학문을 계승하고, 영남에서는 보기 드물게 18세기 말엽에 이미 천주학에 대한 위기 의식을 강하게 감지하고 「운교문답」이라는 천주학을 비판하는 저술까지 남겼다.

월록서당은 18세기 말부터 주실 마을뿐만 아니라 영양 전지역의 교육 장소의 구심점으로 자리잡아 나갔다. 이황 이후의 학문을 잘 정리하여, 이황 학문의 충실한 계승자인 이상정이 영양 주실 지역 문풍의 진작을 위해 「월록서당기」를 지었고, 이광정·김종덕·정종로·이헌경·신체인 들이 조운도의 월록서당 시운을 따와 시를 짓기도 하였다. 이를 통해 보면 조운도·조진도·조술도 형제의 노력에 의해 이상정과 그 문인들이 주실의 가학 형성과 발전에 큰 영향을 끼쳤다고 말할 수 있다.

월록서당에서의 가학은 18세기 말에 활동한 조운도·조진도·조술도를 이어 19세기에는 조언유·조성복·조병성·조승기 등이 주도하여 나갔다. 조언유가 조술도의 문하에 출입하여 안으로는 가학을 계승하고, 밖으로는 정종로의 문하에 출입하여 유운룡·유성룡의 학맥을 이었다. 19세기 중엽 영양을 대표하는 학자였던 그는 경상도관찰사가 각 고을에 학술 모임을 개최하게 하였을 때 영양 학술 모임의 수석首席으로서 학회를 주도하였다. 그 뒤를 이어 조언유의 아들 조병성과 증손자 조승기가 그의 학통을 이어 가학을 더욱 발전시켰다.

주실 한양 조씨의 가학은 주희와 이황의 학문을 이으면서도 18세기이래 잦은 서울 출입으로 정계나 학계의 새로운 흐름을 영남의 어느 지역, 어느 마을보다도 더 잘 이해하고 있었다. 조술도가 서학에 대하여 이해하고 비판적인 글을 쓴 것이나 「백록동규」에 세목을 붙인 것은 주실 한양 조씨 나름의 독자적인 의견을 나타낸 것이다. 또한 조언유가 「심재기」에서 『장자』의 내용을 적극 수용하여 표현한 것은 성리학 외의 학문에도 개방적 태도를 지니고 있었다는 것을 말해 준다.

주실 한양 조씨는 어느 특정 학통에 크게 치우치지 않았다. 다른 여러 문중이나 학자들의 학설을 받아들이면서, 이미 18세기 말부터 새로운 사조를 받아들일 개방적인 자세를 갖추고 있었다. 조술도 등은 서울을 자주 출입하면서 근기 지역의 실학자를 만나 시사와 학문을 토론하고 이를 사회 현실에 연관지어봄으로써 이후 전개된 급격한 변화에 다른 가문보다 더 쉽게 적응할 수 있었다.

19세기 말엽에 위정척사운동과 의병운동에 참여하였던 주실 한양 조씨들은 20세기에 접어들어서는 계몽 운동과 독립 운동에도 적극 참여하였다. 이들의 이러한 행동은 조덕순·조덕린 이후 조술도와 조언유를 거쳐 조승기에 이르기까지 계승된 가학의 굳건한 전통이 있었기에 가능했던 것이다.

5장

조선후기 중앙학계와의 만남

1. 조덕린의 신원을 위한 서울 출입

주실 마을을 세거지로 하는 한양 조씨는 18세기 중엽 이후 중앙 관직으로 거의 진출하지 못하였다. 그렇지만 이들은 서울을 출입하는 일이 잦았으며 이 과정에서 당대 중앙학계 학자들과 교유할 수 있었다. 이들이 서울을 출입한 이유는 '선조에 관한 일' 즉 조덕린趙德鄰(1658~1737)의 신원을 위해서였다.

1691년(숙종 17) 문과에 급제한 이후 승진을 거듭하던 조덕린은 1725년(영조 1) 10월, 언론을 담당하고 있는 사간원의 관리로서 영조에게 상소문을 올렸다. '을사년에 올려진 10개 조항의 상소문'이라 하여 '을사십조소乙巳十條疏'라고도 불리는 이 글은 이제 막 왕위에 오른 영조가 앞으로 펼쳐 가야할 정책을 전반적으로 다룬 글이었다. 이 상소문에서 조덕린은 붕당의 폐단을 격렬하게 비판하였는데, 이는 영조 즉위의 후원 세력으로서 당대의 권력을 장악한 노론의 전횡을 비판하는 의미가 있었다. 그러나 이 상소문 때문에 조덕린 본인은 물론 그 후손들도 고초를 겪게 되었다.

영조의 즉위를 후원한 공로로 중앙정계의 주도권을 장악한 노론계는 조덕린을 자신들의 정적으로 규정하였고, 1728년(영조 4)에 소론계를 중심으로 남인계와 북인계가 연합한 무신란(이인좌의 난)이 일어났을 때에는 조덕린을 배후 주동자로 지목하였다. 그러나 무신란 당시 조덕린은 영조의 명으로 경상상도호소사慶尙上道號召使가 되어 의병의 결집을 촉구하는 격문을 만들고 안동 유생들을 중심으로 한 의병을 일으켜 반란을 진압하는 데 나서기도 하였으니, 이는 이치에 맞지 않는 일이었다.

무신란이 진압된 이후 정국은 노론계와 남인계의 대결이 더욱 격화되는 양상을 보였다. 1736년(영조 12) 3월, 생원 이인지를 비롯한 경상도 유생 4천여 명은 송시열 · 송준길의 문묘종사를 반대하는 상소를 올렸고, 이듬해에는 승지로 있던 김성탁이 스승 이현일의 신원을 요청하는 상소를 올렸다. 그런데 이러한 움직임을 배후에서 조종한 인물로 조덕린이 지목되어 관직을 삭탈당하고 제주도로 귀양가던 중에 강진에서 유명을 달리하고 말았다.

1738년 이후 영조는 조덕린의 죄를 사면하고 생전의 관직을 복구시키고자 하는 의지를 여러 차례 보였다. 그러나 그 때마다 노론계 인사들의 반대에 부딪혀 끝내 뜻을 이루지 못했다. 더구나 1759년(영조 35) 문과시험에 합격했으나 조덕린의 손자라는 이유로 이듬해 봄에 조진도趙進道(1724~1788)의 합격이 취소된 것을 시작으로 한양 조씨가에는 깊은 그림자가 드리워졌다. 조덕린을 정적으로 규정하는 노론계가 권력을 장악하고 있는 한 한양 조씨가의 정계 진출은 견제를 받을 수밖에 없게 된 것이다.

그러나 정조가 즉위한 이후 주실의 한양 조씨가에 새로운 기회가 찾아왔다. 집권 초기 몇 차례의 정치적 고비를 넘긴 정조의 통치력이 점차 안정을 찾아가던 1780년대부터 한양 조씨가 인물들의 서울 출입이 잦아졌다. 이 때에는 주로 조진도의 아우 조술도趙述道(1729~1803), 조카 조거신趙居信(1749~1826)이 서울을 방문하여 중앙 학계의 학자들과 교유하면서 중앙 정계의 동향을 파악하고 조덕린·조진도의 신원을 위해 노력하였다.

정조가 이들의 노력에 화답한 것은 1788년이었다. 무신란이 일어난 지 60년이 되던 해에 정조는 당시 의병을 일으켜 반란군을 진압하는 데 공을 세웠던 인물들을 표창하였는데, 이 때에 조덕린의 관직을 복구하는 교지를 내리고 조진도의 과거급제도 회복시킨 것이다. 정조는 조덕린의 관직을 회복하는 조치는 선왕 영조의 뜻을 받든 것이고, 조진도의 과거 합격이 취소된 것은 김상노·홍계희의 계략에 의한 것이라고 밝힘으로써 조덕린·조진도의 후손이 중앙 정계로 진출할 수 있는 정치적 명분을 마련해 주었다. 그러나 이 소식을 듣고 가장 기뻐할 조진도는 그 얼마전인 1788년 6월에 천명을 따른다는 도연명陶淵明의 「귀거래사歸去來辭」를 읊조리며 세상을 하직한 이후였다.

　1788년의 조치는 한양 조씨가에 생기가 돌게 했다. 조덕린의 죽음 이후 오랫동안 중앙으로의 진출로가 막혀 있다가 정조에 의해 완벽한 신원이 이뤄졌고, 한양 조씨가와 의사 소통이 가능한 남인계 인사들이 중앙 권력의 한 축을 장악하고 있었기 때문이다. 한양 조씨가에서는 조운도趙運道(1718~1796)·조술도 형제가 지원하는 가운데 조거신·조성복趙星復(1772~1830)의 서울 출입이 잦아졌고, 중앙 학계의 학자들과 폭넓게 접촉하면서 조덕린·조진도의 생애를 기록한 글을 받았다. 또한 조거신은 1792년에 정조가 영남의 인재를 발탁하기 위해 도산서원에서 치른 시험에 응시하여 가산점을 받았고, 조성복은 1795년 문과시험에 응시함으로써 관리 진출의 기회를 모색하였다.

　그러나 1799년에 채제공이 죽고 1800년에는 정조가 죽음으로써 한양 조씨가는 주요한 후원자를 잃게 된다. 정조가 죽은 이후 정국은 급변하여 노론 벽파계가 정권을 장악하고, 그 여파로 1802년에는 조덕린의 관직이 다시 삭탈되었다. 한양 조씨가는 침체기를 맞아 자제들의 교육에 진력하면서 후일을 기다려야 했다.

　1819년 조성복의 아들 조언국趙彦國이 문과에 급제하였지만 중앙 정계의 여론에 밀려 실직에 임명되지 못했다. 그렇지만 한양 조씨가는 선조의 신원을 위해 서울 출입을 재개하였는데, 이 때에는 주로 조거남趙居南(1789~1838)의 지원하에 조성복이 활동했다. 그러나 그들의 노력은 끝내 성사되지 못했다. 중앙 정계에서 이들을 후원해줄 남인계 인물들이 대부분 제거되었고, 정조와 같은 국왕의 지원도 기대하기 어려웠기 때문이다. 여러 세대에 걸친 이들의 노력은 결국 1890년(고종 27)에 이르러 조덕린의 관직이 회복됨으로써 마침내 결실을 거두었다.

▲「운교문답」

2. 천주교와 고증학에 접하다

1784년에 조덕린의 신원을 위해 서울을 방문한 조술도는 당시 중앙 학계에서 유행하던 천주교와 고증학을 접하게 되었고, 이를 논리적으로 비판하는「운교문답雲橋問答」을 지었다. 그런데 바로 이 해에 이승훈李承薰 (1756~1801)이 북경을 방문하여 서양인 선교사에게 세례를 받고 천주교 서적을 가지고 돌아왔고, 그 이듬해에는 서울에 최초의 천주교 교회가 설립되었으며 천주교도 가운데 최초의 희생자가 발생했다. 이로써 조술도가 영남의 인사로서는 비교적 빠른 시기에 서학을 접하였다는 것을 알 수 있다.

조술도의「운교문답」은 1784년 겨울에 서울에서 작성되었는데, 소론계 산림 강필효는 이 글의 성격을 다음과 같이 소개하였다.

갑진년(1784)에 선대 조상의 일로 서울에 가서 억울함을 호소할 계획을 세웠다. 이 때에 어떤 사람이 서양국의 사람 이마두(利瑪竇, Matto Riccci)가 박학하고 영통하며, 그 학문은 오직 천주를 위주로 하여 기도하고 공부하는데, 물에 들어가도 젖지 않고 불에 들어가도 뜨겁지 않으며, 불생불멸하는 것이 고금에 없었다는 말을 했다. 속이고 유혹함이 심하여 장차 세력이 성해질 조짐이 있었으니 선생이 「운교문답」을 지어 통렬하게 논박했다. 얼마 후 서학이 크게 일어나 윤리를 무너뜨리자 국가에서 형벌을 써서 금지하기에 이르니, 선생의 선견지명이 이와 같았다.

조술도는 천주교가 천주를 높이는 데 치중하여 인간의 수양을 도외시하거나 천주교를 신비화하여 이를 믿는 신자들은 영원히 죽지 않는다는 그릇된 신념을 전파한다고 보고 이를 비판했다. 그는 인간은 하늘이 부여한 도를 가지고 태어나므로 자신의 마음속에 있는 도를 실천해 나가는 것이 바로 천도天道를 실천하는 것이라 생각했다. 그런데 천주교는 하늘 가운데에 다시 천주가 있다는 기이한 말을 하면서 인간의 도덕적 실천에는 무관심하니, 이는 부모와 군신 관계를 소홀히 하는 불교와 통하는 점이라고 비판했다.

하늘은 하늘의 하늘이요, 성인은 인간의 하늘이다. 하늘이 이 도를 인간에게 주었고, 인간은 이 도를 하늘로부터 받았다. 하늘과 인간은 원래 두 개의 리理가 아니며, 성인은 하나의 리 가운데에 분分의 차이가 있음을 알았다. 따라서 요·순·우와 같은 위대한 성인들이 전수한 법은 '정일집중精一執中'이라는 것에 불과하다. 탕왕과 무왕의 '중中을 세우고 극極을 세움', 공자와 안자의 '널리 학문을 닦고 예의에 맞게 실천함', 자사와 맹자의 '선을 밝히고 몸을 정성스럽게 함'은 하늘에 근본을 두고 말한 것인가, 아니면 인간에 근본을 두고 말한 것인가? 인간에 근본을 두고 말한 것이다. (중략) 경전에서 하늘을 공경하라고 말할 때에는 반드시 '하늘을 공경하는 도는 나의 몸을 닦는 데 있다'고 하고, 하늘처럼 하라고 말할 때에는 반드시 '하늘처럼 하는 도는 나의 마음을 살피는 데 있다'고 하며, '상제가 너에게 임한다', '매일 이곳을 살핀다'고 하는 것도 상제의 일이 나의 몸 밖에 있지 않다는 것이다. 따라서 나의 몸에 나아가 나의 마음을 보존하는 것이다.

조술도는 또한 주자학의 성과를 무시하는 청의 학자 모기령毛奇齡의 고증학에 대해서도 논박했다. 그는 경전 해석의 기본을 의리지학에 두고, 의리학에 가장 뛰어난 정주학을 자신의 학문 바탕으로 삼았다. 따라서 그는 모기령이 경전의 고증에서 주자학의 오류를 바로잡은 부분이 있다고 보기는 하였지만 정주학의 오류를 지적하고 독자의 학설을 세우는 데 치중하는 고증학에는 크게 불만이었다.

서울에 거처하며 천주학과 고증학을 접했던 조술도는 이헌경과 접촉하면서 이에 대한 토론을 하였다. 이헌경은 당시 남인계의 지도급 인물로서 대사간·한성판윤 등 조정의 고위직을 역임하고 있었다. 그런데 이헌경 역시 서학에 비판적인 태도를 보이며 『벽위편闢衛編』과 같은 저술을 남겼으니, 조술도와는 정치적 입장이나 학문적 경향에서 일치하는 부분이 있었다. 다음은 조술도가 이헌경에게 보낸 편지인데, 이헌경에게 당대의 학풍을 바로잡아 정학으로 돌릴 것을 기대하고 있었음을 알 수 있다.

지난해에 집의 조카가 공의 집을 방문하여 『서학문답西學問答』을 볼 수 있었습니다. 그 말이 크면서 의사가 분명하고 뜻이 엄하면서 해석은 간략하여 구절마다 분석 설파해 나가는 것이 취한 귀신에게 정신을 차리게 하고 잘못된 길을 바른 길로 바꾸게 하기에 충분합니다. 이 말씀을 들음에 공에게 세도의 중임이 더해지고 우리 당黨에는 화색이 돌게 되니 매우 훌륭합니다. (중략) 모기령의 설을 또 한번 뒤집으니 주공·공자가 있는 것만 알고 정자·주자가 있는 것은 모릅니다. 이처럼 오랑캐가 세상을 어지럽히는 시기에 중국에서 잡학이 유행하는 것은 당연합니다. 그렇지만 우리나라는 기자箕子이래 천오백 년 동안 한결같이 정자와 주자를 믿었으니, 춘추시대에 노魯나라가 『주례』를 보존한 것과 같습니다. 현재 공처럼 학문이 노성하며 식견이 밝고 투철하신 이가 이를 생각하지 않는다면 다른 누구에게 기대하겠습니까?

조술도는 18세기 후반에 서울을 출입하면서 지방 출신의 학자로서는 비교적 빠른 시기에 천주교와 고증학에 접할 수 있었다. 그러나 그는 공자·

맹자 이후의 유학적 전통이 정자 · 주자로 이어졌고 그 이후의 학문적 정통
은 조선으로 넘어와 조광조 · 이언적 · 이황에게 계승되었다고 파악하는 영
남의 성리학자였다. 따라서 그는 주자학에 깊은 신뢰를 가지고 천주교와 고
증학을 비판했다.

3. 채제공이 작성한 조덕린의 묘갈명

1788년에 조덕린의 신원이 이루어지자 주실의 한양 조씨가는 당대의 권
력가인 채제공에게 조덕린의 묘갈명을 받기 위해 노력을 집중하였다. 조덕
린이 죽은 후 한양 조씨가는 중앙 정계의 핵심 요직으로 진출하지는 못했지
만 영남 유림을 구성하는 양반가로서의 체모를 꾸준히 유지해 왔다. 여기에
는 몇 가지 비결이 있었으니 자손들의 교육에 정성을 기울여 집안의 학문적
수준을 유지하였고, 이런 학문적 수련을 바탕으로 당대의 주요 인사들과 문
장을 교환하였으며, 영남 유림의 대표적인 집안과 혼인을 맺어 학문적 공동
체를 형성하였던 것이다. 이제 정조에 의해 신원이 결정된 조덕린의 묘갈명
을 채제공에게 구하는 것은 조덕린의 의리와 명분에 대해 남인계 영수의 정
치적 확인을 받는다는 의미가 있었다.

채제공은 1788년에 우의정에 발탁된 이후 좌의정 · 영의정을 역임하면서
사도세자 묘소의 화성 이전, 화성 성곽 및 행궁의 건설, 장용영의 설치 등 정조
집권 후반기의 주요 과제들을 주도해간 핵심 관료이다. 또한 그는 정조와 영
남 유림을 연결하는 교량 역할도 하였으니, 정조에게 영남의 인재를 수용할 것
을 건의하고, 영남 지역 명문가의 선조에게 관직이나 시호를 내리는 일을 지원
하였으며, 영남 유생의 상소문을 조절하여 정치적으로 활용하기도 하였다. 경
기도와 경상도로 분리된 남인 세력을 연결하려는 노력은 채제공 이후에도 계
속되었으니, 안정복 · 정범조 · 이가환 · 정약용 등이 그 대표적인 인물이다.

한양 조씨가와 채제공의 접촉은 1783년경부터 시작된 것으로 보인다. 당시 채제공은 홍국영이 실각한 이후 권력을 장악한 소론계 영의정 서명선의 공격을 받아 서울 근교 죽산에 머물고 있었다. 이 때 조진도는 채제공에게 사람을 보내어 정계에서 잠시 물러난 한가한 틈을 타서 조덕린의 묘갈명을 지어주는 것이 어떤가 하고 의향을 물었다. 그러나 채제공은 조덕린의 정치적 복권을 거론하며 묘갈명의 집필을 그 이후로 미루었다.

채제공과의 다음 접촉은 정조의 복권 조치가 내려진 1788년 이후에 있었다. 이 때는 조술도가 체제공에게 편지를 보내 이제 조덕린의 신원이 결정되었으니 묘갈명을 써 줄 것을 재촉하였다. 그러나 채제공은 이 때 우의정으로 발탁되어 사도세자를 복권시키려는 정조의 뜻을 따라 바쁜 일정을 보내고 있었으므로, 묘갈명을 작성하기 위한 시간을 좀처럼 낼 수 없는 상황이었다.

1791년, 정조는 채제공의 시문집 원고를 궁중에 들여오게 하여 열람하고 어제御製 시를 내려 그 학문적 성취를 축하하였다. 1789년에 생부 사도세자의 무덤을 천하의 명당 화산 아래에 옮기는 일을 주도한 채제공의 공적을 표창하는 정조의 정치적 배려가 담긴 시였다.

좌의정 채제공 번암의 시문집에 제함*

傑氣驅來筆力勍 웅걸찬 기상 몰려오니 필력이 굳세어서
七分如對畵中卿 칠분 초상화 속 경의 얼굴 대하는 듯하다.
奔騰處有浪濤勢 치달리는 곳에는 거친 파도의 기세가 있고
慷慨時多燕趙聲 비분강개할 때에는 비장한 소리 많았도다.
北極風雲昭晚契 궁궐의 군신 모임은 만년의 약속을 빛내고
滄江鷗鷺屬前盟 창강의 갈매기는 예전의 맹세에 해당하네.
湖洲以後模楷在 호주湖洲(채제공의 선조인 채유후) 이후로 모범이 남아 있어
更喜東山脈洛生 동산이 낙하서생의 읊조림을 이은 것이 기쁘구려.

* 『홍재전서』권6.

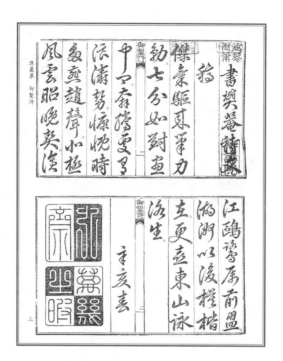

▲ 정조가 채제공에게 준 어제시 (『번암집』)

정조의 시가 주실 마을에 전해지는 데는 다소 시간이 걸렸던 것으로 보인다. 1794년, 조운도·술도 형제는 정조의 시를 읽고 국왕과 신하의 절묘한 만남에 감동하였고, 그 운자를 따라 다시 시를 지었다. 다음은 조술도가 지은 시이다.

국왕께서 번암 재상 채제공의 시문집에 제한 글을 읽고 차운하여 지음*

歷盡風霜骨肋勁 풍상을 두루 겪어 골격이 굳세어졌고
文章亦過漢公卿 문장 또한 한나라 공경의 수준을 넘었네.

─────────────
* 『만곡집』 권2.

篇登册府光生牘　문집이 책부에 오르니 글에서 빛이 나고
筆落丹霄畫有聲　조정에서 붓 내리니 그림에서 소리가 나누나.
曠世洪恩魚水會　밝은 시대 임금의 큰 은혜, 물고기와 물이 만난 격이요
匪躬忠赤日星盟　자기 몸 돌보지 않는 충성은 해와 별에 맹세하네.
賡歌復見都兪聲　화답한 시 다시 보니 모두 찬탄하는 소리요
喜動龍天及書生　기쁘게도 하늘을 움직여 지방 서생에까지 미치네.

그러나 시간은 자꾸 흘러 채제공이 80세에 이르도록 조덕린의 묘갈명은
지어지지 않았다. 마음이 조급해진 조술도는 조카를 통해 다시 재촉하는 편
지를 보내어 '정조처럼 영명한 군주와 채제공처럼 어진 재상이 있는 때에
글을 받지 못한다면 후손으로서의 도리를 다하지 못한다'는 심정을 밝혔다.

1797년 가을, 마침내 조덕린의 묘갈명이 완성되었다. 채제공과 접촉을 시
작한 이래 십년 이상의 세월을 기다려온 묘갈명이었다. 서울 출입이 잦았던
조거신이 채제공으로부터 직접 묘갈명을 받아왔는데, 이 글은 저간의 복잡
한 사정 때문인지 매우 독특한 양식으로 이루어져 있다.

묘갈명은 1788년의 정조의 처분을 거론하는 것으로 시작한다. 채제공은
정조가 조덕린을 복권시키면서 이는 영조의 뜻을 따른 것이라고 언급한 사
실을 상기시키고, 1736년(영조 12)에 조덕린이 체포되었을 때 영조가 형틀을
사용하지 못하도록 조치한 것과 1755년(영조 31)에는 조덕린의 죄명을 없앨
것을 명령한 사실을 부연한다. 이로써 채제공은, 정조의 조치는 영조의 뜻
을 따른 것이고, 자신은 영조와 정조의 이러한 뜻을 밝히기 위해 묘갈명을
작성한다는 취지를 강조하였다.

이어 문제가 된 조덕린의 '을사십조소'를 요약한다. 비록 요약이라고는
하지만 상소문의 내용을 조문별로 일일이 소개하고 나서 이는 '국왕에게 충
성하려고 작성한 것'이라는 결론을 내린다. 그리고 조덕린의 생애를 정리하
면서 다시 을사년 상소를 거론하고 이 일로 조덕린이 함경도 종성으로 유배

갈 때에 남인계 재상 오광운이 준 전별시를 게재한다. 영조의 신망을 받고 있던 오광운이 조덕린에게 전별시를 준 것은 영조의 뜻도 그와 같았음을 밝히는 장치다. 다음으로는 조덕린의 생애와 집안 내력, 후손을 소개하고 있는데 이는 묘갈명에 들어가는 기본적인 사항이다. 그리고 마지막으로 이 글이 조술도의 부탁으로 작성되었고, 사실상 이상정李象靖이 작성한 행장에 근거하여 기술한 것이며, 묘갈명을 조거신에게 보낸다고 밝히고 있다. 채제공이 조덕린을 위해 지은 묘갈명의 명문銘文은 다음과 같다.

公有血疏 英廟之臣 공께서 피어린 상소 올렸으니 영조의 충성스런 신하로다
觸忌何傷 山野伊人 금기를 건드려도 무엇 해되리, 초야의 선비 그 사람인 것을.
王曰予知 爾言無他 왕께서 말하시되 내가 안다 너의 말에 다른 뜻 없음을
衆鏑叢鋒 其如余何 벌떼처럼 일어나는 날카로운 공격, 난들 어쩌겠는가.
北棧如砥 南漲如盃 북쪽 험한 길 숫돌처럼 판판하고 남쪽의 물길 술잔처럼 평화로왔네
一笑視天 亦已焉哉 한번 웃고 하늘 보며 운명이니 어쩌하랴 했네.
不有聖經 于何得力 성인의 글 아니라면 어디서 힘 얻으리
華牒載復 百歲非逖 영예로운 직첩 다시 회복되니 백년 세월도 멀지 않네.
世世結草 歸報泉臺 대대로 그 은혜 잊지 말고 구천에 돌이가서 갚으시라
我銘公墓 伊榮匪哀 내 공의 묘에 글 새기니 이는 영광이지 슬픔이 아니로다.

채제공은 1799년에 죽었다. 정조대 후반의 정국을 주도한 중진으로 남인계 인사들에게 든든한 후원 세력이 되었던 그의 죽음은 주실의 한양 조씨가에도 큰 슬픔이었다. 조술도·조거선은 그를 위해 만사輓辭를 지었으며, 조술도는 조거선을 용인 금량산의 장지로 보내 봉토 작업을 돕게 하고 간단한 제수와 함께 제문을 올렸다.

미수옹(허목을 말함) 이후로는 공이 으뜸이니, 공의 붓에 힘입어 우리 선조(조덕린을 말함)께서 사라지지 않게 되었다. 천추만세토록 성인 정조의 아름다운 가르침을 받들고 재상(채제공을 말함)이 지어준 묘갈명을 노래할 것이다. 그러

면 우리 조상의 영령께서도 지하에서 감읍하여 자손들이 그 은덕을 갚지 못함을 애석해 할 것이다.

1800년 정조의 죽음을 계기로 남인계의 정치 세력은 급속히 위축되었고, 1801년(순조 1)에는 채제공의 관직이, 1802년에는 조덕린의 관직이 삭탈되기에 이른다. 남인계 인사들은 채제공의 신원을 위해 정치적 역량을 집중하였으며, 주실의 한양 조씨가도 이에 적극적으로 참여하였다. 1819년 영남의 유생들은 채제공의 신원을 요청하는 상소문을 올렸는데, 조성복이 그 초고를 작성했다. 조성복은 채제공이 선왕 정조가 예우한 대신이요 의리의 주인으로 정조의 의리를 천양하고 발휘한 공로가 있음을 거론하여 관직 복구의 당위성을 주장했다.

채제공의 신원은 1823년에 이뤄졌다. 이는 체제공의 제자 홍시제의 건의를 계기로 이뤄졌는데, 그는 1814년에도 스승의 신원을 건의했다가 유배된 경험을 가진 인물이다. 순조는 채제공의 신원을 결정하면서 반대 의견을 고수해왔던 영의정 남공철의 의사를 확인하는 절차를 거치도록 했다.

채제공의 신원은 이뤄졌지만 한양 조씨가에는 다시 어두운 그림자가 드리워졌다. 조덕린이 아직 복권되지 않은 상황에서 복권을 기대할 수 있는 근거가 될 묘갈명이 채제공의 문집에서 누락되는 사건이 발생한 것이다. 채제공의 『번암집樊巖集』은 1824년에 목판본으로 간행되었는데, 조덕린의 묘갈명이 빠진 것은 당시의 정국 상황을 고려하였기 때문이다. 노론 중에서도 몇몇 세도가문에 권력이 집중된 19세기 전반의 정국에서 노론계에 가장 공격적이었던 조덕린의 묘갈명을 문집에 수록하는 것이 정치적으로 곤란할 것이라는, 채제공의 후손과 후학들의 판단이 작용한 것이다.

그러나 한양 조씨가는 이에 강력하게 반발했다. 조거신 · 거남 형제, 조성복 · 창복 · 시복 등이 채홍원 · 홍시제를 직접 방문하거나 혹은 편지를 통해 반대 의사를 전달했는데, 채홍원은 채제공의 아들이고, 홍시제는 정조가 결정한 『번암집』의 편찬 범례를 직접 기록한 인물이다. 『번암집』 편찬이 한창 진행되던 1821년, 조성복은 채홍원에게 『만곡집』을 보냈는데 이에는 조술도가 채제공에게 보낸 편지와 채제공을 위해 지은 만사를 참고하라는 의미가 있었다. 그러나 『번암집』의 편찬 방침이 드러난 1824년, 조성복은 다시 채홍원에게 편지를 보내면서 조덕린의 묘갈명을 『번암집』에서 제외해서는 안 되는 이유를 조목별로 제시하였다.

첫째, 『번암집』의 목록과 범례는 정조가 결정한 것이니 후세 사람이 함부로 이에 손을 댈 수가 없다.
둘째, 채제공이 현직에 있을 때 영남 관련 문장 중에서 조덕린의 묘갈명을 중시하였고, 이 글을 지은 다음에야 비로소 문채文債를 갚았다고 말했다.
셋째, 문장을 지을 때에는 뜻을 얻기가 어려운데 이 글은 채제공이 뜻을 얻었다고 말한 문장이다.
넷째, 시대적 분위기 때문이라 하지만 새로 나온 정조의 어제집에도 조덕린을 복직시키는 비답이 수록되어 있다.
다섯째, 채제공이 유림의 영수이자 집안의 대종사大宗師인데 문집에서 누락되면 후손으로서 조상을 대할 면목이 없다.

그러나 『번암집』은 결국 조덕린의 묘갈명이 누락된 채로 간행되었다. 이에 한양 조씨가는 다른 대응 방안을 생각하였으니, 채제공이 기록한 묘갈명 원본과 채제공이 묘갈명을 지은 후 조술도에게 보낸 편지를 모아서 하나의 서첩을 만든 것이다. 이 서첩은 1824년 칠석날 조성복이 제작하였는데, 그는 채제공이 묘갈명을 지은 과정, 『번암집』에서 묘갈명이 누락된 사건의 전말과 함께 이를 후손들에게 물려준다는 취지의 발문을 기록했다. 비록 조덕린의 묘갈명이 『번암집』에 수록되지는 못했지만 채제공이 조덕린의 묘갈명을 작성하여 그 절의를 드높인 사실은 결코 변하지 않을 것임을 강조한 것이다.

4. 정약용·정학연 부자와의 교유

1820년대에 서울을 출입하던 조거남은 경기도 광주의 마재에 살던 정약용을 만나 문자를 교환하게 된다. 정약용은 정조가 죽은 직후 유배길에 올라 18년의 세월을 유배지에서 보냈고, 당시는 고향으로 돌아와 저술을 재정리하면서 만년을 보내고 있었다. 두 사람은 비록 거처하는 곳이 경기도와 경상도로 떨어져 있었고 나이도 조거남이 27세나 적었지만, 시대를 제대로 만나지 못해 각자가 품은 뜻을 마음껏 펼치지 못하는 답답함을 공통적으로 가지고 있었다. 그래서였을까. 조거남은 가슴속에 쌓아 둔 울분을 정약용에게 마음껏 토로하였고, 정약용은 이를 기꺼운 마음으로 들어주었다. 조거남은 이러한 정약용을 고맙게 생각하며 만남의 기쁨을 다음과 같이 표현했다.

삼가 정사암에게 올림*

先生家住斗陵隈 선생 집이 두릉리 모롱이 진 곳에 있어
百折灘頭掉船廻 백 번 꺾인 여울 끝에 뱃머리를 돌리네.
世味橘酸餘寸鐵 세상사 맛 시다지만 촌철의 무기가 있고
生涯氷絆有寒梅 생애는 늘 추웠으나 눈 속에 매화 있다네.
心存四海拯沈溺 마음은 천하에서 어려운 자 구하는 데 두고
眼到千秋任沂洄 눈은 천추의 학문 탐구하는 데 이른다네.
偶來江上炧燈夜 강가에 등불 켠 밤 우연히 찾아오니
無數奎華古匣開 수없이 많은 서적 옛 문갑에서 열리네.

정약용도 조거남과 이별하면서 글을 지어 주었다. 오늘날 영남의 학문은 고루하여 육예六藝를 공리를 위한 학문이라 하여 배척하고, 리기理氣·칠정·태극을 구분하는 데에만 마음을 쏟고 있으나, 옛 성현은 중용의 덕을 바탕으로 하고 효제충신을 실천하며 예악禮樂·형정刑政을 육예六藝라 생각

* 『고은문집』 권2.

했다. 그러니 그대도 실생활에 관한 학문을 중시하기 바란다는 취지의 글이었다.

1821년 조거남은 청송의 대둔산 아래에 갈은정葛隱亭이란 정자를 짓고 은거 생활에 들어갔다. 뜻대로 되지 않는 세상사에 대한 관심을 끊고 조용히 마음을 가다듬으며 살겠다는 생각에서였다. 새로운 거처를 마련한 조거남이 기문記文을 부탁하자 정약용은 「갈은정기葛隱亭記」를 지어 보냈다. 조거남을 '대둔산인大遯山人'이라 부른 정약용은 새 거처의 이름을 '갈은' 이라 한 이유를 세 가지로 제시하였다.

첫째, 세상이 혼탁하고 시끄러워 마음붙일 곳이 없기 때문에 갈천씨葛天氏(無爲로 세상을 다스린 상고의 제왕)와 놀고 싶다.

둘째, 명성을 구하지 않고 농사를 지으며 생명을 보존하기를 제갈공명처럼 하려고 한다.

셋째, 인생은 아침 이슬과 같고 세상일은 바람 앞의 등불과 같다. 따라서 내가 사는 곳을 신선이 사는 곳으로 만들고, 연단술을 하며 저술을 지어 오래 전해지기를 갈홍葛洪처럼 하고 싶다.

정약용은 이상의 세 가지는 자신도 오랫동안 원했던 일이라 밝히고, 조거남에게 이 중 하나를 택하여 살 것을 권했다. 그리고 조거남의 문학과 행적, 산수에 흠뻑 빠져서 살았던 자취가 후세에 전해질 것을 기원했다. 그렇지만 조거남은 여전히 마음의 갈등이 많았다. 1825년 6월, 조거남이 정약용에게 보낸 편지에는 그의 답답한 심정이 잘 나타나 있다.

지난날 애를 써서 억누르고 막았던 쌓인 원망이 뼈에 사무칩니다. 믿는 것이라고는 저 푸른 하늘인데 하늘도 막막하군요. 집안 사람 중에 여러 차례 서울을 왕래하는 사람이 있으나 내가 사는 곳은 집에서 백 리 정도 떨어져 있어 매번 어긋나기만 합니다. 이 때문에 한번 문안을 여쭈지 못하고 답답한 속마음을 토로하지도 못하니 책임을 회피하고 게으른 죄가 없을 수 없습니다.

▲ 「학파정사기」

　이후에도 정약용과 조거남의 교유는 계속되었다. 조거남은 서울을 출입할 때마다 근교에 있던 정약용의 집을 방문하곤 했는데, 한번은 크게 병이 났다가 정약용의 극진한 간호로 몸을 회복하기도 했다. 학문 연구뿐만 아니라 의술에도 뛰어났던 정약용의 도움을 받은 것이다.

　조거남과 정약용의 교유가 계속되는 동안 조성복도 정약용을 만났다. 조성복이 정약용을 처음 만난 것은 1824년경이었다. 이미 조거남과의 만남이 있었기 때문에 조성복도 처음부터 정약용에게 마음을 열었다. 조성복은 정약용이 유배지에서 편찬한 경학과 경세학에 관한 저술을 보고, 정약용이 비록 관직으로 출세하지는 못했지만 풍부한 저술을 가진 것은 무궁한 행복이라고 감탄했다. 또한 조성복은 정약용의 가르침을 따라 이익의 『성호사설』을 다시 읽어보고, 이익의 해박하면서도 정밀한 견해에 감탄하여 반드시 후세에 전해져야 할 저술이라고 평가하기도 했다.

조성복은 영양 일월의 섬촌에 학파정이란 별도의 거처를 마련하고 정약용에게 기문을 부탁했다. 정약용은 1825년 가을에 「학파정사기鶴坡精舍記」를 지어 보냈는데, 우리 몸이 거처하는 집을 깨끗이 해서 티끌을 없애는 것과 같이 우리의 정신이 거처하는 마음을 깨끗하게 해서 정사라는 이름에 걸맞게 하기를 당부했다.

조성복이 정약용을 자주 만나면서 그 아들 정학연과의 교유도 자연스럽게 시작되었다. 조성복이 정학연에게 보낸 편지에는 약제에 관한 언급이 여러 번 나오는데, 부친을 계승하여 의술에 뛰어났던 정학연이 만년에 병약해진 조성복에게 약을 지어 보낸 것으로 보인다.

조거남과 조성복은 정약용 부자와 교유하는 가운데 조덕린의 신원을 부탁하기도 하였다. 1825년을 전후하여 한양 조씨가에서는 조덕린의 신원을 호소하는 상언上言을 올릴 계획을 세웠다. 상언이란 국왕이 왕릉에 행차하는 길에 백성들의 민원 사항을 접수했다가 직접 처리해 주는 제도로서, 정조가 시작한 이래 19세기에도 계속되고 있었다. 정학연은 1810년대에 부친의 유배 해제를 요청하는 상언을 올린 적이 있었으니, 상언에 관한 자문을 해줄 수 있는 입장이었다.

조성복은 정약용에게 상언 초고를 보내 문안을 검토해 줄 것을 부탁했고, 정학연에게는 시세의 변화를 알려줄 것을 당부했다. 조성복은 서울 근교에 살면서 상대적으로 시세의 변화에 대한 많은 정보를 가지고 있던 정약용 부자의 도움을 받으면서 상언을 올릴 시점을 조절하다가 1828년 2월 22일 순조가 화성에 행차하는 날을 거사 일로 정하고 활동을 벌였다. 그러나 이 일은 결실을 맺지 못하고 끝이 났다.

5. 중앙학계 학자와 폭넓게 교유하다

18세기 후반에서 19세기 전반에 걸쳐 주실의 한양 조씨가는 꾸준히 서울을 출입하면서 중앙학계의 학자들과 폭넓게 교유하였다. 중앙학계의 학자 중에서 가장 먼저 떠올릴 수 있는 인물은 이가환이다. 정조대에 활약한 남인계 인물의 계보를 '채제공―이가환―정약용'이라 할 때, 이가환은 채제공을 이어 남인계의 지도자가 될 인물이었다. 이가환은 조운도 · 진도 형제의 묘갈명을 작성했는데, 이들이 남인계의 의리를 분명하게 천명한 조덕린의 후손이란 점을 중시하였기 때문이다. 따라서 조진도의 묘갈명에서는 조부인 조덕린의 행적을 상세히 기술하였고, 조운도의 묘갈명에서는 조덕린의 유배길을 조운도가 수행한 일, 조진도의 문과 급제가 취소되자 의연하게 대처한 일, 조덕린의 관직과 조운도의 과거 합격이 회복되자 매일 정조를 향해 사배四拜를 올린 일 등과 같이 조덕린과 관련이 있는 행적을 거론하였다. 다음은 이가환이 조진도를 위해 지은 묘갈명 명문이다.

長松之下 丈人安之　낙락장송 아래에 큰 어른 계셨으니,
閔世垢濁 求古振衣　혼탁한 세상 한탄하고 성인을 구하느라 세속 일 초탈했네.
我觀其心 浩浩江河　내 그 마음을 보니 넓고 넓어 강과 같다.
有石不轉 噫其永悲　막힌 돌 옮기지 못하니 아 그 슬픔 길어졌네.
維古有云 死者有知　예부터 이르기를 죽은 자도 안다고 하였네.
今世不悲 視此好歌　지금은 슬프지 않으리니 이 노래 들으시라.

공조판서 이가환이 조진도와 조운도의 묘갈명을 작성한 것은 그의 말년이었다. 그러나 얼마 후 정조가 죽고, 남인계의 촉망을 받던 이가환마저 노론 벽파의 공격을 받아 죽임을 당했다. 이가환이 죽었다는 소식을 들은 조술도는 시를 지어 그의 죽음을 애도했다.

이익운도 한양 조씨가와 교유한 중앙학계의 학자이다. 이익운은 채제공의 문인으로서 19세기 전반에도 벼슬을 계속하여 예조판서까지 역임하였는데, 서울 출입이 잦았던 조성복이 그와 교유했다. 1814년, 조성복은 이익운이 정조와 인연이 깊은 화성의 유수로 부임한 것을 축하했다. 이익운이 이런 요직을 맡은 것은 백성들에게 다행일 뿐만 아니라 남인계에도 큰 행복이라는 의미의 축하였다. 이후 조성복은 아들 조언국이나 조카들이 서울을 출입할 때에 반드시 이익운에게 들러 인사하도록 하였다. 또한 1815년에 조성복은 선대의 문집을 이익운에게 보내 교정을 부탁하고 서문을 작성해 줄 것을 요청했다. 선대 문집의 교정과 서문을 이익운에게 부탁한 것은 그가 당시 남인계 학자 중에 가장 명망이 높고 문장이 뛰어났기 때문이다. 조성복이 이익운에게 서문을 부탁한 문집은 이미 사문斯文의 대가에게서 묘갈명을 받았다고 하고, 원고를 다른 사람에게는 보이지 말라고 당부한 것으로 보아 조덕린의 『옥천집』인 것으로 추측된다.

조성복은 이외에도 홍의호·한치응·윤규범과 같은 중앙학계 학자들과 폭넓게 교유하며 문자를 주고받았다.

한편 조거남은 소론계 산림인 성근묵과 교유하였다. 성혼의 후손인 성근묵은 19세기 전반의 산림으로 여러 차례 조정의 천거를 받아 관직을 받았지만 끝내 이를 거절하였다. 조거남은 그가 지방관으로 재임하다 고향으로 돌아간다는 소식을 듣고 편지를 보냈는데, 백성을 구휼하는 여가에 산천을 유람한다면 민정에도 손해가 없고 풍류에도 구애됨이 없을 것이라 하여 그의 사직을 아쉬워했다.

이상에서 보듯 한양 조씨가가 서울을 방문한 가장 큰 이유는 조덕린의 신원 때문이었다. 따라서 이들이 접촉한 중앙학계의 학자에는 남인계의 비중이 높았으니, 꾸준한 접촉을 통해 상호간의 정치적 결속력을 유지하고자 하였기 때문이다. 그리고 이들의 교유권에는 소론계 인물들이 포함되기도 하였는데, 이는 정치적으로 볼 때 소론계가 남인계에 대해 비교적 우호적이었기 때문인 것으로 생각된다.

한양 조씨가와 중앙학계의 만남은 직접 대면하거나 문자를 교환하는 방식으로 진행되었는데, 이를 통해 당대의 정국 동향에 대한 정보를 얻었고 정치적인 움직임에 공동 보조를 맞추었다. 또한 한양 조씨가는 중앙학계의 새로운 학문 경향에 대해서도 비교적 소상하게 파악하고 있었는데, 이는 이후의 역사적 격변기를 효과적으로 대처해 나가는 데 주요한 자산이 되었다.

6장

새롭게 개척한 근대의 길

1. 주실 마을의 문화적 자존 의식

한국이라는 공간과 근대라는 시간 속에서 산골의 한 작은 마을은 어떠한 운명의 길 위에 놓여 있었는가? 그 동안 마을을 감싸고 보호해왔던 국가가 제 기능을 발휘하지 못하게 된 암울한 시대에 100호 안팎의 작은 마을이 선택할 수 있는 평탄한 길이란 없었다. 그들 앞에 놓인 길은 이전에는 겪어보지 못한 고난과 시련의 험난한 길뿐이었다. 마을마다 울타리를 새로 쌓고, 민족 전체의 울타리 즉 새로운 국가를 만들어야만 하는 힘겨운 과제를 떠 안게 되었다.

근대 한국에서 한 마을이 마을로서의 공동체적 전통을 유지하면서 새 시대에 적합한 새로운 문화 전통을 확립하여 마을의 정체성을 확립하기란 참으로 어려운 일이었다. 게다가 마을의 정체성 확립 경험이, 민족과 국가의 나아갈 방향을 개척하는 선례가 되기란 더더욱 어려운 일이었다. "마을 공동체 수준에서 과연 그러한 일이 가능하기나 할까?"라는 근본적인 의문을 제기할 수도 있다.

그러나 주실 마을이 겪어간 '근대'의 길은 단순히 한 마을의 경험에만 머물지 않았다. 그 길은 이전에는 아무도 가지 않았던 새로운 길이었고, 마을보다 더 큰 범위의 사회 집단인 민족이 함께하는 그러한 길이었다. 주실 마을의 근대 역사는 단지 민족사적 경험의 축소판에 그치지 않았다. 그것은 제국주의의 침략 속에서 마을 공동체의 문화 전통을 유지하면서 새로운 문명 개화의 길을 끊임없이 모색하는 과정이었다. 주실 마을은 스스로 시련과 고통의 길을 택하였으며, 그 시련은 헛되지 않았다. 주실 마을이 걸어간 길이 민족 운동의 새로운 방향을 제시해 주는 출발점이 되어 주었다.

1950년대 주실 마을의 이십대 청년들은 이러한 점을 자각하고 있었다. 주실 마을의 이십대 청년들은 「주실의 노래」를 함께 부르면서 자신들의 문화적 자존 의식을 다음과 같이 표현하였다.

(1절) 훈기 찬 매방산에 아침해 받아/ 영남의 개명천지 열어가던 주실/ 영웅의 산발로 찾는 새 모습/ 긴 수풀 거친 길을 다시 닦는다

(2절) 미풍은 독산에 산들어우니/ 천고에 묵은 낙엽 멀리 던지라/ 성스런 새 이상 삶의 표적/ 새 시대 역사 위에 횃불을 들자

(3절) 일원산 정기로서 기운찬 창조/ 웅혼한 설계도는 문화의 샘/ 20세기 후반기의 선봉에 서서/ 힘차게 뛰어가자 주실의 건아

(후렴) 아아, 주실아, 새 사조 받아서/ 새 역사 새 천지를 이루어 가자

1950년대 주실 마을 청년들은 다른 사람들이 아직 가지 않은 '긴 수풀 거친 길'을 개척하여 '새 역사 새 천지'를 창조한다는 문화적 자긍심에 충만해 있었다. 그들이 그렸던 새로움은 마을의 새로움만이 아니었다. 그들이 추구한 것은 주실 마을을 넘어선 영남 지방의 개명천지를 새로이 열고, 나아가 새로운 사조를 받아들여서 창조적인 문명의 새로운 역사를 만드는 것이었다.

2000년 4월, 주실 마을회에서는 『주실 마을』이라는 14쪽 분량의 작은 책자를 발행하였다. 이 책자 맨 앞에는 「주실의 이야기」라는 제목으로 주실 마을의 간략한 역사를 소개한 글이 실려 있다. 그리고 마을의 옛 건축물을 소개하면서 그 건물에서 배출된 사람들에 대해서도 아울러 설명하였다. 그리고 주실의 근대 민족운동 단체, 주실 마을 출신 조동진의 시와 조지훈 시비, 해방 전후 불렸던 마을 노래 등을 소개하였다. 이 작은 책자에서 우리는 '진취성', '창조성' 그리고 '세계성'에 바탕을 둔 근대 주실 마을의 문화 의식과 자긍심을 읽을 수 있다.

1950년대 주실 마을의 청년들에게서 볼 수 있는 이러한 문화 의식이 조전趙佺이 주실에 터를 잡았던 1629년 당시부터 형성되었던 것은 아니다. 주실

입향조 조전이 주실 마을의 전통을 확립한 것과 관련하여 전해지는 이야기가 있는데, 그것은 바로 '삼불차三不借'에 관한 것이다. 삼불차란, 사람·글·재산을 다른 사람에게서 빌리지 않는다는 뜻이다. 이러한 전통은 주실 입향조 이래 주실 마을의 자랑스런 전통이 되어 왔다. 그만큼 사람과 글과 재산이라는 세 가지 측면에서 자립적인 자존 의식을 지켜왔다는 뜻이다. '~하지 않는다'라는 데에서 자존 의식을 찾는다는 것은 소극적 태도라고 볼 수 있다. 그러나 그로부터 324년이 지난 뒤인 1953년, 마을 청년들은 '새 역사와 새 문명을 창조한다'는 적극적이고 진취적인 문화 의식을 갖게 되었다. 그리고 21세기 주실 마을은 '세계로의 도약'이라는 발전 방향을 정하였다.

주실 마을 사람들의 문화 의식이 근본적으로 변화하게 된 계기는 무엇이었으며, 또 그러한 변화가 가능할 수 있었던 원인은 무엇 때문이었을까?

2. 근대 민족 운동의 흐름과 주실 마을

19세기 말 20세기 초의 한국근대사는 제국주의 침략에 대한 민족의 저항을 기본 축으로 하여 전개되었다. 19세기의 제국주의 침략에 대한 한민족의 대응은 크게 두 가지로 나누어 볼 수 있다. 그것은 전통적 유교 문화를 지키면서 서구의 외래 문화를 배격하는 위정척사사상과, 서구의 신사상을 수용하여 전통 문화를 혁신하려는 개화사상이 그것이다. 1860년대부터 1880년대까지, 개화파는 문명 개화가 세계 변화의 대세임을 인정하고 서양의 여러 나라와 교류하면서 부국강병을 실현하고자 하였다. 이에 대해 보수주의적 위정척사사상의 유림은 문명 개화란 서양 제국주의를 끌어들여 유교적 전통 문화를 파괴하는 멸망의 길이라고 비판하였다. 개화파와 위정척사파 간의 이러한 대립은 1905년 이후 의병항쟁과 애국계몽운동 간의 대립으로 이어졌다.

의병항쟁과 애국계몽운동 계열의 지식인들은 자신들 노선의 정당성을 주장하면서 서로를 배척하였다. 의병 진영에서는 애국계몽운동은 일본 제국주의의 침략에 대한 저항성의 약화를 가져올 뿐이라고 지적하였다. 이에 대해 애국계몽운동 계열에서는 시대의 변화를 깨닫지 못한 무모한 행위일 뿐으로 민족과 국가에 해를 끼치는 시대착오적인 행위라고 의병항쟁을 비난하였다. 이와 같이 의병항쟁과 애국계몽운동은 국권을 회복하려는 동일한 목적을 가지고 있으면서도 서로 연합하지 못한 채 대립하였다. 의병과 계몽운동 간의 대립은 1910년 국권 상실 이후 독립운동 단계로 접어들면서 극복되어 1919년 3·1운동을 계기로 민주공화제에 기초한 신국가 건설이라는 통일된 목표를 지향하면서 통합되었다.

　그러나 의병항쟁과 애국계몽운동이 대립되던 때부터 합류 혹은 결합의 가능성은 이미 내재해 있었다고 볼 수 있다. 역사의 일반적인 흐름을 바꾸거나 역류하는 움직임은 항상 작지만 힘겨운 움직임으로부터 시작되며, 외적인 데서가 아니라 자생적이며 토착적인 데서부터 일어난다. 그리고 민족적 토양 속에서 배양된 그러한 움직임은 결국 민족 운동의 주요한 흐름으로 변화하게 된다. 이러한 과정 속에서 역사는 한 단계 발전하는 것이다. 20세기 초 의병항쟁과 애국계몽운동의 대립을 극복하기 위한 노력은 당시 지방에서부터 이미 시작되고 있었다.

　함경도 경성이나 경기도 강화 지방의 경우에는 애국계몽운동 단체가 의연금을 갹출하여 의병항쟁에 지원금을 보내거나 신식학교 출신들이 직접 의병에 가담하는 일이 종종 있었다. 1907년을 전후로 하여 일부 지방에서 자생적으로 발생한 이러한 흐름이 점차 퍼져 나가 1910년대 독립운동 단계에 접어들어서는 의병과 애국계몽운동의 합류를 이루어 1919년의 거족적인 3·1운동으로 분출되었다. 민족 운동의 새로운 방향을 제시했던 사례는 영남의 안동 지방에서도 찾아 볼 수 있다. 안동 지방은 위정척사운동과 의병항쟁 대열에 참여했다가 애국계몽운동 대열로 합류한 경우에 속한다. 석주石洲 이상룡李相龍(1858~1932)은 의병항쟁에 두 차례 참여했다가 대한협회 안동지회를 결성하여 애국계몽운동에 참여함으로써 사상적인 전환을 이룩하였다. 따라서 향촌 공동체적 전통에 입각한 안동의 구국계몽운동에는 일본제국주의에 대한 저항성이 강하게 투영되어 있다. 즉, 과거의 의병항쟁과 계몽운동을 비판적으로 종합하여 발전시킨 형태라고 하겠다.

영양의 주실 마을은 20세기 초엽부터 지방에서 자생적으로 싹트고 있었던 새로운 흐름을 형성하는 데 선도적 역할을 하였다. 주실은 19세기 말까지 퇴계 학파의 영향하에 영남 지방의 유학을 이끌었던 마을이다. 이러한 유학적 전통에 대한 자긍심과 위정척사사상에 기초하여 영양 지방의 의병항쟁을 지도하였던 것이다. 주실 마을은 1910년에 한일합방이 되기까지 의병에 대한 지원을 계속하여 명실공히 20세기 초 의병항쟁의 보루가 되었다. 이러한 의병적 전통이 강한 마을에서 1899년 이후 문명 개화를 주장하는 개화지식인이 나타났다. 그것도 의병항쟁에 참여했던 인사 중에서 시대의 변화를 깨닫고 신사상을 수용하면서 사상적으로 전환한 일이 발생했던 것이다. 이를 계기로 주실 마을에는 의병 외에 개화와 혁신이라는 또 하나의 커다란 흐름이 나타나게 되었다.

그런데 주실 마을의 개화와 혁신은 의병적 전통에 기반을 둔다는 점에서 특징적이다. 또한 이러한 혁신의 흐름을 몇몇 개인뿐 아니라 마을 전체가 공유할 수 있는 하나의 흐름으로 정착시켰다는 점에서도 주목할 만하다. 그리하여 주실 마을은 일제 강점기 이후 '개화 · 혁신 · 진보'의 마을로 알려지게 되었다. 마을 전체가 새로운 시대를 선도하는 흐름을 형성할 수 있었던 것은, 당시 영남 지방에서는 물론이거니와 전국적으로도 매우 드문 예에 속한다.

근대 한국에 있어 주실 마을은 의병항쟁의 보루인 동시에 개화와 혁신의 중심지였다. 한 마을이 민족운동의 두 흐름을 동시에 경험했던 것이다. 민족운동의 두 흐름을 동시에 경험함으로써 남다른 시련과 고통을 겪게 되었고, 이는 새로운 길과 모델을 제시하는 결과를 낳았다. 의병항쟁의 전통에 바탕을 둔 개화와 혁신이라는 길을 선택함으로써 주실 마을은 의병항쟁과 애국계몽운동이 연합할 수 있는 새로운 모델을 제시할 수 있었던 것이다.

3. 의병항쟁의 보루

제국주의 침략에 대한 주실 마을의 첫 번째 대응은 위정척사사상에 바탕을 둔 거부와 저항이었다. 퇴계 학맥의 유교적 전통이 강한 주실 마을에서 개화 정책과 서구 문물에 반대하여 유교 문화를 지키려 했던 것은 자연스러운 선택이었다. 양반 마을로서의 자존 의식을 바탕으로 유교 문화의 전통을 지키고 서구 문화를 배척하는 태도를 취하였던 것이다. 그리고 이러한 보수주의적 입장이 마을 단위의 집단적 행동으로 표출된 것이 바로 1895년의 의병항쟁이다. 의병항쟁은 발전적으로 어떤 것을 만들어간다기보다는 저항과 거부를 통해 기존의 것을 지킨다는 의식에 기초한 것이다. 따라서 주실 마을 입향조의 삼불차 교훈에 나타난 '~을 하지 않는다'라는 부정과 거부의 방식으로 자존적 문화 의식을 지니는 전통은 19세기 말 의병항쟁에서도 굳건하게 견지되고 있음을 확인할 수 있다.

1895년에는 을미사변과 단발령 실시를 계기로 전국적으로 의병이 봉기하였다. 퇴계 학파의 영향을 받아 유학적 전통을 온전히 이어받고 있던 영양의 경우, 단발령이 의병진을 구성하게 된 직접적인 계기가 되었다. 단발령이 실시된 날은 1895년 11월 15일, 양력으로는 12월 30일이었다. 영양 의진은 단발령이 실시된 지 24일 후인 1895년 12월 9일, 양력으로는 1896년 1월 24일 영양 장날에 결성되었으며, 향회를 개최하여 의병진을 구성하였다.

南洲先生文集卷之三

詩

韠庵柳先生軏　選眉時

源從溪上的山在地中高三百餘年士蓮蓮濂水卓

瓶山金先生軏　遲眉時

名節元從學問推晦翁同禑退翁資如何獨滿崇終

典長使儒林不勝悲

訂菴金先生　悵頌軏　遲眉時

大澤龍仌後遙陽鶴辺時蕭條南國士去去若爲支

雲山李先生　槖戴軏

▲ 『남주선생문집』

대표로는 오석인吳錫寅·조병희趙秉禧·조영기趙永基·김도현金道鉉 등이 선출되었다. 음력 12월 15일에는 조영기와 김도현이 안동부와 예안현으로 가서 안동의 의병부대와 의병진 구성에 대해 협의하였다. 마침내 1896년 1월 17일, 향회를 개최하여 의병을 규합하고, 의병장으로 남주南洲 조승기趙承基(1836~1913)를 선출함으로써 의병 부대를 조직하였다.

영양 의병이 조직되는 과정에서 주실 마을은 그 중심에 있었다. 이는 주실의 한양 조씨 가운데 남산 조영기와 조병희가 의병 대표로 선출되고 조언찬趙彦贊이 참모가 되었으며 조승기가 의병 대장으로 추대되었다는 점으로 미루어 알 수 있다. 을미의병시에는 학식과 덕망이 높은 유학자가 의병장에 추대되는 것이 일반적이었다. 남주 조승기는 심재心齋 조언유趙彦儒(1767~1847)의 증손이다. 그는 증조부의 학문을 계승하면서 유주목柳疇睦의 문인이 되어 주실의 유학을 발전시켰다. 그는 스승의 문집 편찬을 주도하였을 만큼 당시 영양 지방의 유학계를 이끌었던 대학자이다. 그의 저서로는 『남주선생문집』 8권이 전한다.

남주 조승기는 영남만인소운동(1881)에도 참여하였다. 일본에 수신사로 파견되었던 김홍집이 1880년에 귀국하면서 왕에게 중국인 황준헌이 지은 『조선책략』을 바쳤는데, 이를 개화 여론 조성을 위해 각 지방에 유포한 것이

132

발단이 되어 영남만인소운동이 일어난 것이다. 미국과의 친선을 통해 러시아를 방어해야 한다며 한국의 개화를 권유한 『조선책략』의 기본적인 주장은 물론, 미국과 기독교에 대해 설명하면서 미국의 기독교는 천주교와는 다르다며 그 관계를 주자학과 양명학에 비유한 것이 신사년 척사운동의 중심에 있었던 영남 지방 유생들의 심한 반발을 불러일으켰다. 유생들은 이를 성인에 대한 신성 모독으로 간주하고 만인소 운동을 전개하기에 이른 것이다. 그리고 이 때 이미 조승기는 영양의 학자로서 만인소 대표 가운데 한 사람으로 참여하고 있었다.

영양 의병진 구성에 주실이 중심적 역할을 할 수 있었던 것은 주실의 유학적 지도력이 남달랐기 때문이다. 19세기 주실의 유학적 전통은 학파鶴坡 조성복趙星復(1772~1830), 매오梅塢 조거신趙居信, 고은古隱 조거남趙居南(1782~1838), 목간木澗 조연복趙淵復 등을 통해 확립되었다. 이들은 조선후기 선조 재위기에 조덕린의 신원을 위해 자주 상경하곤 하였는데, 이 때 재경 남인으로서 실학적 학풍을 형성하고 있던 채제공을 비롯하여 이가환, 이익, 정약용 등과도 교유하였다. 주실의 유학은 18세기부터 근기 남인 실학자들과 교유하면서 실천적 유학의 학풍을 간직해오고 있었다. 그리고 이것이 후에 개화와 혁신을 가능하게 한 사상적 배경이 되었다.

의병장 조승기를 도와 영양 의병진에 참여한 주실 인사로는 조후용趙垕容(1833~1906), 조병희, 남산 조영기 등을 들 수 있다. 조후용은 임진왜란과 정유재란 때에 곽재우 의병진에 참가했던 약산당約山堂 광의光義의 8대 손이다. 주실 입향조인 호은 조전 역시 임진왜란 때에 약산당 광의를 도와 의병에 참여하였다. 주실 마을은 국난에 처하였을 때마다 의리를 실천하는 기개를 펼쳐온 곳이다. 바로 이러한 의병운동의 전통이 있었기에 주실 마을이 19세기 후반 영양의 의병항쟁에서 중심적인 활동을 담당할 수 있었던 것이다.

주실 마을의 의병항쟁은 1905년 이후에도 지속되었다. 의병항쟁 2단계와

▲ 조도사 댁 터

3단계에 들어서는 의병항쟁의 성격이 1896년의 1단계 때와는 크게 달라졌
다. 의병진 구성에서 유생층보다는 농민 · 구식군인 · 포수 등 실질적인 전
투를 수행할 수 있는 계층이 중심을 이루었고, 이에 따라서 전략 전술 면에
서도 과거와는 다른 전략 전술을 채택하였다. 1905년 이후의 의병진은 화승
총이나 죽창과 같은 열악한 무기를 들고 100여 명 내외의 소규모 병력이 소
총과 연발총으로 무장한 일본군과 싸워야 하는 형편이었다. 여기서 의병진
이 채택한 전략은 산간 험지에 근거지를 두고 수시로 이동하면서 습격하는
유격전이었다. 이러한 전략의 적격지가 바로 태백산맥의 일월산 주변이었
다. 일월산을 무대로 활동한 대표적 의병장으로는 영양 출신 김도현, 영해
출신 신돌석, 안동 출신 유시연이 있다. 이외에도 이강년 · 김성운 의병진의

활동도 주목할만하다. 여기서 간과해서는 안 될 것은 일월산 근처 반촌의 지원과 협조가 있었기에 이들 의병진의 활동이 가능할 수 있었다는 점이다.

영양 주실 마을에서 의병진을 도운 사례로 기록으로 확인할 수 있는 것은 신돌석·유시연 의병진을 지원한 것이다. 독립운동사 편찬위원회에서 간행한 『독립운동사 자료집 별집1』에는 신돌석 의병진에 가담했다가 체포되어 사형 선고를 받은 영양 출신의 조준용趙俊容과 이창영李昌英에 대한 재판 기록이 수록되어 있다. 이 기록에 의하면 신돌석 의병장은 1906년에 처음으로 주실 마을을 방문하였는데, 조도사趙都事 댁에 가서 돈 50냥과 조총 1자루를 지원받았다고 한다. 이 기록에서 조도사란 바로 주실 마을의 조병유趙秉裕로 알려져 있다. 또한 후평의 조춘평趙春坪이 주실 마을로 가서 의병에게 돈 84냥을 지원해 주었다는 기록도 있다. 이것은 조춘평이 다른 곳에 있다가 의병을 만났고, 의병에게 지원금을 주기 위해 주실 마을로 와서 돈을 주었다는 말이다. 따라서 조춘평은 주실 마을에 살고 있었거나 연고가 있는 인물로 생각된다. 이 외에도 신돌석 의병진이 주실의 점가店家로부터 돈 50냥과 초혜草鞋 2죽을 지원받았다는 기록도 있다. 이상은 주실 마을이 신돌석 의병진의 주요 지원 지역이었음을 말해주는 기록이라고 하겠다.

유시연 의병진을 지원했다는 자료도 보이는데 1908년 12월 24일, 유시연 의병장이 부하 500명을 이끌고 주실로 오자 주민들이 곡식과 돈을 거두어 군자금을 대주었다는 기록이 있다. 1906년경에 신돌석 의병진을 지원했던 주실 마을이 1908년에는 유시연 의병진을 지원했음을 알 수 있다.

이 밖에도 주실 마을이 의병진의 활동에 직접 간접으로 간여한 사실은 여러 면에서 확인할 수 있다. 주실 마을의 조철용趙哲容은 1908년에 의병항쟁에 참여하였다가 재산才山 전투에서 전사하였다고 한다. 또 조승기에게서 배운 소고小皐 조진용趙鎭容도 의병 투쟁을 물심 양면으로 도왔다는 기록이 있다. 이 밖에 조만기趙晩基, 조헌기趙獻基, 조규석趙圭錫, 조홍석趙

洪錫, 조창용趙昌容, 조술용趙述容, 조종기趙鍾基, 조인석趙寅錫, 조두석趙斗錫, 조준용趙駿容 등도 의병 항쟁에 직·간접으로 참여한 것으로 알려져 있다.

주실 마을은 1896년에 영양 의병진의 의병장 조승기를 배출한 것을 시작하여 1905년 이후 1910년대까지 의병 자원의 공급지 혹은 의병 활동을 지원하는 마을로 자리를 굳히게 되었다. 이 때문에 주실 마을은 일제로부터 가혹한 검속을 받게 되었고, 이 과정에서 많은 마을 사람들이 고초를 겪었다. 1910년대 초에 조승기를 체포할 때에는, 여자와 어린아이까지도 잡아가 고문을 하였다. 이 때 잡혀간 조승기의 손녀 조조긴趙祖緊은 잡혀갔다가 풀려났지만, 어린 나이에 고문을 받아 손목에는 줄에 묶였던 흔적이 그대로 남아 있었고, 그 때부터 다리를 잘 못쓰게 되어 30대 초반에 죽을 때까지 고생하였다. 그만큼 주실 마을은 의병의 근거지로서 일제의 주요 감시 대상이 되었다.

4. 문명 개화의 새로운 길

영양 주실 마을에서 문명 개화의 단초를 연 사람은 석농石農 조병희趙秉禧(1855~1917)이다. 옥천 조덕린(1658~1737)의 6세손으로 학문이 뛰어났던 조병희는 19세기 후반 주실의 청년유학자로서 활발한 대외 활동을 벌였다. 그의 문집『석농유고石農遺稿』에는 보수적인 의병항쟁의 전통을 간직하면서 문명 개화의 새로운 길을 찾으려는 선각자의 고뇌가 잘 나타나 있다.

조병희는 1896년에 조승기를 의병장으로 추대한 영양 의병진이 결성되자 그 곳에 가담하였다. 이 때까지만 해도 그는 전형적인 보수주의적 위정척사 사상가였다. 그는「척사청복원소斥邪請復院疏」라는 글에서 당시 서교西敎가 확산되어 전통 윤리와 강상을 파괴함으로써 국가의 기강마저 흔들고 있다고 지적하였다. 서교의 폐해는 동학이 무리를 지어 국법을 어기는 것과 다를 것이 없다면서 서원을 복원하여 유교를 진흥할 것을 역설하였다. 그가 의병항쟁에 참여하였던 것도 이러한 유교적 보수주의 입장을 견지하고 있었던 영향이 크다.

보수주의적 위정척사파 유학자로서 의병에 참여했던 조병희는 1899년 이후에는 개화사상가로 변신한다. 그 계기는 1899년에 영남 유생들이 장조 즉 사도세자에 대한 전례 문제로 상소하기 위해 상경하면서 이루어졌다. 이 때 조병희는 「장조황제전례소莊祖皇帝典禮疏」라는 제목의 상소문을 직접 짓고 영남 유생들의 상소 운동에 참여하였다. 영남 유생들의 건의는 받아들여졌으며, 이 때 조병희는 오랜 동안 가문의 숙원이었던 조덕린의 신원을 호소하였다. 얼마 지나 그의 호소가 받아들여지고 벼슬을 하사하라는 특명을 받게 되었다. 이로부터 주실의 한양 조씨 가문에도 벼슬길이 열리게 된 것이다. 이는 영·정조대에 노론과의 권력 투쟁에서 패배한 결과 억울한 누명과 굴레를 뒤집어쓰고 사회적 활동에 제약받던 데서 벗어나게 되었음을 뜻한다. 말기의 조선 왕조는 주실 조씨의 정계 진출을 제약했지만, 출범한 지 3년째 되는 신생 국가 대한제국은 주실 조씨의 활동을 오히려 고무하는 조치를 취한 것이다.

영양 주실의 한양 조씨 가문의 입장에서 보자면 대한제국은 새롭게 열려진 세계였다. 그러나 제국주의의 침략 앞에서 대한제국의 국권은 갈수록 실추되고 있었다. 따라서 주실의 한양 조씨에게 열려진 길은 새롭지만 불안한, 그기에 새 문명의 새 역사를 창조하는 길은 주실 마을의 노래 가사처럼 '긴 수풀 거친 길'이었다고 하겠다. 조병희는 1899년에 상경하여 변화하는 세계를 직접 보고, 어둠 속에 가려져 있던 새로운 길을 찾아내었다. 그 계기는 가문의 숙원을 풀기 위해 지도적 인사들을 만나는 데서 마련되었다. 그는 정통 유학자뿐만 아니라 이미 신사상을 수용하여 문명 개화를 선도하고 있던 개명 지식인과도 교유하였다.

조병희는 퇴계 학통을 이은 정재 유치명의 제자 서산西山 김흥락金興洛
(1827~1899)과 이재頤齋 권연하權璉夏(1813~1896) 같은 안동 지방의 정통
유학자들과는 물론, 영남 지역 유학의 혁신적 기풍을 형성했던 면우俛宇 곽
종석郭鍾錫(1846~1919), 성호 이익의 실학을 계승 발전시킨 방산舫山 허훈
許薰(1836~1907), 당시 서양 근대 사상의 적극적인 수용을 통해 개신 유학의
학풍을 이끌었던 위암韋庵 장지연張志淵(1864~1921)과도 교유하면서 사상
의 폭을 넓혔다. 조병희는 여기서 한 걸음 더 나아가 국정 담당자들을 만나
거나 글을 올려서 위기에 빠진 나라를 구하기 위한 자신의 방책을 제시하였
다. 그의 문집에는 민영환에게 보내는 1905년 3월의 편지와 한규설에게 보
내는 1905년 10월의 편지가 수록되어 있다.

조병희가 사상적 전환을 이루게 된 데는 장지연과 단재丹齋 신채호申采
浩(1880~1936)와의 교유가 커다란 영향을 끼친 것으로 알려져 있다. 그는 여
러 개화 지식인과의 만남을 통해 양계초의『음빙실문집』을 접하게 되었고,
이를 계기로 단발을 결행하고 개화지식인으로 변모하였다고 한다. 1899년
경 장지연과 신채호는 문명 개화의 필요성을 인식하고 독립협회운동에 참
여하여 활동하고 있었다. 장지연은 당시 대표적인 개신 유학자로서『황성신
문』주필로 활약하였고, 신채호는 성균관에서 성균관 유생의 혁신적 기풍을
주도하였다. 청말의 변법 사상가 양계초는 서양의 근대사상을 동양의 전통
사상에 바탕을 두고 수용하였다. 중국 지식인의 번안飜案을 거치고 한문으
로 씌어진 서양 근대사상은 한국의 개신 유학자들에게 보다 쉽게 받아들여
질 수 있었다. 이로 인해 양계초의『음빙실문집』은 당시 한국의 유학자들이
개명 지식인으로 전환하는 데 결정적인 역할을 하였다. 안동의 동산 유인식
과 석주 이상룡도 양계초의『음빙실문집』을 접하면서 사상적으로 전환을
하게 되었는데, 이는 조병희 역시 마찬가지였다. 그런데 조병희가 단발을

결행하면서 개명 지식인으로 전환한 1899년은 유인식보다는 3~4년, 이상 룡보다는 7~8년 앞선 것이었다.

이로 인해 영양 주실 마을은 인근의 안동 지역보다도 이른 시기에 개화의 물결을 선도하게 되었다. 1899년, 석농 조병희의 귀향은 주실 마을 사람 전체에게 있어 경천동지의 사건이었다. 첫째는 그 동안 가문의 오랜 숙원이었던 조상의 신원 문제를 해결하였다는 점에서 그러하였고, 둘째는 단발을 하고 사상이 바뀌어서 새 사람이 되어 돌아온 점 때문에 그러하였다. 가문의 숙원을 해결한 일은 그 공로가 결코 작지 않지만, 의병 항쟁의 고장에서 단발한 '개화꾼'은 용납될 수 없는 일이었다. 이로 인해 조병희는 많은 어려움을 겪게 되었다.

조병희는 스스로 '주실 집안을 바꾸는 선각자'가 되기로 결심하였다. 그런데 집안의 반대를 어떻게 타개할 것인가가 문제였다. 그는 각 집안의 20대 청년 5명을 선정하여 이들을 문명 개화의 선봉대로 삼기로 하였다. 그는 조창용趙昌容, 조술용趙述容, 조종기趙鍾基, 조인석趙寅錫, 조두석趙斗錫 5인을 대동하고 상경하여 서울에서 추진되고 있는 개화 혁신 운동에 동참하도록 하였다. 이 때 조종기, 조인석, 조두석 3인은 귀향하여 주실 마을에 문명 개화의 싹을 심고자 노력하였다. 귀향한 3인은 조인석이 중심이 되어 주실 마을의 근대식 교육을 위해 월록서당에 영진의숙英進義塾을 설립하여 신서적을 구입하고 강사를 초빙하여 개화 교육을 실시하였다. 특히 조인석은 벽산 김도현, 송사松史 조언찬 등과 함께 영양 지역 최초의 근대 학교인 영흥학교를 1908년 6월에 영양 읍내에 설립하였다. 영양의 객사를 수리하여 교사校舍를 만든 영흥학교는 명실공히 영양 지역 근대 교육의 요람이 되었다.

조창용과 조술용 2인은 서울에 남아 새로운 학문을 본격적으로 배웠다. 조술용은 1904년부터 1905년까지 관립 영어학교에 입학하여 신학문을 익혔

▲ 『백농실기』

다. 조창용(1875~1948)은 1905
년 10월 황성국민교육회 안에
설치된 사립 사범학교에 입학
하여 1906년 7월 제1회로 졸업
하였다. 졸업 후에는 국민교육
회 간사원으로 활동하면서 경
기도 양주와 대구 등지의 학교
운영에 관여하고, 대한협회 대
구지회 서기로 활동하기도 하
였다. 1908년에는 연해주와 상
해 등지에서 한민학교 교사로,
『대동보』 서기로 일하였는데 상해에서 장지연과 함께 활동하다가 체포되었
다. 출옥한 후에는 대구에서 교사로 활동하다가 1910년 한일합방 이후에는
장지연의 초청으로 경남일보사에서 일하였다. 조창용은 1906년 3월 기독교
에 입교했으며, 1910년대에는 대종교에 입교하여 대종교단에서 활동하기도
하였다. 조창용은 『백농실기白農實記』를 남겼다.

영양 주실 마을에 문명 개화의 구체적 결실이 나타나기 시작한 것은 1910
년에 이르러서이다. 1910년에는 종부의 개가를 허용하였고, 1911년에는 노
비를 해방하는 조치가 취해졌다. 주실 마을의 이러한 변화는 보수적 유학
전통이 강한 이 지역으로서는 선진적·급진적인 변화였다. 그리고 그 과정
에서 다른 지역에서 그러하였던 것과 마찬가지로 진통이 따랐다. 조창용의
예에서 볼 수 있듯이 혁신적 운동은 주실 마을의 바깥에서 이루어질 수밖에
없는 상황이었다. 이 점은 조병희의 경우도 예외가 아니었다. 조병희는 주
실 마을 내에서의 혁신 운동이 어려웠기 때문에 주로 대구와 청도에서 생활
하였다. 그는 주실 마을의 오랜 숙원인 조상의 신원 문제를 해결하고, 문명

▲ 1906년 7월 사범학교 제1회 졸업식 사진. 조창용의 『백농실기』에는 이 사진 속의 졸업생들 명단이 기록되어 있다.

개화의 씨앗을 뿌려 주실 마을이 새로운 세계를 열어갈 수 있는 단서를 마련하였다. 그러나 정작 그 자신은 마을에 돌아오지 못하고 대구에서 개화 구국 운동을 추진할 수밖에 없었다. 즉, 1908년 대한협회 대구지회 부회장으로서 마을 밖에서 개화 혁신 운동을 전개하였던 것이다.

조병희의 『석농유고』에는 고향을 떠나서 개화혁신 운동을 전개하는 선각자의 고뇌가 잘 나타나 있다. 그는 자신보다 앞서 죽은 동생 병일秉日의 제문에서 1906년 봄에 대구에서 본 것이 마지막이 되었다고 하면서 그 동안 자신의 형제가 겪은 고통을 이야기했다. 이를 보면 고향을 떠나 있어 동생이 병들었다는 소식도 듣지 못하고, 죽은 것도 보지 못했다가 장례를 치른 다음에야 소식을 듣게 되었는데 고향에 가서 곡할 수도 없는 그의 처지가 절절하게 표현되어 있다. 서울·대구 등지에서 개화꾼으로 활동하는 조병희에 대해 주실 마을 사람들은 갖가지 비방을 하였다. 이에 대해 조병희 자신은 웃어 넘겼지만, 동생은 걱정하고 두려워했다. 그는 명리名利를 구하기 위한 것이라는 마을 사람들의 비난에 대해 시국의 변혁을 먼저 깨달았을 따름일 뿐이라고 하였다. 그래서 역량과 지혜를 고려하지 않고 최선을 다해 문명 개화를 추진했던 것이다. 그는 주실 마을의 청년 몇몇을 데려와 개화시키고자 하였다. 그러나 그마저도 갈수록 숫자가 줄어들어 아무리 힘써도 별효과가 없었다. 그만큼 주실 마을의 문명 개화는 많은 어려움 속에서 이루어졌던 것이다.

조병희는 주실 마을에서 최초로 단발을 시행하고 문명 개화 운동을 전개한 선각자이다. 조창용은 주실 마을 출신 가운데 최초로 근대식 교육을 받고 독립운동에 투신한 인물이다. 그런데 조병희는 주실 마을에 돌아가지 못해 청년들을 개화하는 데 많은 어려움을 겪었다. 조창용 또한 주실 마을 밖에서 교육 및 언론 활동을 하면서 독립운동에 참여하였다. 그러다 끝내는 일제의 가혹한 고문으로 정신병을 얻어 불우한 생애를 마쳐야 했다. 주실 마을을 근대화시킨 선각자 2인은 시련의 삶을 살다갔던 것이다.

5. 주실 마을이 선택한 근대의 길

주실 마을의 근대 문명화라는 새로운 길을 개척한 조병희, 조창용, 조인석, 조술용, 조두석, 조종기 등 모두가 이전에는 의병항쟁에 직·간접으로 참여한 경험을 가지고 있는 이들이다. 이들은 항일 의병의 전통이 강하게 남아 있는 마을을 문명 개화시켜야 한다는 부담을 처음부터 안고 있었다. 따라서 그들에게 있어서 문명 개화란 유교적 전통을 거부하거나 부정하는 것이 아니라 유교적 전통에 바탕을 두고 서양 근대사상을 선별적으로 수용하는 형태를 의미하였다.

조병희가 사상 전환을 한 후에 행한 주요 활동은 '자주 외교의 역설'이었다. 그는 민영환에게 보내는 편지에서 이토 히로부미가 전횡할 수 없는 제도적 장치를 마련할 것을 역설했다. 그리고 한규설에게 보내는 편지에서는 의원議院 설립을 통해 국론을 결집할 것을 건의하였다. 그의 문명 개화론은 저항성과 자주성을 상실한 근대화 지상주의와는 근본적으로 다른 것이었다. 그가 의병에서 애국계몽운동으로 전환한 목적과 동기는 주권이 실추된 상황에서 어떻게 하면 국권을 회복할 수 있는가 하는 데 있었다. 그의 문명 개화론의 요체는 국론 결집을 통한 대외적 주권을 확립하는 것이었다. 그의 계몽 사상에는 민족적 자주의식과 일본의 침략에 대한 저항 의식이 바탕에 깔려 있었다. 말하자면 그는 사상 전환 이후에도 과거 의병항쟁의 토대가 되었던 문화적 자존 의식을 굳게 견지하고 있었던 것이다. 이처럼 조병희에게서 보이는 문화적 자존 의식에 기반한 개화와 혁신이라는 특징은 주실 마을의 또 다른 개화 지식인에서도 발견된다. 즉 조창용의 경우에도 유교적 전통을 바탕으로 하여 서구 사상을 수용한 예를 발견할 수 있다.

의병항쟁에서 문명 개화 운동으로 전환하는 과정에서 주실 마을이 취한 방법은 의병항쟁에 대한 무조건적 부정과 거부가 아니라 의병항쟁을 비판적으로 계승하고 발전시키는 것이었다. 따라서 1910년의 한일합방 이후에는 해외 망명을 통한 독립전쟁 기지건설 운동으로 자연스럽게 전환하게 되었다. 그리하여 일제 강점기에 주실 마을은 민족 의식을 견지한 바탕 위에서의 개화와 혁신이라는 기풍을 형성하였다.

양반 유교문화의 전통에 대한 자부심으로 충만한 주실 마을의 근대로의 전환은 몇몇 선각자의 모진 시련기를 거치면서 이루어졌다. 20세기가 시작될 무렵 근대 문명화의 씨앗을 뿌렸던 주실 마을의 선각적 지식인들이 마을을 바꾸기 위해 채택한 방법은 두 가지였다. 하나는 바깥 도회지로 나가 새로운 삶을 살아가면서 주실 마을 청년들에게 바깥 세계와의 인연을 맺어주는 것이었다. 이는 조병희와 조창용이 선택한 방법인데, 이들은 주실 마을의 어른들로부터 철저히 외면당하였다. 다른 하나는 주실 마을에 거주하면서 앞선 세대와의 마찰을 최소화하면서 점진적으로 문명 개화를 추진하는 것이었다. 조인석, 조두석, 조종기 등이 이에 속한다고 볼 수 있다.

그러나 문명 개화 지식인의 나뉨은 분열과 대립으로 나타나지 않았다. 오히려 마을 공동체의 전통을 파괴하지 않고 혁신을 추구할 수 있는 길을 열어놓았다. 개화 지식인 사이의 방법론적 대립이 한 마을 내에서 일어나지 않도록 된 것이다. 더구나 조병희와 조창용의 외부 세계에서의 활동은 주실 마을의 보수주의적 노년층과의 물리적 충돌을 방지하는 것이 되었다. 조병희는 고향 마을로부터 배척 당하는 고난을 감수하고자 했다. 그것은 선각자가 겪을 수밖에 없는 시련으로 생각했다. 오히려 자신에게 가해지는 마을 사람들의 비난을 웃음으로 넘기었다. 그 결과 주실 마을에서는 보수와 개화로 인한 물리적 충돌과 상처가 마을 내에서는 발생하지 않았다. 의병이 협동 학교를 습격하여 사망자가 발생한 안동 지방의 경우와는 대조적이라 하겠다.

주실 마을의 문명 개화 선각자들은 자신들이 겪었던 시련을 내화시켰다. 마을 공동체, 문중 공동체의 전통을 깨뜨릴 수는 없는 일이었다. 여기에서 주실 마을 공동체 단위의 개화가 가능하게 되었다. 그러한 현상은 1910년 이후에 비로소 본격적으로 나타나기 시작했다. 일제 강점기의 주실 마을에는 교육 열풍이 불었다. 그리고 동고사 시행, 양력 과세, 향약의 개정, 제사의 간소화 등이 추진되었다. 전통의 파괴가 아니라 전통의 창조적 변용이라는 형식, 그것도 개인주의적 방식이 아니라 마을 공동체와 문중 공동체를 단위로 해서 집단적으로 이루어졌다. 이러한 창조적 문화 변용은 근대화의 시련기를 통해서 비로소 가능할 수 있었다. 이렇게 내부에서 정면 충돌을 회피하고, 고향을 떠나는 고통을 감수하면서 외부에서 새로운 모델을 제시하는 간접적인 방법은 자칫 회피적이거나 지리한 방법으로 비칠 수도 있다. 그러나 그 결과는 우회하는 그 길이 더욱 빠른 문명 개화의 길이었음을 말해 준다. 유교적 전통에 바탕을 둔 문명 개화, 마을 공동체적 전통을 재창조하는 방식에서의 문화 창조, 의병항쟁에서 나타난 문화적 자존 의식에 의거한 자주적 문명개화론, 이러한 것들이 근대 시련기에 주실 마을이 우리에게 남긴 것이다.

6. '한국적' 근대의 모색

주실 마을이 걸었던 근대의 길은 20세기 전환기에 우리 민족이 겪었던 보수와 개화의 대립이 빚은 대립과 갈등을 풀 수 있는 실마리를 제공한다. 고난과 시련 속에서 새롭게 개척한 "긴 수풀 거친 길"이지만, 후에 여러 마을 여러 사람이 함께 감으로써 "새 역사 새 천지"가 개척되었다. 주실 마을은 의병항쟁과 애국계몽운동의 통합을 통한 독립운동이라는 민족운동의 새로운 방향을 제시하는 선례를 남겼다. 이것은 전통에 바탕을 둔 새로운 문화를 창조하려는 문화적 자존 의식에서 가능한 일이었다.

자신이 속한 문화에 대한 자긍심은 20세기 중엽 이후 주실 마을 출신의 학자들에게도 계속 이어지고 있다. 근대의 길목에서 개화와 혁신에 앞장섰던 이곳 주실 마을에서 현재 사회의 각 분야에서 한국을 이끌고 있는 지도적 인물들이 다수 배출되었다. 주실 마을 출신의 인문학자들은 독특한 모습을 보여 준다. 먼저, 주실 출신 인문학자에 한국학 연구자들이 많다는 것이다. 그리고 그들의 학문 세계가 자생적 토대 위에 구축되어 있다는 특징을 보인다. 그들은 서구적 관점과 방법론에 의거하기보다 전통에 기반한 새로운 관점과 방법론을 발견하거나 창조해 내었다.

19세기 말에 시작된 '주실 마을식 근대'는 20세기 후반에도 계속되고 있다. 한국의 19세기와 20세기는 '근대'라는 이름으로 불리고 있다. 21세기에 갓 들어선 지금 '근대 이후'의 시대를 말하고 있다. 이제 "한국의 '근대'는 과연 무엇인가?"라는 근본적 질문을 본격적으로 제기할 때가 되었다. 지금까지 한국의 근대는 서구적 근대의 눈으로 판단돼 왔다. 한국 근대사의 주된 흐름이란 서구적 근대의 확산과 지배의 과정이었다. 이런 식으로 한국의 근대가 제대로 조명될 수 있을까? 우리의 눈으로 우리의 방식으로 보는 '한국적 근대'는 과연 어떤 모습일까? 이러한 질문을 던지는 사람이라면, 주실 마을이 걸었던 근대의 길을 주목해야 보아야 할 것이다. 주실 마을이 선택한 '근대'가 '한국적' 근대를 구성하는 상징적 모델로 주요 관심 대상이 될 것이다.

7장

민족의 양심 위에 일궈낸 변혁

1. 독립운동 기지 건설을 위해 만주로

근대에 들어서면서 주실 마을은 민족운동의 중심지로 떠올랐다. 전기 의병의 물결이 미치기 시작한 1896년 초에 이 마을의 남주南洲 조승기趙承基 (건국훈장 애족장)가 영양의병장으로 추대되자 이를 따라 마을의 많은 사람들이 의병으로 참가하거나 혹은 이를 지원하다가 고초를 당했다. 더구나 영해에서 의병을 일으킨 신돌석 의진이 1906년에서 1908년 사이에 여러 차례 주실 마을에 머물 때 이를 적극 지원하다가 일본군으로부터 된서리를 맞기도 하였다.

한편, 석농石農 조병희趙秉禧는 이 마을에 혁신의 물꼬를 튼 인물이다. 그는 자신이 먼저 단발斷髮을 해 보이고 조카 조창용趙昌容을 비롯하여 조술용趙述容, 조종기趙鍾基, 조인석趙寅錫, 조두석趙斗錫 등 핵심 청년들을 이끌고 상경하여 계몽 운동의 기수로 키워냈다. 그리하여 이후 주실 마을이 개화 마을로 탈바꿈하는 데 이들이 큰 역할을 담당할 수 있도록 하였다. 조창용은 국민사범학교를 졸업하고 국민교육회 간사를 역임한 뒤, 1908년에는 연해주 한민학교에서 교사로서 계몽운동을 벌였다. 그리고 조병희는 대한협회 대구지회 부회장을 맡아 경북지방 개화 개혁에 크게 이바지하였다. 의병 항쟁이 전통 사상에 의한 직접적인 전쟁이라면, 계몽운동은 새로운 사조를 받아들이면서 민족의 고난을 헤쳐나갈 장기적인 실천 방안이었다.

1910년, 나라를 잃게 되자 한 무리의 주실 인사들이 고향을 떠나 만주로 갔다. 잃은 나라를 되찾으려면 힘을 길러야 하고, 그러기 위해서는 군대를 육성할 기지 즉 독립군 기지를 건설해야 한다는 판단에서 향해진 걸음이었다. 당시 신민회가 서간도 일대에 독립군 기지를 건설하려는 계획을 세워 이를 실천에 옮기고 있었고, 인근의 안동·영해·울진 등에 살고 있는 사람들로 학연·혈연적으로 가까운 인물들도 대거 같은 길을 따라나섰다. 나라

잃은 설움을 한탄만 할 것이 아니라 군대를 육성하여 민족을 구해야 한다는 적극적인 소명 의식을 지니고 그들은 고향 산천을 떠났다. 그들이 소유하고 누리던 재산과 지위를 포기한 채, 다시는 돌아올 수 없을지도 모르는 길을 떠난 것이다.

그렇다고 해서 이들이 남들이 전하는 정보만 듣고 만주로 이동한 것은 아니었다. 산 설고 물 설은 곳에, 그것도 저 혼자 몸뿐 아니라 가족들을 이끌고 가는 길에 그저 무턱대고 움직일 수는 없었으며 때문에 철저한 사전 조사를 하였다. 그 임무를 맡은 사람은 조범용趙範容과 조재기趙載基로, 1910년 11월에 먼저 서간도 지역을 답사하고 돌아왔다. 망명뿐만이 아니라 이 사전 조사 역시, 신민회의 전반적인 틀 및 안동권 혁신 유림들의 향방과 연결된 것

이었다. 그 망명길의 핵심 인물이 옥천 종가 종손 창사倉斯 조만기趙萬基
(『백하일기』에 趙孟穆으로 되어 있음, 건국훈장 애족장)인데, 안동 망명객 가운데
석주石洲 이상룡李相龍이 그의 외사촌이었다는 사실이 이를 말해준다.

주실 마을에서 1차로 망명이 행해진 때는 1911년 3월로 이는 안동에서 2
진이 출발하던 무렵이었다. 모두 일곱 가구의 인사들이 주실 마을을 떠났는
데, 그 무렵 주실 마을의 호구 90호 가운데 조씨 집안이 약 70호였다고 한다.
조만기를 중심으로 주실을 떠난 일행은 안동을 거쳐 김천에 도착, 그곳에서
다시 기차로 북상하였다.

김천에 도착한 이후 일행은 일단 두 갈래로 나뉘어졌다. 우선 일차로 조
만기 형제와 만기의 아들 석구錫九 그리고 조범용과 조유기趙裕基가 먼저
만주로 이동하였고, 이외 남은 이들은 계룡산에 들어가 얼마 동안 대기하다
가 선발대의 뒤를 따랐다. 이처럼 고향을 떠나 만주로 간 인물들 가운데 조
만기의 동생 조하기趙夏基, 조만기의 아들 조석구, 그리고 조유기·조범
용·조진용·조현기·조택용 들이 특히 눈에 띈다. 김대락이 쓴 『백하일기
白下日記』에는 조만기·조하기·조석구·조유기·조범용 등의 이름이 등
장하는데, 조석구가 조중경趙重慶으로, 조유기가 조재기로 씌어 있다.

1911년 3월에 고향을 떠난 조만기 일행은 4월 11일 만주 통화현에서 그들
보다 앞서 유하현에 도착해 있던 이상룡의 집안과 상봉하였다. 이상룡은 조
만기의 외사촌형이니 출발 이전부터 논의가 있었을 것임은 당연한 일이고,
그곳에서도 서로가 서로를 의지하는 든든한 기둥이 되었다. 만기는 이상룡
이 주도하는 경학사耕學社에 가담하였다. 군사 기지 건설을 위해 망명한 뒤
처음으로 결성된 독립운동 조직이었다. 그리고 군사를 양성하기 위한 교육
기관으로 신흥강습소가 설립되자 조하기와 조석구는 각각 1기, 2기로 그곳
에 입학하였다.

이후에도 만주로 향한 걸음은 더러 이어졌다. 1진이 떠난 후 석 달이 지난

1911년 6월에 조주용趙鑄容이 만주로 갔고, 1900년대에 블라디보스토크와 마산을 비롯한 국내 여러 지역을 다니면서 계몽운동을 벌였던 백농白農 조창용趙昌容이 1914년에 북간도 지역으로 가서 대종교 포교사로 활약하였던 것이다. 당시 만주 지역에서 대종교 조직은 민족운동 단체를 잇는 핏줄과도 같았는데, 박은식朴殷植, 신채호申采浩, 신규식申圭植 등의 민족 지도자들이 대종교에 대거 입교하여 그 시교당을 중심으로 연락을 도모하고 있었다. 그러므로 조창용의 대종교 포교사는 단순한 선교 차원이 아니라 독립운동 차원에서 이해하는 것이 옳다.

낯선 지역으로 옮겨가서 독립운동 기지를 만든다는 것이 그리 순탄한 일이 아님은 분명하다. 국내에서는 양반으로서 기득권을 누리고 살았지만, 일단 만주에 도착한 순간부터는 생계 유지라는 일차적인 일에 매달려야 했고, 그러면서 한편으로는 인력을 양성해야 했다. 그러한 과정에서 뜻을 이루지도 못한 채, 전혀 다른 환경을 이겨내지 못하고 쓰러지는 경우도 많았다. 망명한 지 1년 반이 지난 1912년 6월에 조만기가 풍토병에 걸려 귀국하다가 대전에서 순국한 사실이 그 안타까운 사례들 가운데 하나이다.

2. 학교를 세워 인재를 기르고

망명길에 오른 친척들을 떠나 보내는, 주실 마을에 남은 사람들의 마음이 결코 편하지는 않았으리라. 남은 자는 고향을 지키면서 시시각각으로 조여드는 일제의 통치 정책에 맞서는 한편, 그들 역시 난국에 맞설 수 있는 인재를 길러내야 했다.

나라를 잃은 민족의 고난은 어디에서나 마찬가지였다. 일제는 가장 먼저 토지조사 사업을 실시하여 토지자본을 장악하면서, 이와 함께 지배와 통치에 맞게 지방 행정 단위를 편성해 나갔다. 그 과정에서 주실 마을에 청천벽

▲ 월록서당 전경. 월록서당에 경찰 주재소가 들어서자 이를 축출하고, 배영 학당을 열어 청년운동과 노동운동에 앞장설 핵심 인물들을 길러냈다.

력과 같은 일이 발생하였다. 일제가 이 마을의 월록서당月麓書堂에다 경찰 주재소를 설치한 것이다. 일제로서는 민족적 색채가 강한 주실 마을을 눌러 둘 필요가 있었을 것이다. 강성을 띤 주실 마을 인물들의 움직임을 손쉽게 파악하면서 그 움직임을 견제하려는 의도가 바탕에 깔려 있음은 누구라도 알 수 있는 일이엇다. 이 주재소를 그냥 두었다가는 주실 마을은 사실상 숨도 제대로 쉬기 어렵게 될 지경이었다. 그래서 마을 사람들이 분연히 나서서 격렬하게 저항하였고, 주재소를 쫓아내는 데 성공하였다. 일제 강점의 초창기에 마을 한복판에서 벌어진 힘 겨루기에서 당당히 승리한 주실 마을! 그 기개와 정신이 돋보이는 장면이 아닐 수 없다.

주실 마을의 특징은 매우 다양하다. 그 가운데서도 인재 교육에 힘을 쏟은 점이 여느 마을과 남다른데, 특히 신교육에 집중적인 노력을 기울였다. 이 마을에서는 1920년대에 들면서 스스로 학교를 열어 인재를 키워나갔다. 그 대표적인 조직으로 영진의숙英進義塾·배영학당培英學堂·동진학교東進學校를 들 수 있다. 이 모두 농민야학이요 노동야학이었다.

영진의숙은 의병장 남주 조승기의 장남이자 종손인 인석寅錫이 호은종택에서 문을 연 학교이다. 그는 마을 청소년들에게 신학문을 가르치기 위해 서적을 구입하고, 강사를 초빙하였다. 그러면서 아들 근영과 함께 교재를 발간하기도 했으니, 그 가운데 일반적으로 초경독본이라 불리는『초독경편初讀徑編』이 전해지고 있다.

한말 이래 신문화의 요람지였던 월록서당에 조석기趙碩基가 세운 학교가 바로 배영 학당이다. 경찰 주재소를 쫓아내고 지켜냈던 그 월록서당에서 밤마다 야학이 열렸으며, 당시 청년운동·노동운동에도 영향을 주었음은 물론 그것과 함께 맞물려 진행되기도 하였다. 1926년 1월에 일월면 청년회가 결성되어 농민 교양 문제에 힘을 기울인 것이 그 하나의 예다. 당시 면내 11개 동리마다 농민 야학이 설치되어 "무궁한 자미"를 느끼는 교육이 진행되었다. 그 가운데서도 주실 마을의 배영 학당이 얼마나 잘 운영되었던지, 1927년에는 조선농민사朝鮮農民社로부터 모범야학으로 표창될 정도였다. 배영 학당은 사실상 당시 노동야학의 선두를 달리고 있었던 셈이다.『조선농민』제3권 11호(1927년 12월호)를 보면 '제1회 농촌교육자표창'이라는 제목 아래 함흥·의주·단천·영양 지역의 농민 야학 상황을 실은 글이 있는데, 영양 주실의 '일월면 주곡 노동 야학'도 여기에 소개되어 있다. 이 노동야학이 바로 배영 학당으로, 남자 생도가 31명이요 지도자로는 조석기·조보영趙普泳·조종호趙宗鎬·조종석趙鍾錫·조응성趙應聖 등 5인이 있었음을 알 수 있다.

동진 학교는 부녀자를 교육하기 위해 세워졌다. 이 학교는 여러 건물로 옮겨 다니면서 유지되었는데 가사歌辭를 짓고, 무궁화 열세 송이로 우리나라를 수놓기도 하였다. 그러한 과정에서 안방에도 신문화의 새 바람이 들어오게 되었다. 조명교趙明敎·조애영趙愛泳·조현필趙賢弼 등이 이 학교에서 성장하였고, 서울에서 시집온 김종진金鍾振도 여기에 참가하였다. 김종진은 경기여자고등보통학교(경기여고의 전신) 재학 시절에 최은희와 더불어 3·1 운동에 참가한 적이 있고, 일본왕의 생일인 천장절에 나눠 받은 떡을 거두어 시궁창에 처박아 넣었으며, 대동단大同團 시위 때에는 자신의 집에서 태극기를 만들고 또 직접 시위에 나서기도 하였던 인물이다. 1년여 동안 옥고를 치른 그는 총독부의 지시에 의해 '유고퇴학'을 당했으며, 이후 숙명여고보에 편입하고 이화여전을 졸업하여 경성여상에서 교원을 지내다가 주실 마을로 시집왔다. 주실로서는 신선한 서울 여성 문화를 접하게 된 셈이다.

그 자그마한 면적에 비해 주실 마을이 근대화 과정에서뿐만 아니라 현대 사회에 들어서도 수많은 인물을 배출한 바탕에는 이러한 교육, 특히 선진적인 교육에 쏟은 정성과 노력이 있었던 것이다. 그래서 "산전을 일궈 농사를 짓고, 밥 먹을 걸 죽 먹으며 자식 교육을 우기는 것이 마을의 또 하나의 전통"이라고 말해진다. 이 전통 위에서 "그냥 그런 산촌마을"이 아닌, 한국근대사를 빛나게 장식한 "바로 그 마을"이 된 것이다.

3. 청년운동·노동운동·농민운동

1920년대에 들면서 주실 마을은 당시 우리 사회의 전반적인 조류였던 청년운동과 노동운동에서도 두각을 나타냈다. 청년운동은 영양청년회와 영양청년연맹에 참가하면서 활동을 드러냈고, 노동운동은 노동공제회로 시작하여 농무회라는 독자적인 조직을 만든 것으로 나타났다.

영양청년회는 1920년 8월 15일에 창립되었다. 당시 회장에 오희태吳熙台

(감천), 부회장에 이현각李鉉覺(석포), 총무에 김기열金基烈, 부총무에 권국찬權國燦, 지육智育부장에 조희용趙禧容(가곡)이었고, 주실 마을 출신으로는 조근영趙根泳이 체육부장을, 1921년 11월에는 조헌영趙憲泳이 의사부장을, 조석기가 지육부장을 각각 맡아 활동하였다. 1925년에는 입암 출신 조훈석趙薰錫(입암)의 활동도 눈에 띈다. 이 청년회가 벌인 사업의 핵심은 청년들을 계몽하는 것이었는데, 강연회를 개최하고 노동 야학을 열어 그 목적을 이루어 나갔다. 여기에 주실 마을의 청년들이 핵심 인물로 참가하였다. 영양청년회가 노동 야학을 시작한 시기는 1922년 12월인데, 당시 입학생이 50여 명이나 되었다.

이들이 개최한 강연회 가운데 하나를 그 예로 들어보면, 1922년 3월 4일에 지육부 주최로 영양청년회관에서 강연회가 열렸는데, 지육부장 조석기趙碩基가 사회를 맡았고, 네 사람이 강연을 맡았다. 그 가운데 주실 마을 출신의 조석기가 「주초酒草와 오인吾人」, 조헌영이 「교육에 대한 오인吾人의 각오」라는 제목으로 열변을 토했다고 당시 신문들마다 그 날의 장면을 전하고 있다.

강연회 가운데 재경영양학생친목회가 방학을 이용하여 고향에서 벌인 순회 강연은 대단한 반향을 불러 일으켰다. 1925년 12월말부터 1926년 1월 3일 사이에 있었던 순회 강연을 보면, 때아닌 겨울 장마비가 쏟아져 강물이 불어나고, 더구나 혹독한 추위가 몰아닥친 상황에도 불구하고 연 7일 동안 각 면을 순회하면서 강연회를 열었다. 가는 곳마다 대단한 환영을 받았고, 특히 "농촌 문제에 대하여 열변을 토한 결과 많은 공헌"을 하였다는 보도 내용은 그 날의 상황을 잘 말해주고 있다. 당시 9명의 연사와 그 주제를 간단히 보면, 조치기의 "을축년을 회고함", 조휴기趙烋基(동경 농대 출신으로 김일성 대학 교수 역임)의 "엇지할거나", 조준영趙俊泳의 "금일의 교육" 등이 있었다.

영양청년회는 1925년 가을에 접어들면서 영양청년연맹을 창립하기로 의견을 모았다. 그 해 여름에 영양 군수가 자신의 부하들을 시켜 청년회를 장악하려 하자 이에 영양청년회 주역들은 격렬하게 저항하고 이를 극복하면서 조직을 확대시켰다. 마침 예천에서 일어난 형평운동탄압 사건 소식을 접하고서 10월에는 이를 보고하는 긴급임시총회를 열었다. 그렇지만 예정했던 "예천사건 전말보고"는 일본 경찰에 의해 금지되었고, 다만 영양청년연맹 창립과 청년회관 신축 안건만이 다루어졌다. 여기에서 영양청년연맹이 결성된 것으로 보인다.

영양청년연맹이 결성되자마자 하나의 '사건'이 터졌다. 도박을 둘러싼 대충돌이 바로 그것인데, 1926년 10월에 벌어진 일이다. 당시 영양 시장市場이 들어선 것을 기념하여 낙성식 행사를 열었는데, 각 지역의 도박꾼들이 이곳으로 모여들었다. 이에 영양청년연맹이 노름을 못하도록 막자 도박꾼들이 군중을 선동하여 영양청년연맹회관을 습격하고 영양노동조합장 남정탁을 구타한 것이다. 이를 성토하기 위해 연맹의 임시총회가 개최되었다. 이 때 임시의장을 맡아 이를 주도한 인물이 주실 출신의 조붕석趙朋錫(건국훈장 애족장)이다. 그리고 성토실행위원 7명 가운데서는 조석기趙碩基가 주실 출신으로 크게 활약하였다.

한편, 1926년에 들어서면서 일월면 청년회가 조직되었다. 1월 29일에 도계동에서 열린 창립 총회에서는 도계동에 임시사무소를 두기로 하고, 집행위원 4명 가운데 조낙기趙洛基·황병연黃炳淵·조봉순趙鳳順·조욱용趙勗容·이부창李富昌을 선임하였다.

영양 지역에서의 최초의 노동운동은 노동공제회로부터 시작되었다. 물론 영양과 같은 산골에 서울의 도시노동자와 같은 노동자들이 많이 있었던 것은 아니고, 따라서 도시에 비해 노동운동의 성립 시기가 늦었던 것은 당연하다. 서울에서 조선노동공제회가 결성된 시기는 1920년 4월이고, 안동 지회가 조직된 것은 그 해 9월이며, 영양에 노동공제회가 들어선 것은 1922년

▲ 1910년대 영양 시가지

이다. 바로 이 노동공제회가 주실 마을과 깊은 관련이 있는데, 그것이 주실
마을 511번지 조준영의 집에서 결성되었던 것이다. 이 마을에 터를 잡은 노
동공제회는 1924년 서울의 노동공제회가 개편될 때까지 지속되었다. 그리
고 이것이 새로운 단계로 올라서게 된 것이 노동조합이다.

　1925년 벽두에 영양의 노동공제회는 노동조합으로 발전하였다. 즉 1925
년 1월에 영양청년회관에서 영양노동조합총회가 열린 것이다. "단결이 부
족하여 노동자의 이익을 도모하기 어려울 뿐만 아니라 도리어 손해가 막심
함을 느낀" 영양의 노동자들이 이에 노동조합의 필요성을 깊이 느껴 영양청
년회관에서 영양노조창립총회를 개최한 것이다. 그 자리에서 주실 마을의
조훈석이 발기인 대표로서 개회사를 맡았으니, 주실 마을과 노동운동의 연

결성을 헤아릴만 하다.

이 노조는 겨우 한 달이 지난 2월초에 들어 회원이 300여 명으로 급증하였다. 이 때 그들이 결의한 내용 중에는 도박을 절대 금지한다는 내용이 들어 있다. 이 결의는 앞서 살펴본 것처럼, 실제로 1926년 10월에 영양 시장 낙성식에 몰려든 도박꾼들을 제지하는 출발점이 되었다. 이들은 11월에 이르러 조합원들의 강력한 단결을 끌어내기 위해 개인적인 임금 노동을 금하는 결의를 끌어냈다.

농민운동과 노동운동이 뚜렷하게 구별되어 나타나는 것은 아니다. 우리 나라의 경우, 노동운동과 농업운동의 분화 자체가 늦게 일어난데다가, 도시와는 달리 노동자층 자체가 형성되기 어려운 영양과 같은 산촌에서야 말할 필요도 없다. 그래서 농민운동과 노동운동을 동반하는 경우가 많았고, 주실의 경우도 마찬가지였다. 농민야학이나 노동야학이 사실상 구분되지 않은 것도 여기에 기인한다. 주실 마을에서의 농민운동은 조붕석의 활동에서 확연하게 드러난다. 영양청년연맹에서 활발한 움직임을 보인 조붕석은 1931년 혹은 1932년에 농무회를 조직하고 그 본부를 자신의 집(주곡동 158번지)에 설치하였다. 전해지는 말에 따라서는 농무계라거니 농민계라거니 하는데, 이 모두가 농무회와 같은 조직으로 생각된다. 그런데 일제의 입장에서 보면 이는 대단히 위험한 조직이었다. 따라서 일제 경찰은 강제로 이를 해산시켰고, 이 때 조붕석이 체포되었다. 이 농민운동에는 조보영趙普泳, 조만영趙萬泳이 참여한 것으로 알려져 있다.

4. 신간회운동

근대 사회에 들면서 주실 마을이 돋보이는 장면 가운데 하나가 바로 신간회운동이다. 일본제국주의의 침략이 시작될 무렵, 주실 마을은 주자학적인

158

바탕 위에서 의병 항쟁의 거점이 되었고, 다음 단계로 주변의 어떤 지역보다
도 일찍이 개화의 물결을 받아들이면서 새 시대를 준비하였다. 새로운 사회
가 닥쳐왔다는 판단 아래 서울이나 일본으로 유학을 떠나기 시작하였다. 이
조그만 마을에서 유학의 발길은 꾸준히 이어져 하나의 물결을 형성하였다.
그리고 그 물결이 다시 이 마을로 넘실거리며 흘러 들어왔다. 그래서 안동
을 중심으로 형성된 거대한 퇴계 문화권이 이 마을을 마치 이단으로 취급하
게끔 하는 지경에 이르고 말았다. 그렇지만 1920년대에 들어서는 결국 주변
에서도 주실 마을의 선진성을 깨닫게 되었다.

　1920년대에 들면서 시작된 청년운동과 노동운동은 1924년 무렵부터 사
회주의의 영향을 급격하게 받아들였다. 이후 독립운동도 좌우 세력으로 대
별되었고, 이에 따라 이를 하나로 묶어내려는 노력도 왕성하게 나타났다.
그 노력의 결실이 1927년 2월에 서울에서 결성된 신간회이다.

　계몽운동에서 선진성을 보인 주실 마을이 그 흐름을 그 어느 지역보다 빠
르게 수용한 것은 당연한 일이었다. 신간회 영양지회가 결성된 것이 1927년
8월 16일이니, 안동보다 열흘이나 빠른 날이었다. 그 지회장을 맡은 사람이
바로 주실 마을의 종손 조인석이요, 간사를 맡은 이가 조석기趙碩基였다.
이듬해, 즉 1928년에 들어서는 지회장 조인석 외에 그 아들 조준영이 총무
로서 가담하였고, 조유기·조석구·조붕석 등이 합류하였으니, 가히 주실
마을이 신간회 영양지회를 이끌었다는 말이다. 이후 1929년에 들어서는 조
치기·조붕석趙朋錫이 본부출석대의원이 되었고, 1931년에는 조훈석趙薰
錫(서무부장)·조치기(조사부장) 등이 이어나갔다.

　주실 마을이 신간회에 가담한 사례가 영양지회에만 국한된 것은 아니다.
무엇보다 동경지회의 지도자로 활약하였던 조헌영을 빼놓을 수 없다. 동경
에 유학하고 있던 그는 이미 민족 문제와 관련된 일에 앞장서고 있었다. 조
헌영은 이미 1925년 3월 1일에 동경에서 3·1운동 6주년을 기념하는 대대적

▲ 조헌영이 동경에서 3·1운동 6주년 기념 시위를 벌인
내용을 전하는 《조선일보》 기사 (1925. 3. 3)

인 시위를 이끌었다. 《조선일보》 3
월 3일자 기사에 의하면, 경찰관 수
백 명이 경계를 편 상황이었지만, 이
에 조금도 기세가 꺾임 없이 동경에
거주하고 있던 우리 동포들은 선언
서를 낭독하고 만세를 높이 외쳤다.
만세 함성 속에 시위대와 일본 군경
사이에 일대 격투가 벌어졌는데, 이
시위를 이끈 장본인이 바로 주실 마
을 출신의 조헌영이었다. 이 시위로
인해 조헌영을 비롯한 30여 명이 체
포되어 4개 경찰서에 분산 수용되었
다. 이후 분을 풀지 못한 동포들이 다
시 움직임을 보였고, 일본 군경에 의
해 또 다시 50여 명이 체포되었다.

　　1926년 2월에 아나키스트 박열朴
烈이 가네코 후미코(金子文子)와 옥중에서 비밀리에 결혼하였는데, 당시 입
었던 사모관대는 조헌영이 마련해 준 것이라고 한다. 이 사모관대에는 사연
이 있다. 박열이 재판을 받던 도중에 일본 판사가 법정에서 법복을 입고 있듯
이 자신도 조선의 관복을 입고 서겠다고 주장하여 이에 일본인 후세 변호사
가 사모관대를 구하러 여기저기 다니다가 조헌영에게서 구하였다고 한다.

　　이보다 2년 뒤에 서울에서 신간회가 조직되자, 조헌영은 동경지회를 세
우는 데 앞장섰다. 즉 그는 1927년 5월에 신간회 동경지회를 결성하는 데 핵
심 역할을 맡았고, 61명의 회원과 150명의 방청객이 참석한 가운데 열린 창
립 대회에서 의장을 맡아 회의를 주도하였다. 조헌영은 그 자리에서 초대

지회장으로 추대되었고, 5명의 간사 가운데에는 영양 감천 출신으로 주실 마을에 장가든 오희병吳熙秉도 들어 있었다.

신간회 청산파들의 영향이 동경에 강하게 미치게 되자, 조헌영은 1928년 1월에 동경지회 회원 150여 명과 함께 성명서를 발표하여 이에 대항하고 나섰을 뿐만 아니라 그 선두에 섰다. 한편 주실 마을 출신들이 동경만이 아니라 경도(교토)지회에서도 활약하고 있었으니, 총무를 맡고 있던 조용기趙龍基가 바로 그 주인공인데, 그는 신간회지회뿐만 아니라 근우회 경도지회에서도 지도하고 있었다. 이처럼 국내에서는 영양지회를, 일본에서는 동경지회와 경도지회를 이끌고 있었으니, 주실 마을이 '신간회 마을'로 불려도 하등 이상할 것이 없다.

신간회 영양지회가 벌인 활동 가운데 단연 돋보이는 부분이 향교 철폐 운동이다. 향교라고 하면 우리의 전통적인 교육 기관인데, 이를 철폐하려 했다면 얼른 이해되지 않을 것이다. 영양지회가 안동·영주·봉화 지회와 합동으로 향교 철폐 운동을 펼쳐나간 데에는 그만한 이유가 있었다. 일제는 성균관을 경학원經學院이라 개칭하고, 석존향사釋尊享祀와 재산 관리만을 담당하게 하면서 친일화의 길로 몰아 넣었다. 그 정책이 각 지방으로 확산되어 갈 때 그 거점이 되었던 곳이 바로 향교였고, 이를 중심으로 유도진흥회를 조직시켜 친일 유생들을 만들어낸 것이다. 그러니 유도진흥회야말로 유림 문화가 강하게 남아 있던 경상북도 북부 지역 일대에서 가장 경계해야 할 대상이 되었던 것이다. 그것을 신간회 지회들이 나서서 막아냈는데, 영양지회도 이에 한몫 단단히 하였고, 여기에 주실 마을 사람들의 역할은 높이 평가될만하다.

한편, 이 무렵 주실은 또 다른 면에서 혁신성을 보였다. 1900년경에 이른바 '안동문화권'이라 불리는 경북북부 지역에서 보여 준 '탈脫안동문화'·'탈脫유림문화'의 대표적 사례로 단발斷髮을 들 수 있다면, 1920년대에 들어 보인 가장 큰 혁신적 변화는 이중과세를 폐지하고 양력설을 쉰 점이다. 우리나라에서 양력이 처음 사용된 것이 1896년이고, 이 해에 건양建陽이란 연호를 사용했다. 단발령이 내려진 이틀 뒤가 1896년 1월 1일이니, 국민 모두가 일본인의 강요에 의해 시행된 것으로 인정하고 이를 사용하지 않았다. 그래서 단발령 때와 마찬가지로 국민들은 이를 부정적으로 인식하고 선뜻 받아들이지 않았다. 그런데 주실 마을은 1900년에는 단발을 시행하여 주위를 놀라게 하더니, 1928년 즉 신간회운동이 한창이던 무렵에는 양력을 사용하여 또 한번 주위를 놀라게 하였다. 이러한 변화에는 종손 조인석의 대담한 결단이 절대적으로 작용하였다. 주실 마을 개화 운동의 선두에 서 있던 그는 1920년대에 들면서 영진 학교를 세워 교육 운동에 힘을 기울였을 뿐만 아니라, 교풍회矯風會를 조직하여 허례虛禮와 폐속弊俗을 바르게 가다듬고 폐단을 고치며 쇄신하는 데 힘썼다. 무엇보다 자신이 한학자이면서도 저술과 편지에 국한문을 혼용할 것을 권장하였고, 농촌 요람을 쓰기도 하였다. 더구나 종손의 몸으로서 동네 과부들을 모아놓고 재혼하라고 권유하였으니, 참으로 보기 드문 용단이 아닐 수 없다. 영양 근대화의 선구자요 개척자라 하지 않을 수 없다.

5. 해방의 그 날을 위해

민족을 위한 주실의 노력이 여러 방향에서 가로막히자, 또 다른 길이 모색되었다. 문화 활동을 통한 청소년들의 의식화 교육과 육성이 바로 그것이다. 가장 대표적인 계몽 방법으로 연극이 공연되었으니, 199번지 조필영의 집에서 결성된 꽃탑회가 그것을 펼쳐 나갔다. 그들은 『꽃탑』이라는 회지를 발행하면서, 토론회와 연극 등으로 청소년운동을 벌였다.

꽃탑회가 연 소인극 가운데 그 날의 모습 일부를 보여 주는 사진이 한 장

▲ 1936년 3월 16일 꽃탑회의 소인극 '목화' 공연 후의 기념 촬영 사진. 여자로 분장한 인물도 모두 남자이다. 동진이 입은 사모관대는 동경에서 아나키스트 박열이 일본인 여성 아나키스트 가네코와 옥중 결혼할 때 조헌영이 만들어 입혔던 것으로 알려져 있다. 앞줄 왼쪽에서부터 필영 · 석진 · 석창 · 훈기, 중간 줄 왼쪽에서부터 지훈(동탁) · 응식 · 석정 · 석창 · 휘석, 뒷줄 왼쪽에서부터 석칠 · 만영 · 준영 · 동진 · 진영 · 성해 · 영석이다.

남아 있다. 소인극은 촌극 '위기일발危機一髮', 사극 '목화木花', 비극 '흑운黑雲', 소극笑劇 '피장파장' 등 네 작품으로 구성되었는데, 이 가운데서도 역시 핵심은 '목화'였다. 여기에 출연한 인물은 모두 16명이나 되는데, 세림世林 조동진趙東振이 직접 작품을 쓰고 극을 이끌어 나갔다.

〈프로그램과 배역〉

• 촌극 '위기일발' 全1장
惡漢; 東振, 女人; 弼泳, 獵師; 錫昌

• 사극 '목화' 全1막
木花; 弼泳, 優仁; 萬泳, 文周; 聲海, 伯忠; 東振, 老人; 錫七, 老人; 進泳, 城主;

錫昌, 城主; 錫禎, 總角; 錫晉, 總角; 輝錫, 總角; 錫昶, 從者; 應植, 從者; 勳基, 使者; 寧錫, 滿致; 東卓

- 비극 '흑운' 全1막

進培; 錫昌, 愛粉; 弼泳, 一平; 東振, 刑事; 勳基, 父; 駿泳, 母; 錫禎, 머슴; 應植

- 소극 '피장파장' 全1막

A男; 東振, 입빼들이; 錫昌, 숫맹쟁이; 世泳, 그의 妻; 弼泳, B男; 錫禎, 妓生; 勳基, 보이; 寧錫.

소인극은 이들에게 많은 가르침을 준 행사였다. 우선 마을 청소년들이 함께 호흡을 맞춰 연극을 준비해 가는 과정이나, 마을 사람들 특히 동족 마을의 구성원 전체가 관객이 되어 함께 어우러지는 한마당이 펼쳐질 수 있었고, 그 자리에서 공동체 의식을 함양시켜 나갈 수 있었다. 예술성이 종합된 장르라는 것은 말할 필요도 없으니, 주실 마을 청소년들의 예술 감각 심화에 더 없이 좋은 기회가 되었을 것은 당연하다. 뿐만 아니라 이 극을 통하여 민족 문제와 사회 문제가 다루어지면서 청소년들은 현실과 세계를 바라보는 시각을 키울 수 있었다. 시사성과 예술성을 갖춘 품격 높은 마을 잔치였다고 하겠다. 이를 주도적으로 이끈 인물이 바로 조동진인데, 아쉽게도 1937년에 요절함으로써 꽃탑회는 해체되고 말았다. 그 때 조헌영은 조선어학회의 「한글맞춤법통일안」의 심의 위원으로 활약하면서 영문과 출신으로서 동양의학(한의학)을 개척, 현대한의학의 기초를 닦았던 점이 특별히 주목된다.

일제가 1940년 2월에 강요하고 나선 창씨 개명을 끝까지 반대함으로써 주실 마을은 일제 강점기 말에 다시 우뚝하게 그 특성을 드러내게 된다. 일제는 한국인들로 하여금 한국식 성姓을 버리고 일본식 씨氏를 받아들여 일본식 이름을 사용할 것을 강요하였다. 이는 한국인들이 가장 중요하게 생각하는 혈통 의식을 상대적으로 떨어뜨림은 물론 혈족 · 씨족 · 민족으로 확대되어 가는 민족 의식을 말살하는 데 목적이 있었다. 적지 않은 사람들이 이에 굴복하지 않고 자신의 이름을 지켜나갔지만, 해방 직전에 이르러서는 관리나 군인 및 공직에 근무하던 사람들 대개가 이름을 바꾸었다. 그런데 주실 마을에서만은 온 마을 사람들이 창씨 개명을 거부하였는데, 종손 조인석의 확고한 의지로 이루어진 일이었다. 아마도 한 마을 전체가 거부한 거의 유일한 사례가 아닌가 여겨진다. 또 이 마을에서 국학자를 엄청나게 많이 배출한 정신적 바탕에는 바로 이러한 의식이 깔려 있었기 때문이 아닌가 여겨진다. 1942년 3월에 조선어학회 탄압이 일어났을 때, 조지훈이 조선어학회 기획 「큰사전」 편찬 위원으로 일하다가 구금된 것도 크게 보면 같은 범주의 것으로 이야기할 수 있겠다. 또 일제 강점기 동안 이 마을 출신 경찰이 한 명도 나오지 않은 점도 같은 맥락에서 이해할 수 있다. 다만 아쉬운 점은 종손이던 조근영이 도평의원을 지냈다는 점인데, 그의 아내 김종진이 독립운동사에 빛난 자취를 남겨 어느 만큼 상쇄될 수 있을지도 모르겠다.

6. 해방과 새로운 활기

광복의 소식이 전해지는 순간에 온 국민이 모두 길거리로 쏟아져 나와 만세를 부른 것은 아니다. 특히 산촌에서는 방송을 직접 듣기도 힘들었지만, 들었다고 하더라도 제대로 이해하지 못했기 때문이다. 다만 일본인들의 풀 죽은 모습을 보면서 귀동냥으로 전해지는 이야기가 사실인지 눈치를 살피며 조금씩 알아차린 정도였다. 게다가 오랜 동안 일제의 통치를 받으며 고생했기 때문에 사실을 곧이곧대로 받아들이는 데는 한참의 시간이 필요했던 것이다. 그러니 일본 왕의 항복을 인정하는 방송이 있었다고 해서 바로 환희의 물결이 거리를 휩쓴 것은 아니라는 말이다.

그런데 주실 마을은 영양 산촌에서 가장 일찍이 여기에 반응을 보임으로써 또 한번 진면목을 드러냈다. 주실 마을 사람들은 해방되던 그 날 바로 해방의 기쁨을 만끽하였다. 조성을의 집에서 일본 왕의 항복을 인정하는 방송을 들은 주실 마을 사람들은 마을을 휩쓸고 다니며 만세를 불렀다. 그리고는 곧바로 태극기를 제작하기 시작했다. 바로 다음날 청년들이 대오를 짜고 마을을 출발하여 약 3km 떨어진 일월면 소재지로 나가서 일본 신사神社를 부숴 버렸다. 그리고 다시 그곳에서 4.5km 떨어진 영양읍(당시 영양면)으로 향했다. 태극기를 앞세우고 환희에 찬 목소리로 만세를 부르며 대오를 움직여 나간 것이다. 국도를 따라 밀려가던 그 모습을 쉽게 그려볼 수 있다. 그런데 약 두 시간 정도 걸려 영양 읍내로 들어섰지만, 막상 읍민들은 이 대열에 동참하지 않았다. 그들로서야 어떻게 해야 좋을지 도무지 판단과 확신이 서지 않았기 때문이다. 하기야 오랜 동안 일제의 지배 아래 고통받았고, 해방이 되었다는 보도를 즉각 알아 듣지도 못했으니 충분히 그럴만했다. 영양 읍민들이 만세를 부르며 길거리로 나온 때가 그 다음날이었고, 이것이 보편적인 현상이었다. 그런데 이와 달리 주실 마을 사람들의 행진 대오는 그보다 하루 앞서 영양읍으로 쏟아져 들어왔으니, 주실 마을 사람들의 판단력이 돋보이는 장면이라 하지 않을 수 없다.

특히 주목할 만한 것은 주실 마을 사람들의 입에서 "동해물과 백두산이 마르고 닳도록……"라는 「애국가」와 "한산도의 왜적을 쳐서……"라는 독립군들이 만주에서 불렀던 「용진가勇進歌」가 거침없이 터져 나왔다는 사실이다. 일제의 탄압이 그렇게 지독했건만, 주실 마을 사람들은 몰래 몰래 「애국가」와 「용진가」를 부르고 익혀 두었던 것이다. 그러니 당장 길거리로 나와서 두 손을 불끈 쥐고 온 뱃심을 다해 구호와 더불어 이 노래를 부르며 행진할 수 있었던 것이다. 작렬하는 8월의 햇빛 아래 눈물과 땀으로 범벅이 된 환희의 물결이 눈에 보이는 듯하다.

주실 마을 행진대는 영양읍에 도착하여 만세를 부르다가 군청 뒤에 자리 잡은 신사로 대오를 이끌어 갔다. 일제 침략의 정신적 본부인 그 신사에 돌입한 주실 사람들은 거기에 걸린 북을 떼 내었다. 그리고서는 그 북을 둘러 메고 박자에 맞추어 다시 읍내로 행진하여 그 북을 주실 마을로 가져 왔다. 지금도 이 북은 마을에서 보유하고 있으면서 그 날의 감격을 두고두고 이야기하고 있다.

해방 직후 주실 마을의 가구나 인구는 많이 줄어 있었다. 일제 강점기에 들던 무렵에 90호 정도였던 가구가 70호 350명 정도로 줄어 있었다. 비록 마을의 규모가 줄어들긴 했지만 교육열은 여전히 남달랐다. "산전을 일궈 농사를 짓고 밥 먹을 걸 죽 먹으며 자식교육을 우기는 것이 마을의 또 하나의 전통이었다"는 「주실이야기」의 글이 그러한 모습을 말해 준다.

해방 후에는 주실 출신 인사들이 곳곳에서 새 조국 건설에 참가하였다. 우선 조근영은 문교부문화국장·국립도서관장을 맡았고, 조헌영은 한국민주당 창당에 참여하여 선전·지방·조직부장을 역임하고, 고향에서 출마하여 제헌의원으로 무투표 당선되었다. 그러다가 반민족특별위원회 위원이 되면서 한국민주당을 탈당하였다. 또 조준영은 광복 직후 대한민국임시정부 환영준비위원회 시행위원이 되어 환영경축행사를 주관하는 데 핵심 역할을 맡았다. 반민족특별위원회 검찰부에서 활동하다가 한국전쟁이 터지자 경북 경찰국장을 맡아 대구 방어전 당시 치안 총수로서도 활약하였다.

한편 해방 직후 주실 마을의 청소년들은 선배들의 활동을 계승하여 마을에 새 기운을 불어넣기 위해 노력하였다. 월록서당에서 야학을 계속하는 한편, 은화청년회隱花靑年會와 주실소년회를 조직하여 다시금 기세를 올렸다. 은화청년회는 해방 직후 조훈기·조석구·조성을 등의 청년들이 결성한 단체로, 주곡동 220번지 조성을의 집에 본부를 두고 활동을 시작했다. 마침 해방 당시 수십 명의 대학 졸업자와 재학생이 마을에 머물고 있었으므로 활동 수준도 대단히 높았다. 청년회가 "매방산 기개를 가슴에 품고 매계의 정기를 일신에 모아"라는 노래로 기세를 올렸고, 이 노래는 농부가로 편곡

▲ 「주실의 노래」

되어 불리기도 했다. 한편 청년들의 영향을 받으면서 소년들도 '주실소년회'를 결성하였다. 조성수·조석철·조동건·조동걸·권녕운 등 14~15세 소년들이 결성한 이 소년회는 202번지 조동걸의 집에 본부를 두었는데, 은화청년회의 지도를 받아 글짓기·토론회·연극·음악회 등을 열었다. 또 청년회와 소년회는 조기회를 열어 아침마다 마을 뒷산인 매방산에 올라 「애국가」와 「용진가」를 부르면서 민족적 기개를 키워 나갔다. 이러한 일련의 과정에서 주실은 다시 크게 숨소리를 내기 시작했다.

다시 기지개를 켜가던 주실 마을이 또 한차례 고통스런 순간을 맞게 되었는데, 해방 후에 벌어진 좌우의 대결이 그것이다. 특히 1949년에 일월산을 중심으로 움직이던 빨치산이 이 마을을 공격하여 □자 기와집 여덟 채를 불태웠으니, 민족이 겪는 비극을 그대로 축소시켜 놓은 모습이었다. 더구나 사회주의적·아나키즘적 성향을 가진 인물을 다수 배출한 마을로서 극단적인 좌우 대결기에 주실 마을이 치러야 했던 고통이 남달랐으리라는 것은 어렵지 않게 짐작해 볼 수 있다. 그것이 한국전쟁을 통해 눈물을 뿌리게 만들었으나, 주실 마을의 역사가 말해주듯이 그들은 다시 「주실의 노래」(조동걸 작시·조동건 작곡, 1953)를 부르며 민족사 앞에 당당하게 떠올랐다.

7. 혁신과 저항을 함께 추구한 마을

새로운 문화가 급격하게 밀려들 때, 혁신을 도모하면서 주체성을 지켜 나 간다는 것은 대단히 어려운 일임에 틀림없다. 개화운동가들이 침략자의 강 력한 국력에 압도되면서 민족을 버리고 투항적인 자세로 침략의 앞잡이가 되거나 주구 노릇을 한 경우는 허다하다. 이는 개화운동에만 국한되는 문제 가 아니라 새로운 이념이나 종교를 받아들이는 경우에도 그러하다. 국제성 을 내세우는 이념이나 종교를 추구하는 과정에서 어느덧 민족을 잃어버리 는 일이 다반사로 나타났던 것이다. 그러므로 혁신이나 개혁과 민족 주체성 을 함께 안고 나아간다는 일은 무척 힘든 일임이 분명하다. 그런데 그 길을 걸은 몇 안 되는 마을 가운데서도 주실 마을은 단연 우뚝하다.

주실 마을은 비록 심심 산골의 한 조그만 마을에 지나지 않지만, 우리나 라에서 그 어느 마을보다도 한 걸음 앞서 나갔다. 그렇게 앞서다 보니 더러 는 지역 문화권에서는 이단아異端兒로 지목받기도 하였다. 그렇지만 얼마 지나지 않아 그 마을이 간 길이 옳다는 사실을 자타가 인정하게 되었다. 더 구나 그 길이 반민족적 족적을 남기지 않는, 민족의 양심을 지키면서 개혁을 추구하는 길이었음을 모두가 알게 되었다.

저항과 개혁을 함께 추구해 나가는, 즉 민족적 양심 위에 서서 저항하면 서도 수구守舊의 구태舊態를 과감히 깨쳐 나가는 혁신성을 보여 준 마을, 주 실! 개화 마을 · 신교육 마을 · 노동운동 마을 · 신간회 마을, 이런 별칭들이 붙여진 역사가 왜 아니 자랑스럽고, 민족 마을이라는 말이 왜 아니 어울리겠 는가! 그래서 이 마을의 역사가 더욱 돋보이는 것이다.

8장

문학과 국학, 지방에서 세계로

주실 마을의 중앙부에 자리한 호은종택壺隱宗宅의 정면에는 문필봉과 연적봉이 있다. 예사롭지 않게 생긴 이 봉우리들은 한양漢陽 조씨趙氏 집안의 역사가 곧 문학과 학문의 역사였음을 상징적으로 보여 준다. 실제로 1629년에 조전趙佺이 주실에 정착한 이후로 문집과 유고를 남긴 집안 어른이 무려 63인에 이른다. 주목할 것은 문학이든 학문이든 세상에 소용되어야 한다는 정신이 짙게 깔려 있다는 점이다. 대표적인 인물로 옥천공玉川公 조덕린趙德鄰을 들 수 있다(보다 자세한 내용은 이 책의 「조덕순·조덕린 형제의 삶과 생각」을 참고할 것).

마을의 월록서당月麓書堂은 유학을 새롭게 익히던 곳이고, 호은정사壺隱精舍나 만곡정사晚谷精舍 등도 그러한 뜻을 잇던 대표적인 곳이다. 뿐만 아니라 이 깊은 골짜기에서도 실학자들과의 교류가 활발하였는데, 그 정신은 구한말에 마을 안에 영진의숙英進義塾, 배영학당培英學堂, 동진학교東進學校 등을 세워 교육에 이바지하는 데에까지 이르렀다. 이는 현실에서 눈을 돌리지 않으면서 학문에 정진해 온 가학家學의 전통이 20세기에도 그대로 이어졌음을 의미한다. 여기서는 20세기 주실의 조씨 집안에서 배출된 문인·학자들의 문학과 학문적 성과에 대해서만 서술하기로 한다.

1. 조헌영 ― 탈식민지적 인식과 한의학

조헌영趙憲泳(1900~1988)은 내은乃隱 조인석趙寅錫(1879~1950)의 차남이다. 조인석은 1900년경 상경하였다가 개화사상을 접하고는 마을로 돌아와 마을 사람들에게 신학문을 가르친 인물이다. 조인석의 두 아들 근영根泳(1896~1970)과 헌영은 와세다 대학에 유학하였고, 셋째 준영俊泳(1903~1962)은 보성고보를, 넷째 애영愛泳은 배화여고보를 다녔으니, 조인석이 세상의 변화에 얼마나 적극적으로 대처했는가를 알 수 있다.

조헌영은 일본에 머물 당시에는 신간회 동경 지회장을 지냈고, 귀국해서는 신간회 총무간사를 지냈다. 조선어학회가 주관한 '한글맞춤법통일안'의 심의위원으로 지낸 바 있으며, 해방 후에는 1 · 2대 제헌의원에 당선되기도 하였다. 그러나 무엇보다도 주목할 만한 일은 한의학을 학문적으로 정립한 일이다.

조헌영은 본래 영문학도였다. 그런 그가 한의학을 연구하게 된 계기는 실로 엉뚱하다고까지 할 수 있다. 일본 유학 때에 병에 걸린 친구를 치료하기

▲ 조헌영

위해 독학으로 『동의보감東醫寶鑑』을 연구한 것이 그로 하여금 한의학을 생업으로 삼게 하였고, 나아가 한의학의 초석을 닦게 한 것이다.

조헌영은 『통속한의학원론通俗韓醫學原論』을 비롯한 여러 권의 한의학서를 저술하였는데, 그의 저술은 한의학의 과학성과 민족의학으로서의 가치성을 처음으로 이론화한 입문서로 평가되고 있다. 조헌영의 한의학에 대한 인식과 태도는 엄밀한 학문적 성찰과 자각에 기반한 것이다. 이러한 점은 1934년에 쓴 「동서의학東西醫學의 비교비판比較批判의 필요必要」라는 글에 잘 드러나 있다.

그 글에서 그는, "한의학문제韓醫學問題를 논하는 데 제일第一 먼저 필요한 것은 무엇보다도 한의학韓醫學 그 자체自體를 정당正當히 이해理解하여야 한다는 것이다. 한의학韓醫學을 진흥振興시키든지 말살抹殺시키든지 공격攻擊을 하든지 찬성贊成을 하든지 한의학韓醫學 그것을 정확正確히 알

지 못하고는 일언一言도 발발發할 수 없으며, 일보一步도 동동動할 수 없다. 그리고 한의학韓醫學을 정당正當히 이해理解하는 데는 양의학洋醫學과 비교比較批判을 하지 않으면 안 된다"라고 하면서, 한의학과 양의학을, 종합치료綜合治療·국소처치局所處置 의술, 자연치료自然治療·인공치료人工治療 의술, 조직組織·현상現象 의학, 정체靜體·동체動體 의학, 치본治本·치표治表 의학, 양생養生·방어防禦 의술, 내과內科·외과外科 의학, 응변주의應變主義·획일주의劃一主義, 평민平民·귀족貴族 의술, 민용民用·관용官用 의술 등 여러 관점에서 조목조목 따지며 비교하였다. 물론, 수정되어야 할 부분도 있으나, 상당 부분은 아직까지도 유효할 뿐 아니라, 한의학에 대한 맹목적이고도 무비판적인 수용과 접근이 여전히 불식되지 않고 있는 오늘날의 학문적 경향을 감안할 때 비교를 통한 객관적 접근의 시도는 시대를 앞선 것이었다고 할 수 있다.

또한, 조헌영은 1930년대에 약재를 채취하고 조사·실험하기 위해 초동樵童들을 데리고 고향의 일월산 일대를 누볐다고 한다. 이는 그가 단순히 문자상으로만 한의학을 연구한 것이 아니라 우리의 풍토와 약재에 대한 체험적인 연구를 병행하였음을 말해 준다. 한의학이 양의학과 달리 실험실의 의학이 아니라 자연으로서의 의학이라는 점을 감안한다면, 조헌영의 한의학에 대한 태도가 얼마나 적실한 것이었는가를 알 수 있다.

조헌영의 한의학은 단순히 민족 의학의 가치를 부각시킨 데에 그치지 않는다. 그의 한의학에는 탈식민지적 성격이 짙게 배어 있다. 그는 한의학을 통해 참된 근대화를 이룩하고자 하였고, 한의학을 통해 독자적인 학문론을 펼치고자 하였다. 1935년의 「음양오행설陰陽五行說에 대對하야」라는 글에서 그는 천태산인天台山人의 음양오행설에 대한 부정적 시각과 비판에 대하여 반론을 펼친 바 있다. 그 반론에서 조헌영은 음양오행설에 대한 철저하지 못한 비판만큼이나 무비판적인 수용이 얼마나 위험할 수 있는가를 경고하였다. 즉, 학문적 엄밀성과 객관성을 통해서야 비로소 한의학이 정립될 수 있으며, 양의학에 대해서도 탈식민지적 위상을 온전히 할 수 있다는 것이 그의 생각이었다. 이는 오늘날에도 되새겨야 할 점이다.

조헌영은 한국 전쟁 때 납북되었다. 그로 인한 회한을 누이 조애영은 이렇게 읊었다.

> 삼팔선 생긴 탓에 남북이 갈라지고
> 두동강 조국땅이 우리를 울리는데
> 납치된 헌영 오빠는 소식조차 없고나.

납북된 후에도 조헌영은 한의학 연구서를 내는 등 이북 땅에서 한의학의 기초를 닦았다. 1988년 5월, "조헌영이 노환으로 작고했다"는 평양 방송의 보도가 있었다.

2. 조애영 — 민족애와 전통 시가의 계승

은촌隱村 조애영趙愛泳(1911~2000)은 조인석의 3남1녀 가운데 외동딸이니, 조헌영의 누이동생이다. 조애영은 주실 마을의 전통 속에서 자라났다. 내방가사를 학습하였고, 한문과 한글의 습자 공부를 하였으며, 수놓기와 바느질, 길쌈도 배웠다. 이것만으로 보면, 조애영이 시조집 『슬픈 동경憧憬』, 주실의 부녀자들이 읊었던 가사와 그 자신의 창작을 모아 엮은 『은촌내방가사집隱村內房歌辭集』을 남긴 것이 매우 당연한 일로 보인다. 그러나 조애영이 전통 문화 속에서만 성장한 것은 결코 아니다.

1920년에 주실 마을에 장로교 예배당이 설립되고 학당이 생기자 그곳에서 조애영은 부친 몰래 공부하였다. 이것이 계기가 되었는지 부모님의 허락을 받아 1922년에 영양읍 공립보통학교에 편입할 수 있었고, 1925년에는 최우수상과 미술특상을 받으면서 졸업하였다. 1926년에 상경하여 1927년 봄

▲ 조애영이 쓴 책

에 배화여자고등보통학교에 입학하였다. 이 때부터 조애영의 민족애가 시를 통해 적극적으로 표현되기 시작한다. 1학년 작문 시간에 지은 「교표(태극형)」는 연시조인데, 그 가운데 일부를 소개하면 다음과 같다.

　내 일생 소원이 태극 그림 보렸더니
　내 학교 표식은 태극 마크 둥근 표식
　둥글은 망월과 같이 온 천하를 비춰라

　태극 그림이란 태극기를 가리킨다. 태극기는 민족의 자존과 자립의 상징이다. 그러나 일제 강점기하에서는 태극기를 볼 수 없었다. 따라서 태극기를 본다는 것 자체가 하나의 소원이 될 수밖에 없었던 시대인데, 그 소원이 조애영에게 있어서는 학교 표식에서 이루어졌다. 종장에는 독립의 갈망이 표출되어 있다. 칠흑같이 암울한 조국의 현실을 환하게 밝힐 수 있도록 태극 마크가 망월望月이 되었으면 하는 간절함에는 독립에의 갈망과 함께 그 스스로 그러한 일을 하겠다는 의지가 담겨 있다. 조애영의 이런 정신은 주실 마을에서 일어난 의병 활동과도 전혀 무관하지 않다. 결국, 조애영은 1929년 광주학생사건 때 배화여고 주동자로 입건되면서 무기정학을 당하였다. 그 때 감방에서 읊은 작품이 연시조 「그리운 조국祖國」이다. 세 수 가운데 첫 번째와 세번째만 보이면 다음과 같다.

어두운 감방에서 조국 없는 한탄할 제
부딪치는 칼집 소리 만호 경성 수비대요
황혼에 오작성같이 소름 쪽쪽 끼쳐라.

나 어제 분한 마음 잠을 자도 안 풀리네
두고두고 생각해도 나 지은 죄 없것마는
조국이 없는 탓이라 죄수 되고 말았네.

조국을 잃었다는 현실은 어두운 감방에서 더욱 절실하게 다가왔다. 소름이 쪽쪽 끼칠 정도로. 조국을 생각하면 마음을 잡을 길 없고 눈물만 어렸던 조애영은 조국을 잃은 탓에 죄수 아닌 죄수가 되고 말았다고 하였다. 그런데, 죄수 되고 말았다는 말에는 조국을 상실한 데는 조애영 자신도 책임이 있다고 하는 절절한 심정이 배어 있다. 조국의 상실에 대한 책임은 모두에게 있다는 자각의 표현인 것이다.

다시 등교는 하게 되었지만, 왜경의 요시찰 대상이 되었기 때문에 우울한 세월을 보낼 수밖에 없었다. 이 때 지은 가사가 「울분가」이다. "어화우리 벗 님네야 이내말슴 들어보소 금수강산 삼천리를 왜놈들이 뺏으려고 을사년에 보호조약 우리나라 망할 판에 경술년은 한일합병 조인하니 속국이라"로 시작되는 이 가사에서는, 어려서부터 목격하였던 주위 사람들과 가족들의 항일 의식과 그 때문에 겪게 된 시련 그리고 학생만세 사건으로 자신이 겪은 고초가 얼마나 심했는가 하는 것이 생동감 있게 묘사되어 있다.

조애영은 많은 사람들에게 "맑은 양심, 굳센 의지, 불같은 정열의 소유자"로 비춰졌는데, 그러한 면모는 그의 작품들에도 잘 드러나 있다. 4·19 학생의거를 목도한 후 지은 「한양비가漢陽悲歌(1960)」, 「학생의거혁명가學生義擧革命歌(1963)」에서는 그의 시들지 않는 양심과 정열 그리고 투철한 역사 의식을 읽을 수 있다. 뿐만 아니라, 생활인으로서의 체험을 표현한 시가에서도 그의 민족애나 역사 의식을 엿볼 수 있다.

갑작스럽게 치른 혼사와 시집살이에서 겪은 설움을 생생하게 묘사한 가사 형식의 「신혼가新婚歌(1932)」에서는 그런대로 시집살이하는 여인의 정서를 담아 내고 있으나, 배화여고보 동기동창들을 만나 지은 「사우가思友歌(1964)」에서는 은연중에 당대 역사에 대한 비판적 인식을 드러내고 있음을 볼 수 있다. 그만큼 조애영이 선비의 지조를 지니고 살았음을 알 수 있는데, 세 수로 이루어진 연시조 「안민낙도安民樂道」는 그 자체가 바로 선비 정신의 결정체이다. 시제 역시 '안빈낙도安貧樂道'가 아닌 '안민낙도安民樂道'라는 점을 눈여겨보아야 하리라.

> 화장을 하고 보면 사람마다 미인같고
> 속국을 벗어난즉 남자마다 영웅심리
> 나라는 망하던말던 집권할 맘뿐이다.

해방 후의 어지러운 정국과, 이익과 권세를 다투며 이전투구泥田鬪狗를 일삼는 정객政客들을 바라보는 그의 시각은 영락없는 선비의 시각이다. 시조집의 제목을 "슬픈 동경憧憬"으로 한 것은 아마도 일제로부터의 해방과 함께 혼탁한 세상으로부터의 진정한 해방과 자유를 그리워한 그의 심정을 표현한 것이 아닐까.

3. 조동진 — 한 많은 세상의 설운 노래

▲ 조동진

세림世林 조동진趙東振(1917~1937)은 조헌영의 맏아들이다. 어린 시절 조동진은 일제의 교육을 거부한 조부 조인석 밑에서 한문을 배웠다. 또, 방정환의 『어린이』를 읽고 감명받아 동요·동시 등을 창작하였으며 일찍부터 그 문재文才를 인정받았다고 한다.

조동진은 1929년에 일월보통학교 4년을 졸업하고, 이듬해 영양보통학교 5년에 편입하였다. 1931년에는 마을 소년들을 모아 '소년회'를 조직하였고, 이후 어린이날을 기념하여 문집 『꽃탑』을 발간하였으며 소인극 등을 공연하였다. 이 『꽃탑』에 다수의 동시 및 희곡을 발표하였다. 1932년에 영양보통학교를 졸업한 후에는 소설에 흥미를 느끼는 한편 시작詩作에 몰두하였다.

1935년에 오일도吳一島 시인(1901~1946)의 권유로 상경하여 '시원사詩苑社'에 머물며 교열을 보면서 습작도 하였다. 이 때 강노향, 임학수 등과 교유하였고, 박종화로부터 격려를 받기도 하였다. 다음은 '시원사'에 머물 당시에 쓴 것으로 보이는 「오식誤植된 청춘靑春」의 일부이다.

> 찌그러진 의자椅子에 몸을 싣고
> 내 홀로 준(校正)을 보다가
> 오식誤植된 활자活字 보고 한숨 짓노라
>
> 한창 벋어야 할 청춘靑春의 때를
> 하로 세끼밥에 목을 매고서
> 우울憂鬱한 방안에서 이렇게 보내다니

▲ 조동진 시비

오…… 사랑하는 세월아!
오식誤植된 내 머리 우에 붉은 줄을 쳐
주지 않으려나

　조동진의 나이 한창 때였다. 그러
나 하루 세끼 밥에 목을 매는 자신
의 존재를 오식誤植된 활자를 통해
깨달은 그는 부정적 현실을 뛰어넘
을 어떤 방도를 찾지 못해 자조하고
한탄하고 있다. 이 자조와 한탄은
현실에 대한 절망과 청춘으로서의
무력감에서 비롯한 것인 동시에 현
실에 대한 비타협 정신의 소산이기
도 하다.
　　조동진에게 있어서 서울이라는 도
시는 공동체의 체험과 양식이 해체된 너무나도 낯선, 억압의 공간이었는지
도 모른다. 그의 일련의 '향수鄕愁' 시편들을 보면 도시 생활이 그에게 얼마
나 무기력과 공허를 가져다 주었는지를 어렵지 않게 짐작할 수 있다. "불야
성不夜城 밝은 불빛을 피해서 / 으슥한 성城터를 헤메는 마음이여 // …… //
눈물 어린 눈으로 하늘을 보며 / 구슬픈 휘파람도 불어보았소"(「鄕愁 · 2」)의
그 마음과 눈은 공허하기 짝이 없고, "약속約束 없는 인생人生의 길 싸늘한
거리에서 / 헛되이 청운靑春은 여위어 가나니……"(「鄕愁 · 1」)에는 무기력
과 패배감이 짙게 배어 있다. 이러한 감정은 조동진이 소시민적 삶을 거부
한 데서, 다르게 말하면 남성적인 의지가 거세당한 데서 비롯한 것이다. 결
국 그는 '통곡' 하기에 이른다.

새장 속에 파들거리는
작은 새와 같은 삶이여!
힘오른 팔뚝
퉁겨진 혈관血管 속에 청춘靑春은 통곡痛哭한다

—「우울憂鬱」에서

드디어 1935년 말 무렵, 조동진은 다시 주실 마을로 돌아온다. 낙향한 그는 '소년회' 활동을 재개하면서 의욕을 되찾는다. 낙향 후에 쓴 그의 작품에는 힘이 넘친다. 「요람搖籃」의 아홉째 연 "의미意味 없는 애수哀愁를 저멀리 팽겨치고 / 씩씩한 생활生活의 물길 속에 뛰어들어라"는 현실에 패배하고 절망과 우수에 젖어 있었던 그 자신을 일신하려는 의지와 열정의 다른 표현이다.

무기력과 패배감을 딛고 일어선 조동진의 시는 한층 성숙해졌다. 현실을 직시함으로써 더욱 적극적으로 그리고 더욱 객관적으로 현실을 그려내게 된 것이다. 대표작이라 할 수 있는 「실춘보失春譜」에서 그 점을 확인할 수 있다.

불미꼴 골안에 뻐꾸기 애끓게 울어
앞개울 버들가지 무료無聊한 하루해도 깊었다

허기진 어린애들 양지陽地 쪽에 누워 하늘만 보거니
휘늘어진 버들가지 물오름도 부질없어라

땅에 붙은 보리싹 자라기도 전 단지밑 긁는 살림살이
풀뿌리 나무껍질을 젖줄 삼아 부황난 얼굴들이여

옆집 복순福順이는 칠백냥七百兩에 몸을 팔아 분分넘친 자동차自動車를 타더니
아랫마을 장손長孫네는 머나먼 북北쪽길 서글픈 쪽백이를 차고

어제는 수동할머니 굶어죽은 송장이 사람을 울리더니
오늘은 마름집 고깐에 도적이 들었다는 소문이 돈다

이제, 조동진에게 고향은 더 이상 그리움의 대상이 아니라 삶의 현장 자체가 되었다. 1930년대 후반 농촌 사회의 궁핍상을 객관적으로 그려낸 이 작품에는 그 어떤 감상도 관념도 보이지 않는다. 이웃 사람들이 굶고 몸 팔고 떠나고 죽어나가는 형국을 바라보는 그 시선은 참으로 냉담하기까지 하다. 삶의 실상을 있는 그대로 그려내기 위해선 투철한 현실 인식과 역사 의식이 요구되며, 철저한 탐색이 필요하다. 그런데 애석하게도 조동진에게는 그럴 만한 시간이 주어지지 않았다.

1937년 3월, 조동진은 스물한 살의 나이로 세상을 떠났다. 이를 뽑고 난후, 치기와 울분으로 마신 술이 화근이었다. 그가 남긴 것이라곤 그의 사후에 오일도와 아우 조지훈이 그의 시를 모아 출간한 『세림시집世林詩集』이 전부이다.

4. 지훈 조동탁 ─ 지조와 국학에의 열정

조헌영의 차남 지훈芝薰 조동탁趙東卓(1920~1968)은 형 조동진을 따르며 문학에 입문하였다. 그도 형처럼 조부 밑에서 한문漢文을 배우다가 1936년 무렵 상경하여 '한글맞춤법통일안'의 심의위원이였던 부친을 따라 조선어학회에 드나들기 시작하였다. 1937년 3월에는 독립 투사로 서대문 감옥에서 옥사한 일송一松 김동삼金東三 선생의 시신을 한용운 선생이 당신의 '심우장'으로 모셔 치른 장례에 참석하였다. 워낙에 집안의 전통도 있었던데다 열여섯, 열일곱 때의 이 경험이 조지훈에게 지사志士로서의 기질을 더욱 다지게 해 주는 계기가 되었던 듯하다.

조지훈은 1939년 『문장文章』 3호에 「고풍의상古風衣裳」으로, 같은 해 『문장』 11호에 「승무僧舞」로, 이듬해 2월에는 「봉황수鳳凰愁」로 추천을 받으면서 정식으로 시단에 데뷔하였고, 그 때 이미 자신의 확고한 시 세계를 구축하고 있었다. 「고풍의상」과 「승무」는 소재가 주는 매력을 조탁된 언어의 짜임새와 유장한 율조로 살려냄으로써 고전적 아름다움을 한껏 살려낸 작품들이다. 조지훈의 시 경향은 "벌레 먹은 두리기둥 빛 낡은 단청丹靑 풍경 소리 날러간 추녀 끝에는 산새도 비둘기도 둥주리를 마구 쳤다"로 시작하여 "눈물이 속된 줄을 모를 량이면 봉황새야 구천九天에 호곡呼哭하

▲ 조지훈

리라"로 끝맺는 「봉황수」에도 그대로 이어졌다. 이는 형 조동진의 현실주의적 인식과는 달리 은일자적 · 여성적 면모를 드러내고 있다.

조지훈의 지사적 면모는 고풍스런 멋을 주로 표현한 시보다는 그의 삶과 학문에서 잘 드러난다. 조지훈은 「나의 역정歷程」이란 글에서 불과 13, 4세 때 이미 사회과학 서적을 탐독하였던 사실을 회상하고 있다. 여기에다 조선어학회에 드나들면서 민족 문화에 관한 학술 서적까지 탐독한 것을 고려하면, 그의 학문적 소양은 이른 시기에 갖추어진 것임을 알 수 있다.

1941년에 혜화전문학교惠化專門學校(현 동국대학교)를 졸업하면서 오대산五臺山 월정사月精寺에 들어가 불교강원佛敎講院의 외전강사外典講師로 1년을 보냈고, 1942년에는 다시 서울에 올라와 조선어학회에서 『큰사전』 편찬원으로 일하면서 본격적인 학문 연구를 시작하였다. 그 때에 이미 「신라新羅의 원의原義와 사뇌가詞腦歌에 대하여」(1940)와 「산유화山有花와 서리리탄黍離離嘆 기타其他」(1942) 등의 논문을 발표하였던 조지훈은 해방 후 혼란한 시기를 겪으면서 자신의 학문을 더욱 심화시켰다. 특히, 전통을 부

▲ 조지훈 시비

정하고 민족 문화를 부시하려 드는 좌익 진영과 대항하기 위하여 민족 문화 전반에 걸친 연구에 몰두하였는데, 「민족문화民族文化의 당면과제當面課題」(1947), 「민족성民族性 개조改造의 방향方向」(1948), 「한국예술韓國藝術의 원형原型」(1948) 등이 그 때 쓰어진 것들이다. 조지훈이 27세의 나이에 아무 연고도 없는 고려대학교에 국문학과 교수로 부임한 것도 그의 학문적 역량의 결과이다.

　조지훈의 학문은 특히 민족 문화에 대한 것이었다. 1953년에 『시詩의 원리原理』라는 시론집을 내기도 하였지만, 그의 학문적 역량을 짐작하게 하는 것은 1964년에 민족문화연구소 소장으로서 보여 준 일련의 성과들이다. 우선 그는 소장이 되면서 창간한 『민족문화연구民族文化硏究』에 「한국민속학

184

소사韓國民俗學小史」(임동권과 공동 집필)를 싣는 한편, 민속학 관련 자료를 정리한 「한국민속학韓國民俗學 문헌목록文獻目錄」을 부록으로 수록하였다. 전자는 최초의 학사學史 정리였고, 후자는 민속학 연구의 기본이 되는 자료 정리였는데, 둘 다 민속학에 있어서 획기적인 글이었다.

학자로서의 조지훈의 업적으로 손꼽히는 것은 역시 『한국문화사서설韓國文化史序說』(1964)과 『한국민족운동사韓國民族運動史』(1964)이다. 『한국문화사서설』에는 모두 18편의 글이, '1 한국문화사서설韓國文化史序說, 2 한국사상사韓國思想史의 기저基底, 3 한국예술韓國藝術의 흐름, 4 한국문화논의韓國文化論議, 5 한국정신사韓國精神史의 문제問題, 6 한국예술韓國藝術의 이해理解' 등으로 분류되어 실려 있다. 일별해 보기만 해도 조지훈의 학문적 관심의 폭이 얼마나 넓었는가를 쉽사리 알 수 있다. 『한국문화사서설』은 무엇보다도 한국 민족문화에 대한 전반적인 이해와 나아가야 할 방향을 제시해 주었다는 점에서 그 의의가 대단히 크다.

그리고, 『민족문화사대계民族文化史大系』 첫째 권에 수록된 『한국민족운동사韓國民族運動史』는 이 방면에 대한 다년간의 온축을 집대성한 것이다. 민족주의적 환경 속에서 살았고, 신간회운동에 참여한 바 있는 부친의 영향과 조선어학회의 큰사전 편찬 사업에 참여하였다가 조선어학회사건으로 검거되기도 하였던 여러 체험들이 이 책을 저술하게 된 동기로 작용한 것으로 보인다. 이 책은 갑신정변甲申政變(1884)에서 해방(1945)까지에 걸친 근대 민족운동사를 정리한 것이다. 민족자위항쟁사民族自衛抗爭史, 민족해방투쟁사民族解放鬪爭史, 민족사회운동사民族社會運動史 등 모두 3부로 이루어져 있는데, 제1편에서는 일반사一般史에서 이미 정리된 경술국치까지의 기록을 재정리하면서 교감하였고, 제2편에서는 아직 다 정리되지 않은 3·1 운동 이전의 시위·외교·선전·무력항쟁사 등 제 사건의 진상을 발굴 정리하였으며, 제3편에서는 아직 처녀지인 해방까지의 문화·사회운동사를 정리하고 체계화하였다. 아쉬운 것은 이 책에서 농민운동과 노동운동을 다루지 않았다는 점인데, 그럼에도 불구하고 민족운동사의 연구 방향을 제시하였다는 소중한 의의는 퇴색하지 않는다.

조지훈의 민족문화에 대한 애정은 결코 애착이 아니었다. 전통의 현대적 계승을 학문적으로 성취하려는 노력이었다. 그의 삶이 짧았던 까닭에 더 이상의 학문적 성과를 보여 주지 못하였다는 안타까움은 있으나, 가학家學의 전통은 결코 단절되지 않았다.

5. 조동걸 — 꿈으로서의 역사학

우송于松 조동걸趙東杰(1932~)은 무정부주의 사회를 동경한 조만영趙萬泳의 6남매 중 장남으로 태어났다. 그는 마을의 월록서당에서 한글과 한자를 배웠고, 부친이 마련해 준 『어린이』를 읽으며 어린 시절 안목을 넓혀 나갔다. 초등학교 4학년 때 혼자 서울로 전학을 하여 매동국민학교를 다녔다. 양정중학교에 입학하였다가 3학년 때에 가정 형편이 어려워져 덕수상고 야간부로 옮겨야 했던 그의 학창 시절은 매우 고달팠다. 게다가 그는 10대와 20대를 해방 후의 혼란과 전쟁 속에서 보내야 했다.

한국 전쟁을 맞은 조동걸은 인민의용군으로 붙들려 가다가 가까스로 도망쳐 나왔고, 그 일 때문에 국군들에게 큰변을 당할 처지에 놓였다가 겨우 풀려나는 우여곡절을 다 겪었다. 열 아홉의 나이에 전쟁, 그것도 민족간의 전쟁이라는 커다란 충격을 체험한 것이다. 전쟁 동안 갖가지 시련과 곡절을 겪은 후, 조동걸은 경북대 사범대 역사학과에 입학하였으니, 1953년의 일이다. 이 해에 조동걸은 지금도 전하는 「주실의 노래」(곡은 마을에서 최초로 음대에 진학하였던 조동건이 붙인 것임)의 가사를 지었다.

▲ 조동걸의 저서. 아래의 『독립운동사』 전10권과 그의 『자료집』 전17권은 1970～1978년에 간행된 것으로 주로 공저와 공편한 것이다. 위의 것은 대개 단독 저술이고, 가장 왼편의 두 권은 정년기념논총(1997)이다.

1957년에 경북대 사범대를 졸업한 후, 조동걸은 7년여를 춘천에서 교편 생활하였다. 아무 연고도 없던 곳에서 힘든 생활을 하면서 가르치는 일에 정성을 다했던 덕분이겠지만, 1965년에는 춘천교육대학으로 가게 되었다. 그 때부터 조동걸의 학자로서의 생활이 시작되었다.

역사학자로서의 조동걸의 역량을 가늠하게 하는 일화가 하나 전한다. 1963년 초, 겨울방학을 이용하여 고향에 내려왔던 조동걸은 동년배들과 함께 '주실 향약'을 새로이 제정하였다. 이 '주실 향약'은 상·제례를 간소화하고 종래의 모든 차별 관념을 일소하여 내실 있는 예를 실천하는 것을 목적으로 한 것인데, 마을 어른들의 반발이 아주 거세었다. 그러나 결국 이 '주실 향약'은 마을에서 받아들여지게 되었다. 전통의 현대적 계승의 한 측면을 아주 잘 보여 준 사례라고 하겠다. 1969년에 국가에서 제정하여 공포한 '가정의례준칙' 보다도 이 '주실 향약'이 앞선 것이다.

춘천교대에서 강의를 맡으면서 조동걸은 강원도 향토사 연구에 진력하였다. 특히 3·1운동과 관련한 자료 수집에 주력하고 몸소 답사를 다니면서 강원일보에「태백의 증언」(1973년에『태백의 역사』로 출간됨)을 연재하였고, 강원도『3·1운동사』(1971년 출간)를 저술하였다. 이는 조동걸 학문의 출발점이 바로 지방사에 있음을 분명히 보여 주는 대목이다. 또 그 당시에,「한국의 종교와 지성」(1965),「역사의 연구와 교육」(1967) 등 다수의 논문을 썼는데, 거기에는 휴머니즘의 강조, 의병 운동의 중요성 인식, 국수적 민족주의에 대한 경계 등 이후의 그의 지론持論과 연구 분야의 골격이 어느 정도 형성되어 드러나 있음을 볼 수 있다.

조동걸은 1970년부터 독립운동사 편찬위원회에서 활동을 하게 되었는데, 강원도 일대를 돌아다니며 답사하고 자료를 수집한 경험이 큰 역할을 하였다. 그의 대표적 논문이기도 하며, 지방사 연구에 한 획을 그은「삼일운동 三一運動의 지방사적地方史的 성격性格 ─ 강원도 지방을 중심으로」(『歷史學報』 47집, 1970)도 이 즈음에 발표되었다. 1969년에 부산형무소에서 보관하고 있던 3·1운동 판결문 등 관련 자료를 검토한 일이라든지, 강원도 일대의 3·1운동 현장·의병 항쟁 관련 현장을 직접 찾아다녔던 체험의 결실이 바로 이 논문이다. 학계에서 지방사와 민중사의 한 지평을 열었다고 평가하는 이 논문은 그의 지방사 연구 작업이 바로 독립운동사 연구의 든든한 초석을 마련하는 것이었음을 말해 주고 있다.

1970년에 독립운동사 편찬위원회에 참여하면서 10여 년간 매년 1300매 분량의 원고를 집필하면서『독립운동사』(10권),『독립운동사자료집』(17권)의 편찬에 진력한 조동걸은, 그 와중에서도「독립운동의 지도이념」(1975),「대한민국임시정부」(1976),「1910년대 민족교육과 평가문제」(1977),「안동유림의 도만 경위와 독립운동상의 성향」(1978) 등을 써냄으로써 독립운동사 연구의 굵직한 줄기를 만들어 갔다. 그리고 드디어 1979년에는 『일제하 한 국농민운동사』를 저술하기에 이르렀다.

유신체제하였던 당시에 표제에 '농민운동' 이라는 말을 넣은 것 자체가 유신 체제에 반대하는 것으로 간주될 위험의 소지가 다분히 있었다. 실제로 그 때문에 구속당할 뻔하기도 하였으나, 다행히 10·26으로 곤욕은 치르지 않아도 되었다. 조동걸은 이 책에서 당시 역사학에서 소외되어 있던 민중사 에 주목하였는데, 이는 지방사에서 출발한 그의 연구 이력에서 보면 자연스 러운 것이었다. 더욱이 이 책은 80년대에 불길처럼 타오른 한국근대사와 현 대사에 대한 연구를 예비하는 작업으로서의 의미도 갖는다. 뿐만 아니라 가 학家學의 전통에서 볼 때에도 이 책의 의의는 자못 크다. 즉 조지훈이 『한국 민족운동사』에서 미처 하지 못하였거나 미흡했던 작업을 아주 풍부하게 창 조적으로 이어나간 것이다.

1980년 들어 독립운동사 편찬위원회 활동을 접으면서 더욱 왕성한 연구 를 할 수 있게 된 조동걸은 안동대학교(1979~1981)에서 국민대학교(1981~ 1997)로 옮기게 되었다. 서울로 올라온 그는 「대한민국 임시정부의 조직」 (1981), 「구한말 국민연설회 소고」(1982), 「대한광복회 연구」(1983), 「의병운 동의 한국민족주의상의 위치(상)」(1986), 「한말 사서史書와 그의 계몽주의적 허실(상)」(1987), 「한국근대학생운동조직의 성격변화」(1987), 「임시정부수립 을 위한 1917년의 대동단결선언」(1987), 「3·1운동의 이념과 사상」(1989), 「한말 계몽주의의 구조와 독립운동상의 위치」(1989) 등을 발표하였다. 이들 논문들은 기존의 찬양 일변도의 독립운동사 연구나 기계적 해석 경향의 한 계를 보완하면서 한말 민족운동사에 대한 연구를 더욱 진전시키는 성과를 이룩한 것이었다.

이들 논문 외에도, 조동걸은 『의병들의 항쟁』(1980), 『한말 의병전쟁』

(1988), 『한국근대사의 시련과 반성』(1989), 『한국민족주의의 성립과 독립운동사연구』(1989) 등을 잇달아 내놓았다. 90년대 들어서도 『한국민족주의의 발전과 독립운동사연구』(1993), 『한국근대사의 서가書架』(1997), 『한국근현대사의 이해와 논리』(1998), 『현대한국사학사』(1998), 『한국근현대사의 이상과 형상』(2001) 등을 저술하면서 왕성한 활동을 지속해 나갔다. 이들 저술 가운데 특히 주목할 것은 『현대한국사학사』이다. 19세기 말과 20세기 초 한국근대사학이 어떻게 성립하였는가에 대한 검토로부터 시작하고 있는 이 책은 1990년대까지의 역사학도 다루고 있어 지난 100년의 한국사학사를 체계적으로 정리한 의의가 매우 크다.

『현대한국사학사』에서 주목할 부분은 해방 이후 한국사학사에 대한 서술이다. 조동걸은 해방 직후의 한국사학을 치밀하게 정리하여 그 동안 공백으로 남아 있던 이 시기의 한국사학사를 되살려 놓았다. 예컨대, 해방 정국이 역사학의 공백기가 아니라 백화제방의 시기임을 입증하면서 역사학이 현실 앞에서 제대로 피어나지 못하고 분단사학으로 굴절되어간 과정을 자세히 정리하였다. 이어서 4 · 19혁명 이후 30여 년 동안의 역사학을 현실 문제와 관련시키면서 새롭게 재정리하고, 끝으로 한국사학의 미래도 전망하고 있다. 이 책은 역사학자로서의 조동걸의 마지막 업적이라 해도 과언이 아니다.

조동걸은 역사를, 꿈을 만들고 실천해 가는 작업의 연속으로 보았다. 그는 역사학을 통해 이념이나 가치 위에 존재하는 인간을 찾고자 하였다. 그에게 있어서 인간을 소외시키고 망각하고 방임하는 역사학은 진정한 역사학이 아니었다. 그가 일찍이 지방사에서 자신의 역사학을 시작하고, 농민운동사와 민중사에서 탁월한 업적을 쌓은 것도 그러한 역사관에 의한 것이었다. 추상적 이념이나 헛된 구호가 아닌 실천으로서의 역사학, 그건 바로 그의 삶의 원리이기도 하다.

6. 조동일 — 지방문학에서 세계문학으로

조동일趙東一(1939~)의 고향은 주실이지만 태어난 곳은 외가인 경북 예천이다. 마을의 서쪽편에 있는 노계고택魯溪古宅이 그의 생가이다. 이 노계고택은 임진왜란 때 의병장이었던 약산당約山堂 조광의趙光義의 8대 손인 노계魯溪 후용垕容(1833~1906)의 고택이다. 조동일은 이 고택에서 초등학교 3학년 때까지 살다가 대구로 이사해 그곳에서 초등학교, 중학교, 고등학교를 졸업하였다.

조동일은 고등학교 때 화가가 될 결심을 하였다가 부모님의 완강한 반대에 부딪혀 문학 창작으로 방향을 돌렸다. 학교 공부에는 관심이 없었던 그는 동서양의 고전과 문학을 닥치는 대로 읽었다. 대학 입학할 즈음, 문학 창작을 하기 위해 불문학과를 선택하였다. 그는 고등학교 3년 동안 프랑스어를 독습해 왔던 것이다.

불문학과에 입학한 조동일은 프랑스어뿐만 아니라 영어와 독어도 연마하여 유럽 문학을 폭넓게 접하는 한편, 불교사상·동양사상·실존주의 등 철학에도 관심을 가졌다. 그러나 프랑스 문학을 공부하던 그의 관심은 점차 창작에서 문학 비평으로 바뀌었고, 결국은 문학 연구를 하는 것이 더욱 보람 있는 일이라고 여겨 국문학으로 방향을 선회하기에 이르렀다. 그가 국문학과 3학년에 학사 편입한 데는 '연구의 보람'을 느낄 수 있는가 없는가에 대한 자문자답이 깊게 작용하였다. 그저 독서를 하는 것으로 본다면 불문학이든 독문학이든 어느 것을 하여도 관계없지만, 기존의 연구를 뛰어넘는 성과를 보여야 학문하는 보람이 있다고 판단한 그에게 불문학은 더 이상 매력적인 학문이 되지 못했다.

조동일은 국문학을 '탈춤'에서 시작하였다. 「가면극의 희극적 갈등」(1968)이라는 주제로 석사 논문을 썼다. 문헌고증학적 연구에 치우쳐 있던 기존 연구 경향에서 벗어나 새로운 방향을 모색하려는 의도에서 출발한 그 논문은 이후 『한국가면극의 미학』(1975)으로, 다시 『탈춤의 역사와 원리』(1979)로 발전을 거듭하였고, 드디어는 고대 그리스와 인도, 한국 전통극의 미학 원리를 해명한 『카타르시스 라사 신명풀이』(1997)로 이어졌다. 조동일은 탈춤을 통해 신명풀이의 미학을 정립하는 성과를 거두었는데, 신명풀이는 그 자신의 학문과 삶의 원리이기도 하다.

조동일은 탈춤뿐만 아니라 민요와 설화 등에도 관심이 깊었다. 국문학과에 편입한 후, 그는 강원도, 충청도, 경상북도, 특히 경북의 영양, 봉화, 안동, 청송, 영덕 등 고향 근처를 거듭 찾으며 민요와 설화 등을 모으기 시작하였다. 구비문학은 문학의 원초적인 형태이고 또 민중의 문학이라는 생각에서였다. 작가가 될 생각을 가지고 있다가 불문학을 하게 되었고, 다시 국문학으로 방향을 바꾼 조동일에게 구비문학은 국문학의 뿌리였고, 국문학을 제대로 하는 것은 바로 세계문학으로 가기 위한 필요조건이기도 하였다. 『서사민요연구』(1970), 『인물전설의 의미와 기능』(1979)은 그가 직접 발로 뛰며 현장에서 거둔 성과이다.

조동일의 업적 가운데 특히 주목할 것은 『한국소설의 이론』(1977)이다. 이 책은 이른 시기의 한국소설을 연구 대상으로 하여 소설의 이론을 수립하려는 시도에서 얻어진 산물이다. 그는 이 책에서 리기철학理氣哲學을 근거로 소설의 이론을 찾았으며, 사회사社會史에 대한 이해가 문학의 이론을 위해 기여할 수 있는 가능성도 모색하였다. 이는 학문 영역의 지나친 분화가 가져온 폐단을 극복하고 문文·사史·철哲을 하나의 선상에서 파악하려는 인식에서 비롯한 것이다. 그 후, 『한국문학사상사시론』(1978), 『한국의 문학사와 철학사』(1996), 『철학사와 문학사 둘인가 하나인가』(2000)를 저술한 것도 동일한 맥락에서 이해할 수 있다.

『한국소설의 이론』이 국문학계에서 고전이 된 지는 오래이다. 그것은 바

▲ 조동일의 저서, 무려 50여 권에 이르는 그의 저서 가운데 일부이다. 이 외에도 수많은 공저
와 논문이 있다. 그의 현재 활동 상황을 알고 싶다면, 인터넷 http://chodongil.x-y.net 으로
들어가 보면 된다.

로 이 책이 우리 학문의 창조의 길을 열었기 때문일 것이다. 남의 학문을 가
져와서 자랑하는 '수입학'이나 남의 학문을 가져와서 나무라기를 일삼는 '시
비학'에 치중해 있던 학문 풍토에 일침을 가하면서, 국학이 머물고 있던 민족
주의적 '자립학'까지 넘어서는 성과를 보여 준 것이다. 이러한 창조학은 드
디어 『소설의 사회사 비교론』(전3권, 2001)으로 이어지는데, 『소설의 사회사
비교론』은 세계문학사 이해의 새로운 이론을 정립하려는 그의 작업 가운데
마지막 각론이며, 제1세계와 제2세계가 공유하고 있는 유럽 문명권 중심주의
와 근대 지상주의를 시정하고 여러 문명권에서 이룩한 다양한 창조를, 근대
다음의 시대를 설계하는 원천으로 사용하려는 한층 차원 높은 작업이다.

1968년에 석사학위를 받고 곧바로 계명대학교에 부임한 후 영남대학교
(1977~1981)를 거쳐 한국정신문화연구원(1981)으로 자리를 옮긴 조동일은,

『한국문학통사』 5권(1982~1988)의 저술에 온 심혈을 기울였다. 이 책은 한국문학사에서 문학사 서술의 일반적인 방법이나 이론을 얻어 동아시아문학사·제3세계문학사·세계문학사에 널리 적용하겠다는 의도에서 시작된 것이다. 1990년대 이후에 진행된 일련의 세계문학 연구는 바로 이 때부터 계획된 것이었다. 그 이전에 그는 문학의 갈래를 서정·교술·서사·희곡의 넷으로 체계화하는 작업을 하였는데, 그 성과를 이 책에 적극 수용하였고, 또 갈래 체계의 변천과 문학 담당층 교체의 연관성에 주목하여 시대 구분을 하면서 문학사·사상사·사회사를 포괄하는 작업을 하였다. 그 때문인지 이 책은 역사나 철학을 전공하는 이들까지도 필독서로 꼽는 책이 되었다. 1988년에 제5권이 나온 후, 조동일은 1989년에 전면 개고된 제2판을, 1994년에는 대폭적인 수정 보완을 한 제3판을 내놓았다. 현재는 제4판을 준비하고 있다.

『한국문학통사』를 통해 세계문학으로 나아가기 위한 방법과 이론을 모색한 조동일은, 『한국문학과 세계문학』(1991), 『동아시아문학사비교론』(1993)에서 그 타당성을 재검토하면서 세계문학사로 그 범위를 확대하려는 시도를 지속적으로 하였다. 그리고 드디어 세계문학사 서술의 시작을 알리는 『세계문학사의 허실』(1996)을 세상에 내놓았다. 전세계 여덟 가지 언어로 된 37종의 세계문학사를 한 자리에 모아 검토한 이 『세계문학사의 허실』은 많은 학인들의 도움을 받으면서 집필된 것이지만, 조동일 자신의 학문적 역량에 의해서야 비로소 가능했던 것이다.

『카타르시스 라사 신명풀이』(1997)로부터 시작된 세계문학사의 각론은 『동아시아 구비서사시의 양상과 변천』(1997), 『인문학문의 사명』(1997), 중세문학의 재인식 3부작(1999)인 『하나이면서 여럿인 동아시아문학』·『공동문어문학과 민족어문학』·『문명권의 동질성과 이질성』으로, 다시 『철학사와 문학사 둘인가 하나인가』, 『소설의 사회사 비교론』으로 이어졌다. 이제

막바지에 이른 듯한 이들 작업의 가장 두드러진 특성은 유럽 중심주의의 횡
포에 의해 기존의 세계문학사에서 소외되어 왔거나 그 실상이 왜곡되었던
아랍어 문명권, 산스크리트 문명권, 한문 문명권의 문학들을 라틴어 문명권
의 문학들과 대등한 위치에서 대등한 비중으로 다루고 있다는 점이다. 이는
세계문학사를 올바로 정립하려는 의도에 따른 것이었다.

　위의 책들 가운데 중세 문학의 재인식 3부작은 자신의 환갑을 스스로 기
념하여 출간한 책들이어서 주목된다. 주로 제자들이나 후학들이 기념 논총
을 발간하던 기존의 관례를 완전히 깨뜨린 것이어서 학계에 신선한 충격을
주었다. 이는 구태를 벗어나 늘 혁신을 이룩하려는 노력이 학문에서뿐만 아
니라 그 자신의 삶에서도 이루어지고 있음을 보여 준 대표적인 사례이다.

　조동일은 일생 동안 창조학에 매달렸다. 그는 「민족해방을 위한 자아각
성」(『이 땅에서 학문하기』, 2000에 수록)이라는 글에서 이렇게 말하였다. "어떤
후진국이나 낙후한 민족이라 하더라도 누구나 자기 삶을 자기 방식대로 누
릴 수 있는 권리를 지구 전체의 범위 안에서 실현하는 것이 세계인의 과제임
을 분명히 해야 한다. 그렇게 하는 학문은 자기 능력을 스스로 찾아서 발현
해 인류 공유의 자산으로 제공하는 '창조학'이어야 한다. 인류의 문화 유산
은 근대인이 잘못 알고 있는 것보다 다양하고 풍부하며, 지금의 단일한 세계
질서와는 다른 길이 있어 근대를 극복하고 다음 시대로 나아갈 수 있다는
것을 입증하는 것이 우리가 해야할 '창조학'의 과제이다." 이 땅의 학인들
이 항상 되새겨 보아야 할 이 말은, "생성이 극복이고 극복이 생성이다"
라는 '생극론生克論' 철학을 정립하려는 노력(『한국의 문학사와 철학사』에
수록되어 있는 「생극론生克論의 역사철학 정립을 위한 기본구상」을 참조할 것)으
로 이어지고 있다. 언젠가는 그의 철학이 완성되어 우리 앞에 던져지기를
고대한다.

7. 조동원 - 한국금석문의 집대성

마지막으로 다루게 될 인물은 역사학자 조동원趙東元(1940~)이다. 성균관대 사학과를 졸업한 조동원은 원광대 사범대 교수 시절에 "한국금석문조사육개년계획韓國金石文調査六個年計劃"을 세워 학교 당국의 지원 아래 여름·겨울 방학을 이용해 전국을 돌아다니며 금석金石 자료를 수집하기 시작하였다. 1차로 전라남북도 지역에 산재散在해 있던 상고上古 시대부터 1900년까지의 금석을 선정 조사하고 탑본搨本하였는데, 이를 연대순으로 수록하여 내놓은 것이 바로『한국금석문대계韓國金石文大系』6권 가운데 첫째 권인 전라남북도편(1979)이다.

이를 필두로 해를 거듭하여 권2 충청남북도편, 권3 경상북도편, 권4 경상남도·제주도편, 권5 경기도편, 권6 서울특별시편, 권7 강원도편 등을 차례로 정리하여 출간하였으니, 이것이 바로『한국금석문대계韓國金石文大系』7권이다. 남한 전지역의 비석에 새겨진 금석문을 집대성한 것이어서 현장에 직접 가지 않더라도 이 책만 있으면 원본을 그대로 볼 수 있다. 이는 일제 강점기 때에 조선총독부에서 편찬한『조선금석총람朝鮮金石總覽』, 이난영李蘭英의『한국금석문추보韓國金石文追補』, 황수영黃壽永의『한국금석유문韓國金石遺文』등 기존 자료집들이 대부분 활자본으로 간행되면서 안고 있던 문제점들 즉 탈자와 오자가 많고 글자 형태에서 그 원형을 찾아보기 어렵게 된 점들을 크게 보완한 것이었다. 이런 점에서 미술사, 역사, 불교, 문학, 민속, 도교, 서예 전공자들에게 필수적인 장서임은 두말할 필요도 없다. 더 나아가 조동원은 금석문에 관한 연구 논저를 총정리한『한국금석문논저총람』(1998)을 편찬하여 내놓음으로써 이 분야 연구를 위한 토대를 아주 튼실하게 닦아 놓았다.

그 연대나 내용이 가장 확실한 자료인 금석문은 후대의 가필이나 조작이

▲ 조동원의 저서인 『한국금석문대계』

거의 없다는 점에서, 그리고 한 시대를 표상하는 최고의 작품이라는 점에서
이루 말할 수 없는 가치를 지닌다. 이런 금석문 자료를 수집하고 정리하기
위해 20여 년간 전국을 돌아다닌 조동원의 노고는 각 분야의 후학들의 학문
에서 더욱 꽃을 피우게 될 것이다.

이렇듯 주실 집안에서 배출된 문인과 학자들은 전통적인 시가나 미학 또
는 국학에서 출발하였다는 공통점을 가지고 있다. 그러면서도 국학에만 머
물지 않고 문학이나 학문의 보편성으로 나아가고자 한 데서 '법고창신法古
創新'의 정신을 엿볼 수 있다. 항상 관습화된 사유를 경계하면서 시대적 사
명에 누구보다 앞섰던 이들의 문학과 학문은 이후의 문인 학자들에게 하나
의 지침이 되기에 충분하다.

9장

주실의 전통 건축

1. 마을의 중심 고가

1) 호은종택

경북 영양군 일월면 주곡리 201
경북 기념물 제78호
17세기 중엽 창건, 1967년 일부 복구

호은종택은 영양의 명산인 일월산日月山에서 뻗어 나온 3개의 지맥地脈 중 제2봉의 맥脈이 내려온 끄트머리에 자리잡고 있다. 이 터가 주실의 중심이라고 보면 된다. 구전口傳에 의하면 호은공壺隱公 조전趙佺(1576~1632)이 매방산梅坊山에 올라가 매(鷹)를 날려 매가 앉은 자리에 집을 지었다고 한다. 매방산은 100여 미터 정도의 야트막한 산으로, 주실에 맺힌 3개의 봉우리 가운데 맨 오른쪽에 해당하는 세번째 봉우리다. 흥미롭게도 매가 앉은 자리는 물기가 배어 있는 늪이었다고 한다. 매를 날려서 집터를 잡았다는 점과 늪지대를 메워 집을 지었다는 점에서 호은종택의 터 잡기는 일상적인 택지법擇地法에서 벗어나 있다. 호은종택의 안산案山은 홍림산이라고 불리는 문필봉文筆峯으로, 대문을 등지고 정면을 바라보면 삼각형의 문필봉이 한눈에 들어온다.

기묘사화로 한양 조씨 일문이 화를 당하자 9세 조종趙琮(淸河縣監)은 지금의 경북 영주로 낙향하였다. 그후 그의 손자 조원趙源이 오필吳澤의 사위가 되어 영양에 입향하였고, 지금의 주실로 입향入鄕한 분은 13세 호은공 조전으로 호은종택은 마을 전체의 종가인 셈이다.

본래 조전은 영양군 원당에 거주하다가 1629년에 이곳 주실에 들어와 살았다. 아들 정형廷珩이 진사에 오르고, 증손자 덕순德純(1652~1693)이 장원 급제한 후 사헌부 지평에 오르고 이어 덕린德鄰(1658~1737)이 급제하여 옥당玉堂에 오르면서 이 집에 세거의 뿌리를 내리게 되었다. 이 집에서 언유

彦儒, 승기承基(독립유공자, 건국훈장) 등의 명사가 태어났고, 근래에는 개화와 구국 운동을 위해 노력한 인석寅錫, 근영根泳, 헌영憲永, 준영俊泳, 애영愛泳 다섯 부자父子와 민족 시인 조지훈이 태어났다. 조지훈을 비롯하여 한말 의병장을 지낸 조승기, 그의 조부인 조인석 등 근·현대사의 인물들이 이 집에서 태어났다.

이 집은 조선중기인 인조(1623~1649) 때 조정형이 건립했으며, 한국전쟁 당시 일부 불탄 것을 1967년(丁未年)에 복구하였다. 마을 안길과 대문채 사이에 넓은 바깥마당이 있으며, 대문 옆에는 '호은종택壺隱宗宅'이라 새긴 비석이 있다. '一자형' 대문채를 들어서면 정면에 'ㅁ자형' 몸채에 달린 사랑채가 나타난다.

호은종택은 경북 북부지방의 일반적인 반가 형식인 'ㅁ자형' 몸채에

▲ 호은종택 안채(위)와 안채 뒤쪽에서 바라본 모습(아래)

'一자형' 대문채가 결합한 형태이다. 영양을 비롯한 경북 북부 지역에 많이
분포하는 'ㅁ자형' 반가는 집 가운데 뜰을 두고, 그 주위에 안채·사랑채를
비롯한 경리시설이 배치된 집약적이고 폐쇄적인 주거 형태이다. 일체형인
'ㅁ자형' 반가에서는 여성들의 생활 공간인 안채와 남성들이 거처하는 사
랑채가 별동別棟으로 분리되어 있지 않고 한 몸에 결합되어 있다. 영남 중

남부 지역의 반가에서 안채와 사랑채가 별동으로 분산되어 배치되어 있는 것과는 다른 공간 구성 방식이다. 일체형의 'ㅁ자형' 반가에서는 사랑채 사랑방과 안채 안방을 대각의 위치에 배치함으로써 성리학적 생활 규범에 따른 남녀 생활 공간의 성적 분리를 실현하였다.

호은종택의 대문채는 정면 5칸, 측면 1칸 규모의 기와집으로, 중앙 칸에 대문을 달아 사랑마당과 몸채로 출입할 수 있게 하였다. 몸채는 정면 7칸, 측면 7칸으로 정면과 측면의 칸살이 같다. 대문간에서 좌측으로 약간 비켜 뜰과 안채로 출입하는 중문간이 있다. 중문간 우측에는 두 칸 사랑방과 사랑마루가 놓여 있으며, 사랑마루 앞은 미세기 유리창을 달아 폐쇄하였다. 사랑마루에서 직각으로 꺾여진 곳에는 손님을 위한 작은사랑방이 놓여 있다. 중문간의 좌측편의 실室 구성은 겹집형으로 서고書庫를 앞에 두고, 뒤쪽에 창고와 화장실을 배설하였다.

중문간을 지나 뜰(안마당)에 이르면, 뜰에 면한 정면 3칸, 측면 2칸의 안대청(6칸)이 한눈에 들어온다. 안대청 왼편에 안방, 오른편에 작은방과 고방을 배치하였다. 안방과 부엌이 좌측 익사翼舍(날개집)[1]를 형성하고 있고, 작은방에 접한 비밀고방, 그 아래로 연결된 고방과 문간, 작은사랑방이 우측익사를 형성하고 있다. 안채와 좌우 익사 그리고 중문간 좌우의 서고와 사랑방의 배치 형태로, 전체적으로 보아 'ㅁ자형'을 이루고 있음을 알 수 있다. 안대청의 앞에도 사랑마루와 같이 미세기 유리창을 달아 놓았다. 대청이나 마루 앞에 이러한 창호를 시설하는 것은 일제 강점기 이후 나타난 새로운 경향으로서 해방 이후 수리 또는 신축된 한옥에 많이 채택되었다.

이 집의 구조는 자연석 기단에 막돌초석[2]을 놓고 두리기둥 또는 네모기둥을 세워 상부가구를 받는 형식이다. 대부분 네모기둥을 사용했고, 안채 안대청과 사랑채 툇마루 앞과 같이 반가의 권위와 정면성을 나타내는 일부에만 두리기둥을 세웠다.

안채의 상부가구는 3량가로 대들보 위에 동자주와 첨차[3]형檐遮形 부재를 놓아 마루도리를 받았다. 기둥 상부의 주두 밑에는 보아지[4]를 끼워 대들보를 받고, 처마에는 납도리[5]를 사용하였으며, 장여[6]와 창방[7] 사이에는 소로를 끼워 수장修粧[8]하였다. 사랑채의 상부가구는 5량가[9]로 대들보 위에 동자주[10]를 세워 종도리를 받고, 기둥과 대들보의 결구부에는 보아지를 끼워 넣어 보강했다. 사랑마루에는 정면과 우측면에 한하여 소로로 수장하고, 좌우 익사의 상부가구는 모두 3량가로 간략히 처리하였다.

〈호은종택 배치평면도〉

204

2) 옥천종택

경상북도 영양군 일월면 주곡리 201
경상북도 민속자료 제42호
17세기말 창건

주실 마을은 일월산에서 발원한 산맥에 의지하여 형성된 마을이다. 일월산 한줄기는 일자봉에서 동으로 뻗어 경주 토함산에 이르고, 서남으로 뻗은 한줄기는 안동의 학가산에 이른다. 주실은 두 지맥에 의해 형성된 '첫 마을'이다. 마을 뒤로는 부용봉·뫼봉산이, 남으로는 연적봉·문필봉(또는 興霖山)이 솟아 있고, 동구洞口에는 독산獨山이란 숲이 있으며, 이 숲과 마을 앞을 따라 반변천이 흐르고 있다.

옥천종택의 좌향坐向은 거의 남향南向에 가까운 임좌壬坐이다. 호은종택을 비롯한 대부분의 건물들이 거의 남서향(艮坐坤向)인 것과 다르다. 옥천종택은 두번째 봉우리에서 지맥 하나가 내려오다가 중간쯤에서 남쪽으로 70도 각도로 틀어 꺾인 지점에 자리잡고 있다. 이 집은 남쪽의 평평한 산을 안대로 삼아 거주하는 사람에게 심리적 안정감을 준다. 안대의 높이도 높지 않고 적당하여 주실에서 가장 전망 좋은 집에 속한다. 호은종택 좌측편의 좁고 울퉁불퉁한 골목을 통해 출입한다.

옥천종택은 17세기 말에 건립된 반가班家로, 입향조 조전의 증손자이며 장사랑 조군趙頵의 둘째아들 옥천 조덕린趙德鄰(1658~1737)의 종가宗家이다. 조덕린은 문과에 급제한 후 승문원 정자, 세자 시강원 설서設書, 홍문관 교리 영남호소사, 승정원 우부승지 등을 역임하였고, 시폐를 규탄한 을사십조소乙巳十條疏와 서원書院 남설을 비판한 상소로 모함을 받아 종성에 유배되었다가, 다시 제주도로 유배되어 가던 중 강진에서 작고했다.

이 집에서는 희당喜堂, 운도雲道, 진도進道, 술도述道(晩谷), 거신居信,

▲ 옥천종택 전경(위)과 안채에서 바라본 모습(아래)

만기萬基(독립운동유공자, 건국훈장) 등의 명사가 태어났다. 담으로 둘러싸인 일곽 내에 살림채와 별당인 초당[11], 가묘가 배치된 17세기말 경북지방 반가의 특징을 잘 보여 준다. 이 집은 골목 끝에 연결된 낮은 언덕 위에 남동향으로 앉아 있다. 집 앞에 위치한 대문채는 정면 3칸, 측면 1칸의 '一자형' 건물로, 중앙 칸에 두 짝 대문을 달고, 좌우에 온돌방을 두어 행랑사람들이 거처하게 하였다. 대문을 지나면 그 앞에 사랑마당이 있고, 사랑마당에 면해 'ㅁ 자형' 몸채가 앉아 있다.

'ㅁ자형'의 이 집은 정면 5칸·측면 6칸으로, 앞뒤가 좌우보다 1칸 더 길 며, 몸채는 겹집이다. 좌우 익사와 사랑채가 홑집인데 반해 안채는 겹집인 것이다. 정면 중앙에 중문을 두어 안마당과 안채로 출입하게 했다. 중문을 중심으로 좌측에 2칸 통간의 사랑방(안사랑), 그 우측에 온돌방과 고방庫房 을 두었다. 우측의 온돌방은 본래 마구간을 방으로 고친 것이라 한다. 중문 中門 좌측의 사랑방과 우측의 온돌방 앞쪽에는 좁은 쪽마루가 놓여 있어 실 내로 출입하기가 용이하다. 중문을 통해 안마당으로 들어가면 안마당에 면 해 안채가 있다. 안마당은 사방 3칸의 정방형이다.

안채는 막돌로 쌓은 기단 위에 건축되어 있으며, 좌우측의 익사 기단은 흘림 기단으로 안채보다 한 단 이상 낮다. 안채의 평면은 가운데 6칸 대청을 두고 오른편에 2칸 통간의 안방과 정지를 배설한 형태이다. 안방 뒤에는 제 수祭需, 음식물, 안방에서 쓰는 기물 등을 수납하던 도장이 있다. 대청 뒷벽 의 중방 밑에는 판벽과 판문이 달려 있다. 도장방[12]은 바닥에 우물마루를 깔 았으며 출입은 안방에서만 할 수 있으며, 마루 쪽에는 채광을 위한 바라지 창이 달려 있다. 경북 북부지역에 분포되어 있는 'ㅁ자집' 중에는 대청과 연 접하여 안방의 윗머리에 도장방(골방 또는 고방)이 놓여 있는 경우가 있다. 그 러나 대개 바닥이 흙바닥으로 되어 있지 마루가 깔려 있는 예는 흔치 않다.

대청 왼편에는 건넌방이 있으며, 거기에서 직각으로 꺾인 좌측 익사(날개 집)에 건넌방 부엌과 광, 사랑마루방(새마루)이 차례로 연접되어 있다. 우측 익사의 안방 앞쪽으로는 정지와 고방이 연결되어 있다. 정지는 안마당 쪽으 로 개방된 2칸 통의 규모로, 부뚜막 상부에 벽장만 두고 다락은 시설하지 않 았다. 고방의 경우는 정지 쪽에만 판자로 만든 널문을 달아 정지에서만 고 방을 이용할 수 있게 하였다.

고방 동편 담장 밖에는 이 집에서 사용하던 자그마한 우물이 있다. 주실에서 단 하나뿐인 우물로, 옛날부터 주실에는 이 우물 하나밖에 없었다. 물을 길어다 먹기가 상당히 불편했을 터인데도 여러 개 파지 않고, 오로지 이 우물만을 사용하였다. 이는 풍수적으로 마을이 배 모양을 하고 있으므로 우물을 파면 배 밑바닥에 구멍이 뚫려 배가 침몰하듯 인물을 배출할 수 없다는 풍수설의 형국론에 따른 것이다.

사랑채에서 좌측으로는 지붕에 볏짚 이엉을 덮은 초당草堂이 있다. 초당은 조덕린의 아들 조희당趙喜堂이 아버지를 숭모하여 1695년(숙종 21)에 지은 것으로 그곳에서 아이들에게 글을 가르치거나 상노인이 거처했다. 초당은 질박하고 검소한 생활을 추구한 조선시대 선비들이 주택 내외에 즐겨 건축했던 초가 별당으로, 이 집처럼 초당이 잘 보존된 예는 그리 많지 않다. 이런 면에서 이 집의 초당은 건축뿐만 아니라 생활사적으로도 가치가 크다.

막돌로 쌓은 제법 높은 기단 위에 위치하는 초당은 정면 3칸, 측면 1칸 규모이다. 초당의 평면은 가운데 마루를 두고 그 좌우에 온돌방을 배설한 단순한 형태로 마루를 통해 좌우 온돌방으로 출입하도록 했다. 온돌방 앞에는 소박한 형태의 평난간을 만들어 반가班家로서의 소박한 권위와 상징성을 나타냈다.

조선시대 반가에서는 대개 『주자가례朱子家禮』에 따라 정침 동쪽에 가묘家廟를 건축했다. 옥천종택에서도 이러한 가례家禮에 따라 안채 동측의 높은 터에 4대조까지의 선조先祖 위패를 모신 가묘를 건축했다. 가묘는 집 안의 여러 건축물 중 가장 위계位階가 높은 건물로, 건축적 위계와 안채·사랑채와의 동선을 고려하여 안채 우측 경사지에 배치했다. 가묘는 정면 3칸, 측면 1.5칸의 맞배집으로, 정면의 퇴칸은 제관들이 도열하거나 제사를 준비하는 공간으로 사용된다. 가묘 내부는 우물마루를 깔아 마감했다. 가묘 정면에는 출입을 위한 일각문이 있으며, 주위에는 방형 담장을 둘러 공간적으로 구분하였다. 일각문 아래로 여러 단의 돌계단을 담장에 붙여 쌓았다. 사랑마당의 우측에 있는 건물은 창고와 측간으로 쓰기 위해 근년에 지은 것이다.

　이 집은 대부분 자연석 초석에 네모기둥 또는 두리기둥을 세워 지붕을 받게 한 형태이다. 상부구조를 살펴보면, 안채는 정침으로서의 위엄과 격식을 갖추기 위해 대들보 위에 종보를 올린 5량가이나, 사랑채와 안채의 좌우 익사는 3량가로 간략히 처리되었다. 이러한 상부구조의 차이에 따른 지붕의 높이 차로 인해 안채의 지붕처마 밑에 양쪽 익사 지붕이 끼여 들었다. 이는 지붕이 높은 안채(정침)와 지붕이 낮은 익사, 사랑채 사이의 공간적 위계를 형태상으로 표현한 것이기도 하다. 안채 지붕 좌우 측면의 커다란 삼각형 박공 또한 외관상 강한 인상을 준다.

〈옥천종택 배치평면도〉

3) 노계고택

경상북도 영양군 일월면 주곡리
비지정 문화재
조선후기

일월산日月山에서 12km나 달려온 지맥地脈은 주실에 와서 비로소 세 봉우리를 이룬다. 이 세 봉우리 중에서 마을을 정면에서 보았을 때 제일 왼쪽에 있는 봉우리에 노계고택과 만곡정사晩谷精舍가 자리잡고 있다.

이 집은 임진왜란 당시의 의병장 약산당約山堂 조광의趙光義의 8대손 노계魯溪 후용垕容(1833~1906)의 고택으로 전형적인 'ㅁ자형' 반가이다. 주실 마을의 개화와 구국 운동에 앞장섰던 두석斗錫, 붕석朋錫, 독립운동유공자 조용해趙龍海(건국훈장) 등의 생가이기도 하다.

경북 북부지방의 'ㅁ자형' 반가班家로 조선후기에 건축되었다. 남서쪽을 향한 몸채 앞쪽에는 좌우로 익사가 1칸씩 돌출되어 정면이 강조되어 있다. 마을내 호은종택과 옥천종택이 좌우 익사의 돌출 없이 'ㅁ자'로 완결된 것과는 다른 형태라 하겠다. 특히 사랑채를 강조하여 앞쪽으로 반 칸 정도 내밀고, 사랑채에 별도의 맞배지붕을 올린 것은 조선후기 이 지방 'ㅁ자형' 반가의 일반적인 경향을 따른 것이라고 볼 수 있다.

마을 안 길에서 북쪽을 향해 비스듬히 진입하도록 하여 외부에서 집의 정면을 향해 진입하는 방식을 피했다. 사랑채 앞을 따라 바깥마당에 들어와서는 안대문을 통해 안마당(뜰)과 안채로 진입한다. 몸채는 정면 7칸, 우측면 6칸 규모로, 정면이 우측면보다 길며 좌측면은 5칸으로 우측면보다 1칸 짧다.

이 집의 사랑마당에 면한 사랑채 주변 평면은 안대문을 가운데 두고 우측에 사랑채, 좌측에 중방과 고방을 배설한 형태이다. 사랑채는 2칸 통간의 사랑방과 1칸의 사랑마루 그리고 방과 마루 앞에 놓인 반 칸 폭의 헌함으로 구성되어 있다. 헌함 앞에는 간결한 형식의 평난간을 둘러 반가 사랑채의 격

▲ 노계고택

식과 권위를 나타냈다. 안대문 안쪽의 안채는 뜰에 면해 3칸 안마루를 두고, 그 좌우에 각각 안방과 상방을 꾸민 형태이다. 상방 뒤로는 침구·의류 등의 생활 용품을 수장하는 벽장이 달려 있다. 안마루 좌측의 안방에 연결된 좌측 익사에는 안방과 2칸 정지가 달려 있다. 정지 상부에는 다락이 있으며, 정지는 앞쪽의 중방과 연결된다. 상방에서 달아낸 우측 익사에는 상방 부엌과 고방·못방이 있으며, 못방은 사랑방과 통한다.

　이 집의 구조를 살펴보면 사랑채 기단은 본래 자연석 기단이었으나, 근년에 장대석을 2단으로 쌓은 위에 갑석을 올려 새롭게 단장했다. 상부 구조는 막돌초석 위에 두리기둥 또는 네모기둥을 세우고 대들보와 종보를 차례로 올린 5량가 형태이다. 헌함 앞쪽의 두리기둥 위에는 창방과 같은 높이로 보아지를 끼운 다음 기둥 머리에 주두[13]를 놓아 대들보와 처마도리를 받도록 했다.

사랑채를 제외한 안채와 좌우 익사의 상부가구는 모두 3량가[14]이다. 대개 네모기둥 위에 짧은 보아지를 끼워 처마도리와 대들보를 십자十字로 결구하고, 대들보 위에 제형(사다리꼴) 판대공을 놓아 종도리를 받는 간결한 형태이다.

〈노계고택 배치평면도〉

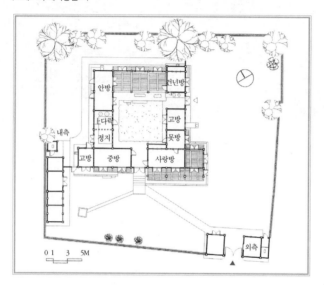

2. 교육의 터전, 월록서당

경북 영양군 일월면 주곡리 227
경북 유형문화재 제172호
1765년 창건

월록서당은 1765년(영조 41)에 옥천玉川 조덕린趙德鄰의 손자인 조운도趙運道(1718~1796)와 조술도趙述道가 가곡리의 야성 정씨 · 도곡리의 함양 오씨와 함께 협력하여 건축한 조선후기의 서당이다. 일월산에서 마을로 내려온 제3봉이 매방산이고, 이 봉우리에 월록서당月麓書堂이 자리잡고 있다.

▲ 월록서당

전체적으로 볼 때 주실 마을 동구洞口에 위치한 월록서당은 마을 앞 홍림
산을 안산案山으로 건축된 18세기 중엽에 건립된 서당으로, 주위의 경관이
좋고 한적하여 공부하기 좋은 곳에 자리잡고 있다. 조선후기 실학實學의 학
풍과 함께 교육의 대중화를 위한 서당 건립이 전국적으로 확산될 때 건축되
어 주실 교육의 중심이 되었다. 대산 이상정李象靖이 기문記文을 쓰고 천사
김종덕金宗德·간옹 이헌경李獻慶이 축송 시문詩文을 남겼다.

월록서당은 구한말 이후에는 마을의 신교육 전당으로 변신하였다. 일제
강점기에는 월록서당에 조석기趙碩基가 설립한 배영학당이 있었다. 이 학
당은 1927년에 「조선농민사」로부터 전국에서 모범 야학夜學으로 표창을 받
기도 했다. 해방 후에도 야학은 계속되었으며, '은화청년회'와 '주실소년
회'의 연극·음악회가 열리던 문화의 전당으로 새 역사의 각광을 받았다.

서당으로 출입하기 위해서는 서당 정면의 사주문四柱門[15]을 통해야 한다. 월록서당은 정면 4칸, 측면 2칸 규모의 홑처마 팔작집이다. 서당의 정면 간살은 보기 드문 4칸 짝수이며, 평면은 가운데 두 칸에 마루를 두고 그 좌우에 온돌방을 배설한 형태로, 좌우 대칭을 이루고 있다. 마루 배면을 제외한 정면과 양 측면에 좁은 쪽마루를 꾸몄으며 쪽마루에는 난간을 둘러 건축적 권위를 표현하였다. 정면에 계자각[16] 난간, 측면에 평난간을 돌렸다. 정면의 계자각 난간은 계자각 위에 하엽荷葉[17]을 놓고 돌란대를 둘렀으며 난간 청판에는 안상무늬[18]를 새겼다.

기단은 막돌 허튼층 쌓기[19] 방식으로 축조되었으며, 일반적으로 앞뒤 단을 같은 높이로 쌓는 것과는 달리 대지의 경사에 따라 자연스럽게 쌓아 앞 열의 기둥 높이가 뒤 열의 기둥보다 높다. 초석에는 덤벙주초[20] 방식을 사용했으며, 기둥은 민흘림의 두리기둥이다. 양 측면의 온돌방에는 쪽마루 밑에 불을 때는 아궁이를 만들었으며, 마루 밑은 개방되어 있다. 정면 좌측에 5단의 돌계단을 만들어 서당으로 오르게 했다.

서당 중앙의 넓은 마루(강당) 앞에는 사분합들문[21]을 달았으며, 마루에는 기둥이 없어 공간을 넓게 사용할 수 있다. 마루 앞의 사분합들문을 들어올리면 마을 앞을 흐르는 장군천과 홍림산 일대가 한눈에 들어온다. 배면의 창틀 아래에는 머름[22]을 꾸미고 그 위에 판문을 달았다. 마루 앞의 사분합들문이 큰 틀의 자연 원경을 보여준다면, 배면의 판문은 작은 틀의 근경을 보여 준다.

마루 좌우 온돌방을 각각 존성재存省齋와 극복재克復齋라 편액했다. 마루와 온돌방 간의 출입은 마루 안쪽의 외짝 여닫이문을 통해 이루어지며, 앞쪽의 두 짝 여닫이창은 머름대 위에 설치되어 창의 기능을 한다.

마루의 천장은 연등천정으로, 양측 온돌방의 천장은 이 지역에서 많이 볼 수 있는 고미반자[23]로 되어 있다. 상부가구는 무고주無高柱 5량가이며, 건축 양식상으로는 간략한 형태의 익공을 사용한 초익공初翼工[24] 소로[25] 수장집이다. 민흘림한 두리기둥 위에 창방과 익공을 결구하고 그 위에 주두를 놓아 대들보를 받도록 했다. 익공은 끝을 익공쇠서가 없는 물익공勿翼工처럼 둥글게 처리하고 연봉蓮峰 형상을 초각草刻하였다. 특히 건물 앞뒤의 기둥 상부에 올려진 익공은 내단內段을 보아지 형태로 다듬고 위에 대들보를 올리는 수법을 사용한데 비해 온돌방 부분의 보아지는 익공의 내단內段이 사절斜切한 형태를 보여 준다.

대들보 머리는 아무런 장식 없이 직각으로 잘렸으며, 처마도리와 중도리에 모두 굴도리²⁶⁾를 사용했다. 대량 위에는 삼분변작三分變作²⁷⁾ 수법으로 상부가구를 짜고, 대들보 위는 주두와 첨차를 십자로 짜고 그 위에 종보를 올렸다. 종보 위에는 운형雲形 또는 제형梯形 판대공 대공을 세워 종도리와 받침장여를 지지하게 하였다. 창호의 문설주와 하인방·중인방이 만나는 부분은 모두 고졸古拙한 연귀맞춤²⁸⁾으로 되어 있다. 지붕 기와골 끝은 아귀토를 발라 마무리했다. 기단 주변으로 배수로가 잘 정비되어 있으며, 건물 좌측의 협문을 통해서는 관리사로 출입할 수 있다. 18세기 중엽 지방 서당의 건축 형식을 잘 보여주는 우수한 건축물이다.

〈월록서당 배치평면도〉

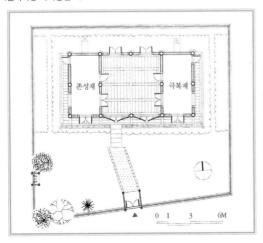

3. 선비들의 학문 공간

1) 호은정사

> 경상북도 영양군 일월면 주곡리
> 비지정 문화재
> 17세기말 창건
> 조선후기

입향조入鄕祖 호은공壺隱公 조전趙佺을 숭모하기 위한 정사이다. 조전은 임진왜란과 정유재란 당시 아버지 조광의를 따라 백씨 및 종형제와 함께 망우당 곽재우 장군이 지휘한 화왕산성 전투에 참전하여 용사제현으로 사승에 올랐다. 호은정사의 현판은 도난 당한 후 근년에 박병호 박사가 다시 쓴 것이다.

호은정사는 장방형의 대지에 건축한 정면 3칸, 측면 1.5칸의 홑처마 맞배집이다. 마을 앞의 문필봉 · 연적봉을 바라보도록 건축하여 마루에서 두 봉우리가 한눈에 들어온다. 맞배지붕의 일각문을 통해 정사로 출입하게 했다. 평면은 가운데 마루방을 두고 좌우에 온돌방을 배설한 형태이다. 우측 온돌방은 전퇴까지 실에 포함시켜 비교적 넓은데 비해 좌측 온돌방은 사방 1칸에 불과하다. 좌측 온돌방과 마루방 앞에는 반 칸 폭의 툇마루를 길게 꾸며 놓았다. 배면에는 길게 쪽마루가 놓여 있다. 대개 마루를 중심으로 좌우 대칭의 평면 구성을 보이는 정자亭子 또는 정사류精舍類 건물과는 다른 특징을 보인다.

구조는 자연석 초석 위에 네모기둥을 세우고 그 위에 주두를 놓고 다시 그 위에 처마도리[29] · 대들보 · 종보를 차례로 결구한 5량가이다. 정면의 창방과 처마도리 받침장여 사이에는 소로를 끼워 수장했으며, 창방은 앞뒤면을 곡면으로 다듬은 형태이다. 대들보 위에 다시 낮은 굄목과 첨차형 부재와 주두를 놓아 종보를 받고, 종보 위에는 제형 판대공[30]을 놓아 종도리와 받

▲ 호은정사

침장여를 지탱하게 하였다. 건물 정면에는 소로를 끼워 수장하였다. 재목을
선자귀로 깎는 등 치목과 결구에서 고졸한 형식을 보여 준다.

〈호은정사 배치평면도〉

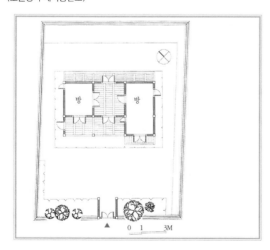

2) 만곡정사

경북 영양군 일월면 주곡리 175
경북 문화재자료 341호
1790년 창건, 19세기초 이건

만곡정사는 조선후기 명문장으로 이름 높았던 조술도趙述道(晚谷, 1729~1803)에게 학문을 배우기 위해 문하생들이 뜻을 모아 만든 건물이다. 조술도는 조덕린의 손자로 이상정을 사사했고, 많은 문도를 길러 냈다. 만곡정사는 본래 1790년(정조 14) 영양 원당리에 건립했는데, 순조純祖 초에 주실로 옮겼다. 만곡정사의 현액은 정조 때 영의정 번암 채제공蔡濟恭(1720~1799)이 직접 쓴 것이다. 채제공은 남인南人 출신의 명재상으로, 1797년에 78세의 몸으로 주실을 방문하여 그 기념으로 현판 글씨와 친필을 남겼다. 같은 남인으로서 정치적 동지이자 학문으로 이름이 높았던 조술도와의 동지애를 느낄 수 있다. 조술도는 예의禮儀와 향음주례鄕飮酒禮에 관한 저서인 『만곡문집晚谷文集』을 남겼다.

영양을 비롯한 영남 지방에는 조선시대의 누정이 많이 남아 있다. 누정은 사족士族들이 학문을 닦고 문중의 자제를 교육하는 공간으로서뿐만 아니라 종친회·숭조崇祖 등의 문중 활동을 하고 시단詩壇을 이루어 시정詩情을 나누는 장소, 향약 시행처·양로 교화소·동계회집소 등으로도 광범위하게 이용되었다. 이처럼 누정은 조선시대 선비들이 정치·경제·사회·문화 등 다방면의 역할을 수행하던 공간이었다.

조선시대의 씨족마을에서 정자는 대외적으로 가문의 위세를 과시하는 상징으로서, 특히 조선 중·후기에 명문 거족들이 앞다투어 많은 수의 누정樓亭을 건립하였다. 영양 지역의 누정 가운데 16세기에서 19세기 사이에 건립된 것은 모두 30개인데, 이 가운데 15개 정자가 한양 조씨 문중에서 건립한

▲ 만곡정사

것이다. 마을 내 학파정 · 침천정 · 호은정 · 창주정사 등도 이런 성격의 건물이라고 할 수 있다.

이 건물은 정면 3칸, 측면 2.5칸 규모의 홑처마 팔작집이다. 중앙의 마루를 중심으로 좌우에 온돌방을 들였다. 마루와 우측 온돌방 앞에는 반 칸 폭의 넓은 헌함軒檻³¹⁾을 꾸몄으며, 좌측 온돌방 뒤쪽에는 반 칸 폭의 책방을 만들고 서책書冊을 보관하였다. 헌함 앞에는 계자각 난간을 둘러 정면성을 강조하였다. 중앙에 위치한 마루는 앞쪽에 두 짝의 여닫이 띠살문을 시설하여 폐쇄적인 형태를 보여 준다. 마루 앞에 창호를 시설한 경우는 침천정 · 호은정사 · 만곡정사에서도 볼 수 있다. 만곡정사는 건물 좌우 양 측면에만 담을 쌓았을 뿐, 건물의 정면과 배면은 담을 쌓지 않고 개방했다.

만곡정사는 조선후기 유학자인 조술도가 후학을 양성하던 교육 공간이었다. 이러한 기능을 충분히 고려하여 왼편 온돌방 뒤쪽에 서책書冊을 보관하던 책방冊房을 두고 문인들과 학문을 토론하던 중앙의 마루를 폐쇄한 이 건물은 18세기 말의 지방 정사 건축의 독특한 모습을 잘 보여 주고 있다. 전반적으로 가운데 마루를 두고 좌우에 온돌방을 두는 조선후기 정사류 건축의 일반적인 경향을 따르고 있다.

〈만곡정사 배치평면도〉

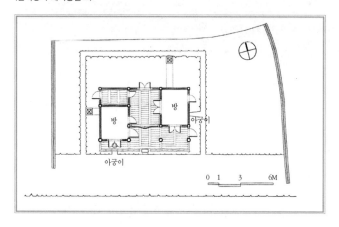

3) 창주정사

경상북도 영양군 일월면 주곡리
비지정 문화재
1708년 창건, 1990년 이건

조선 영조 때의 명신 옥천공 조덕린趙德鄰(1658~1737)의 정사로, 옥천종택 맞은편 언덕 위에 자리잡아 마을 앞의 문필봉 · 연적봉을 안대로 건축되었다. 창주滄洲는 조덕린의 별호別號이다. 1708년(숙종 34)에 태백산 노고봉

기슭(봉화군 소천면)에 창건했다가 영양군 청기면 흥림산의 정족리로 이건했다고 한다. 그 후 화재를 만나 불에 탄 것을 재건하여 임산서당霖山書堂이라 하였으며, 1990년에 이곳으로 옮겼다.

창주정사는 정면 4칸, 측면 2칸 규모의 홑처마 팔작집이다. 평면은 가운데에 2×2칸(4칸) 크기의 개방된 넓은 마루를 두고, 좌우에 2칸통의 온돌방을 둔 형태이다. 건물의 정면 좌우에는 온돌방에 불을 때기 위한 아궁이가 있으며, 연기는 각 방 뒤의 굴뚝으로 배출되었다. 마루 안쪽의 키 큰 띠살문을 통해 양측 온돌방으로 출입할 수 있게 하였고, 마루 배면에는 판문을 달아 놓았다.

기둥은 앞쪽에만 두리기둥을 쓰고, 나머지는 모두 네모기둥으로 처리하였다. 구조는 대들보를 내진주 위에서 합보하고 그 위에 삼분변작의 수법으로 종보를 짰다. 대들보 위에 판대공을 세워 종보를 받고, 종보 위에는 제형 판대공을 올려 종도리와 받침장여를 받았다. 마루 상부에는 서까래가 드러나는 연등천장을, 온돌방에는 고미반자를 꾸몄다. 산을 등지고 들을 향해 건축하였기 때문에 건물 앞쪽에만 낮은 맞담을 길게 쌓았다. 앞쪽 담 가운데 작은 사주문을 세워 출입하게 하였다.

〈창주정사 배치평면도〉

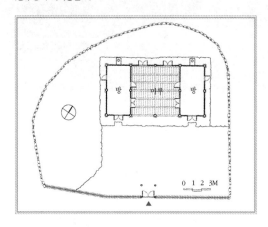

4. 인격 수양의 터

1) 침천정

경상북도 영양군 일월면 주곡리
비지정 문화재
조선후기

심재心齋 조언유趙彥儒(1767~1847)의 유업을 기리기 위하여 그의 문인과 후손이 함께 건립한 조선후기의 정자이다. 조언유는 조술도趙述道(晩谷, 1729~1803)와 외숙인 정종로鄭宗魯(立齋)를 사사하여 진사에 오른 후 문명

▲ 침천정

文名을 떨친 분이다. 그의 학문은 증손 조승기趙承基(南洲)와 그의 문인 조진용趙鎭容(小皐)과 외증손 유필영柳必永(西坡)에 의해 계승되었다.

침천정은 마을회관 뒤에서 서쪽으로 50여 미터 떨어져 있다. 바로 앞에 장군천이 흐르고 정자는 문필봉을 안대로 하여 남서향으로 배치되어 있다. 규모는 정면 3칸, 측면 1.5칸이며, 건축 형식상 영남 지방의 일반적인 3칸 '一자형' 정자의 계통을 따랐다.

평면은 중앙의 마루방을 중심으로 좌우에 각각 1칸 크기의 온돌방이 대칭으로 배치된 형태이다. 방과 마루 앞에는 반 칸 폭의 툇마루가 길게 놓여 실내로 출입하는 과정적 공간으로 이용된다. 좌우 온돌방으로 출입하기 위해서는 청방廳房 간의 두짝 여닫이문을 이용해야 한다. 마루와 온돌방 정면에는 띠살문을 달아 놓았다. 마루 앞에는 네 짝의 키 큰 사분합들문을, 그리고 온돌방 앞에는 머름 위에 두 짝 띠살문을 달았다. 마루 앞에 창호를 둔 것은 마루 내부를 폐쇄적으로 처리하기 위한 것으로, 영남 중남부 지역에서 마루 전면을 개방하는 것과는 그 건축적 성격이 다르다. 또한 마루 앞의 사분합문은 여름에 개방하고 겨울에 폐쇄할 수 있어 내부 공간 사용의 융통성이 크다.

기단은 자연석 외벌대로 쌓아 높지 않으며, 기단 전면全面은 시멘트 몰탈(Mortar)을 발랐다. 기단 위에 자연석 초석을 놓고 네모기둥을 세우고 주두를 놓아 상부구조를 지탱하게 했다. 상부가구는 1고주 5량가로, 정면에만 창방과 도리 사이에 소로를 끼워 수장했다. 창방은 앞뒷면을 곡면으로 깎은 배부른 형태이다. 천장은 마루만 서까래를 그대로 노출한 연등천장이며, 온돌방은 고미반자로 되어 있다. 처마와 지붕은 홑처마 맞배지붕이며, 맞배지붕 측면에는 풍판을 달아 바람과 비를 막았다.

침천정은 전체적으로 기둥이나 대들보, 서까래 등의 크기가 작고 소박하며, 치장이나 장식이 간결하고 절제된 조선후기의 정자이다. 외관의 훼손은 적으나 벽면의 시멘트 몰탈 마감 등이 눈에 거슬려 보기에 좋지 않다. 내부에 잡다한 물건들이 수장되어 있어 정자로서의 사용이 불가능하고 창호도 많이 훼손되어 기능 회복과 세심한 관리가 요구된다.

〈침천정 배치평면도〉

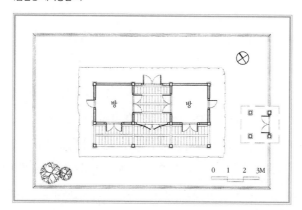

▲ 학파정

2) 학파정

> 경상북도 영양군 일월면 주곡리
> 비지정 문화재
> 조선후기

마을회관 우측에서 마을 앞을 향해 남서향으로 배치되어 있다. 조덕린趙德鄰(1658~1737)의 현손이며 조운도趙運道(1719~1796)의 손자인 조성복趙星復(1772~1830)의 정자이다. 본래 경북 영양군 일월면 섬촌리에 있던 정자를 현재의 자리로 옮겨왔다. 조성복은 정약용을 비롯한 조선후기 실학자들과 교유하며, 마을에 새로운 학풍을 불러일으키는 데 크게 공헌하였다. 정약용이 학파정의 정사기精舍記를 썼다.

이 정자는 정면 3칸, 측면 1.5칸의 홑처마 맞배집이다. 평면은 중앙에 마루를 두고, 좌우에 온돌방을 둔 형태이다. 우측 온돌방이 좌측 온돌방보다 앞으로 돌출된 형태로 반 칸 정도 더 넓다. 이 같은 평면 형태는 마을 내 호은정사에서도 볼 수 있다. 만곡정사의 평면 형태도 이와 유사하다. 좌측 온돌방과 마루 앞에는 비교적 널찍한 헌함軒檻을 두었다. 방과 마루 앞에 꾸민 헌함의 폭은 좌측 온돌방 앞이 넓고 우측 온돌방 앞이 좁다. 헌함 끝에는 평난간을 두르고, 난간 청판에 풍혈風穴을 뚫어 장식하였다.

마루 앞에는 사분합들문을, 뒤에는 두 짝 판문을 달아 폐쇄했다. 마루 앞에 문을 달아 폐쇄하는 형식은 주실 마을 정자의 특징 중의 하나로 호은정사·만곡정사·침천정에서도 볼 수 있다. 온돌방 앞에 두 짝 여닫이 띠살문이 달려 있으나 주된 출입은 청방간의 키 큰 여닫이문을 통해 이루어진다. 천장은 마루에만 연등천장32)을 시설하고 좌우 온돌방은 고미반자로 마감하였다.

막돌로 쌓은 낮은 기단 위에 건축한 정자로 상부가구는 자연석 초석 위에 네모기둥을 세우고 대들보와 종도리를 짜 맞춘 간략한 형식의 3량가이다. 대들보 위에 제형 판대공을 놓아 종도리와 받침장여를 받았다. 정면의 창방과 처마도리 받침장여 사이에는 소로를 끼워 넣어 장식하였다. 창방은 앞뒷면을 곡면으로 깎아 배가 부른 형태로 침천정의 것과 유사하다.

〈학파정 배치평면도〉

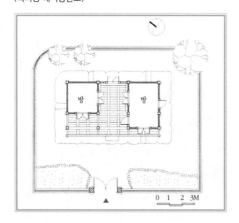

226

본문에 나오는 건축 용어 설명

1) **익사** 주 건물의 좌우에 붙여 한 집채로 지은 부속 건물.

2) **막돌초석** 막돌을 쓴 주춧돌.

3) **첨차** 살미와 십자로 짜여지는 도리 방향 공포 부재.

4) **보아지** 기둥머리 또는 주두에 끼워 보의 짜임새를 보강하는 짧은 부재.

납도리

5) **납도리** 단면 형상이 방형方形 또는 장방형으로 된 도리, 네모도리.

6) **장여** 도리를 보강하기 위해 바로 밑에 평행으로 친 부재.

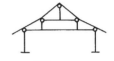

5량가

7) **창방** 바깥 기둥을 한바퀴 돌아가면서 기둥머리를 연결하는 부재.

8) **수장** 구조재가 아닌 중방·벽선·반자 등 내부 치장이 되는 것.

9) **5량가** 도리가 5개 있는 지붕가구.

10) **동자주** 대들보나 중보 위에 올라가는 짧은 기둥.

동자주

11) **초당** 집의 원채 밖에 억새나 짚 등으로 지붕을 이는 작은 별당.

12) **도장방** 바닥을 흙바닥 또는 온돌바닥으로 마감한 수장 공간.

13) **주두** 기둥 위에 놓여 상부 하중을 기둥에 직접 전달하는 역할을 하는 부재.

14) **3량가** 도리가 3개 있는 지붕가구.

3량가

15) **사주문** 기둥 네 개로 된 문.

16) **계자각** 위는 구부정하게 내밀고 초새김하여 난간의 중간 중간에 세워 두겁대를 받치는 짧은 기둥.

계자각

17) **하엽** 난간 돌란대를 받는 연잎 모양의 장식재.

18) **안상무늬** 난간의 격간에 오금곡선으로 된 안쪽을 파낸 모양.

안상무늬

19) **허튼층 쌓기** 마름돌이나 네모 막돌 등을 수평으로 놓아 쌓되 수평줄눈이 직선으로 통하지 않게 흐트려 쌓는 방식.

20) **덤벙주초** 둥글넓적한 자연석 윗면에 맞게 기둥 밑
면을 깎아 세우는 방식.

21) **사분합들문** 한 창문틀에 창문짝 네 짝을 들어서
여닫게 되는 문.

사분합들문

22) **머름** 창 밑의 하인방과 창틀 사이에 머름동자를 세
우고 널로 막아댄 부분.

23) **고미반자** 고미받이에 고미혀를 걸고 그 위에 산자
를 엮고 흙칠한 반자.

24) **초익공** 익공쇠서가 1개인 전통 건축 양식.

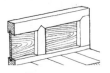

머름

25) **소로** 작은 주두 모양으로, 창방과 장여 사이에 놓
여서 각 부재 간을 연결하고 각 부재를 타고 내려오
는 상부 하중을 골고루 밑으로 전달해 주는 역할을
하는 네모난 부재.

26) **굴도리** 단면 형상이 원형으로 된 처마도리.

27) **삼분변작** 건물의 전체 칸 사이를 삼등분한 지점에
동자주를 세우고 종보와 중도리를 배치하는 지붕
가구의 한 방법.

초익공

28) **연귀맞춤** 직교되거나 경사 교차되는 나무의 마구
리가 보이지 않게 서로 45°또는 맞닿는 경사각의
반으로 빗잘라 대는 맞춤.

29) **처마도리** 건물 바깥 기둥 또는 벽체 위에 걸어 서
까래를 받는 도리.

삼분변작

30) **제형 판대공** 사다리꼴의 판자로 만든 대공.

31) **헌함** 건넌방·누각·대청 등의 기둥 바깥으로 돌
아가며 깐 좁은 마루.

제형 판대공

10장

놀이와 배움의 어우러짐, 주실의 민속

1. 기억력을 기르는 '건궁윷말'

주실의 윷놀이는 안동의 여느 지역과 마찬가지로 말판 없이 윷을 노는 '건궁윷말'이 일반적이다. 이를 '건궁말' 혹은 '건궁윷말'이라고 한다. 그런데 건궁윷말이라 해서 말판이 전혀 없는 것이 아니라 암기를 위한 '암기용 말판'이 별도로 있다. 주실의 말판은 다음과 같다.

〈주실의 말판〉

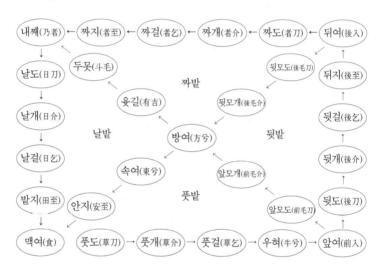

그림에서 보듯이 29국局의 명칭을 모두 암기해야만 건궁윷말이 가능하다. 또한 윷말의 진행을 지시하기 쉽도록 각 영역마다 별도의 밭이름도 만들어 두었다. 가령 윷말이 우혀에 놓인 상태에서 개가 나왔을 때 "뒷밭으로 돌아가자"고 하면 뒷도에 놓으라는 것을 뜻하며, 또 둘모 걸을 치면 "한동 방둘렀다"(한동 났다는 뜻임)고 한다. 때로는 윷말의 명칭을 줄여서 부르기도 하는데, 윷이 나온 후에 걸을 던지면 풋걸과 우혀에 윷말을 진행시켰음을 알리기 위해 "걸, 우 했다"고 소리치기도 한다. 한편 첫 윷을 던져서 도가 나오면 "첫 도는 살림밑천이요" 혹은 "첫 도는 부국지상이요"라고 외친다. 이것은 "첫 딸은 살림 밑천이다"라는 표현처럼, 서운함을 달래기 위해서 지어 낸 언설로 이해된다.

말판의 명칭은 남녀 모두 언문을 깨우칠 무렵인 6~7세 정도가 되면 외우기 시작하는데, 이를 가르치는 것은 주로 할머니들이다. 며느리에게 살림을 내주고 건넌방으로 물러앉은 할머니들이 무료함을 달래기 위해 손자 손녀들을 데리고 윷을 놀면서 말판의 명칭을 외우게 한다. 무조건 말판을 들여다보면서 암기시키는 것이 아니라 실제 놀이를 통해서 재미있고 자연스럽게 터득하도록 유도하는 것이다. 간혹 암기하는 것이 힘들어서 그려 둔 말판을 보려고 떼를 쓰기라도 하면, 할머니는 "이걸 외우면 기억력이 좋아져서 공부를 잘한다"고 달랜다.

주실의 윷놀이에는 장작윷, 까치윷(혹은 안방윷), 콩윷, 팥윷이 있다. 장작윷은 주실에서 가장 큰 윷판으로서 마당윷 또는 편윷이라고도 하며, 설 무렵에 날(현재는 1월 2일)을 잡아서 논다. 장작윷은 느티나무 · 참나무 · 버드나무 등 굴곡이 없고 올이 곧은 나무로 만들며 길이는 40~50㎝, 굵기는 8~10㎝정도이다. 이처럼 윷가락이 굵고 무겁다 보니 한 손으로는 잡을 수 없고 양팔로 부둥켜안아 멍석 위로 던진다. 매해 12월 20일 무렵이 되면 새 윷가락을 미리 만들어 두는데, 멍석 위에 윷을 던지면 나무껍질이 벗겨져서 한 번 사용한 것은 이듬해 다시 쓸 수 없기 때문이다.

장작윷은 남성들(한양 조씨)이 주축이 되어 노는 윷놀이다. 마을 남성 가운데 혼인할 연령에 접어든 16~17세부터 움직일 수 있는 노인에 이르기까지 누구나 참가할 수 있다. 따라서 한 집에서 몇 명이 참가하든 상관없다. 장소는 특별히 정해져 있지 않고 대개 마당이 넓은 집에서 노는 경우가 많다. 윷판에는 남성뿐만 아니라 주실 딸네들과 혼입婚入한 새댁들 그리고 아이들도 모여든다. 윷놀이에 직접 관여하지 않는 여성들은 음식을 장만하기 위해, 아이들은 음식을 얻어먹기 위해 삼삼오오 모여드는 것이다. 윷놀이에 소요되는 술·묵·떡 등은 각 집에서 서로 공평하게 갹출하여 장만한다.

윷을 놀 때는 동편과 서편으로 편을 갈라 승부를 겨루는데, 마을 한 가운데를 흐르는 개천 아래에 자리한 아랫마가 동편이 되고 그 위에 있는 윗마가 서편이 된다. 그런데 편을 가르고 나서 양편의 실력 차이가 너무 크게 벌어지면 균형을 맞추기 위해 실력자를 골고루 섞기도 한다. 편짜기가 대충 마무리되면 이번에는 윷말을 책임지는 '편장'을 각 편에서 한 명씩 뽑는다. 편장은 윷말을 잘 써야 한다는 조건 외에도 사람들의 여러 의견을 적당히 수렴하여 잘 마무리할 수 있는 지도력을 갖춘 사람이라야 한다. 또한 윷말을 쓸 때는 윷을 던진 사람보다도 편장의 발언권이 더 강하며, 간혹 의견 차이가 생길 경우에도 편장의 판단과 결정을 우선한다. 편장 선출이 끝나면 커다란 한지에 '동편/서편'으로 갈라서 각각의 참가자 명단을 적어 벽에 붙여 둔다.

장작윷처럼 참가 인원이 많은 윷판에서는 건궁윷말이 매우 효과적이다. 요즘처럼 말판을 사용하면 윷말의 진로를 확인하거나 지시할 때 일일이 말판을 들여다보아야 하므로 번거롭기 짝이 없다. 또한 말로 전달하려고 해도 말판마다 별도의 명칭이 없으므로 사실상 불가능하다. 그러나 건궁윷말이라면 일일이 말판을 들여다보지 않고도 가령 "뒤에 과아라(뒤여에 넣어라)" 하고 고함을 치는 것만으로 얼마든지 윷말의 진로에 참견할 수 있고 편장 역시 자기편 사람들에게 윷말의 진행 과정을 소상히 알려줄 수 있다. 건궁윷말이 없었더라면 많은 사람들이 참여하는 야외(마당) 윷놀이가 가능했을까 하는 의문마저 든다. 그런데 건궁윷말은 윷말의 진행 과정을 머릿속에서만 기억하고 있기에 그만큼 다툼도 많다. 말판이라면 확실한 증거물이 있지만, 오직 기억에만 의존하는 건궁윷말은 상대편은 물론 같은편 사람들조차도 서로 다르게 기억하고 있는 경우가 간혹 있기 때문이다. 그러나 이러한 말다툼이 싸움으로 번지는 경우는 아주 드물고, 오히려 윷판의 분위기를 한층 더 고조시켜 재미를 더해준다. 실제로 주실 사람들은 건궁윷말의 이런 재미 때문에 윷놀이의 흥이 더한 것이라고들 한다.

장작윷은 각 편에서 2명씩 나와서 서로 승패를 가리는 일종의 토너먼트 형식으로 이루어지는데, 이 때 연장자를 우선으로 윷을 놀게 한다. 윷을 노는 시간은 아침 무렵부터 저녁까지 이어지며, 간혹 참가 인원이 많아서 시간이 지체될 듯 싶으면 각 편에서 3명 또는 4명씩 나와서 동시에 노는 경우도 있다. 이런 방법으로도 좀처럼 끝내기 어려울 것 같으면 중도에 윷판을 접어야 한다. 이런 경우에는 양편의 이긴 사람 숫자를 헤아려서 승패를 가린다. 윷놀이에 참가하는 인원은 평균 40~50명 정도이며, 많을 때에는 80명이 참가한 적도 있다고 한다. 윷놀이가 끝나면 술과 춤·노래가 펼쳐지는 뒤풀이가 시작되며, 이 때는 윷놀이에 직접 관여하지 않은 여자들과 아이들도 함께 어울린다. 다만 새댁들만은 내외內外를 하느라 놀이판에는 나오지 않고 뒤에서 구경만 한다. 장작윷의 뒤풀이는 일종의 시상 축하연이기도하다. 이긴 편에서는 승리를 자축하는 노래를 부르고, 진 편에서는 벌칙으로 익살스런 곱사춤을 추거나 이긴 편 사람들을 업고 덩실덩실 춤을 추기도 한다.

장작윷이 남성들의 윷놀이라면, 까치윷은 여성들의 윷놀이다. '까치윷'은 '윷가치(가락)'에서 나온 말로서 장작윷과 구별하기 위해 붙인 명칭이다. 또한 안방에서 논다는 의미에서 안방윷이라고도 하며, 싸리나무로 만들었다고 해서 싸리윷이라고도 한다. 까치윷은 정초에서 2월 사이에 행해지며 주로 저녁시간에 논다. 까치윷의 재미는 주실 출신의 딸네들과 바깥에서 시집 온 새댁들이 서로 편을 갈라 승부를 겨룬다는 데에 있다. 즉 남성들의 장작윷은 주실 출신 남성들만의 놀이이지만, 까치윷은 이른바 주실 대 비주실의 겨룸이기에 윷판의 재미도 그만큼 더하다. 특히 건궁 윷말을 쓰지 않는 지역에서 시집 온 새댁들은 아무래도 윷말 쓰는 것이 서툴기에 딸네들로부터 놀림을 당하는 경우가 종종 있다. 이 때문에 이들 새댁들은 정초가 되기 이전에 서둘러 말판을 외워야 하는 또 다른 시집살이를 안고 있는 셈이다. 그런데 실제 윷판에서는 새댁들도 만만치 않다. 승부를 겨루는 상대가 누구든 간에 좀처럼 양보하지 않고 맞선다. 평소에는 다소곳하기만 했던 새댁들도 남성들이 없는 자리이기에 그야말로 한바탕 신명나게 놀아보는 것이다. 한편 콩윷과 팥윷은 콩이나 팥을 반으로 쪼개서 만든 것으로 주로 살림살이에서 물러난 할머니들이 집안 아이들을 데리고 심심풀이 삼아 노는 것일 뿐, 편윷에는 사용하지 않는다.

2. 겨울철 남성들의 두뇌싸움 '팔목놀이'

주실에는 '팔목八目'이라는 남성들의 실내놀이가 있다. 팔목은 성대중成大中(1732~1812)의 『청성잡기靑城雜記』에는 '투전鬪牋'으로 되어 있고, 유득공柳得恭(1749~1807)의 『경도잡지京都雜志』에는 '투전投箋'으로 나와 있다. 그 외 '수투전數鬪牋', '팔대가八大家'라는 명칭도 보이나, 주실에서는 이들 명칭을 사용하지 않고 팔목으로 부르고 있다.

남자아이가 12~13세 정도가 되면 누구나 팔복을 배운다. 아이들이 화투를 하는 것은 엄격히 금지되어 있지만 팔목을 하는 것은 허용하였기 때문이다. 이처럼 팔목은 노름이 아니라 겨울철 방안 놀이의 하나로 전승되었다. 주로 섣달 보름에서 2월 보름까지가 팔목놀이 기간이며, 특히 정초에서 대보름까지가 가장 성할 때이다. 이 무렵이 되면 큰사랑에서는 노인들이, 작은 사랑에서는 중년들이, 중방에서는 소년들이 한 집에서 3대가 함께 팔목놀이판을 벌이기도 한다. 그러다가 2월 보름이 지나면 한풀 수그러들어 종이에 팔목을 싸서 벽장 깊숙이 보관해 둔다.

팔목은 가로 1.3㎝, 세로 15.3㎝ 크기의 한지를 서너 겹 붙여서 만들며 총 80장으로 되어 있다. 이 80장에 각각 먹 글씨를 써넣어 들기름을 먹이면 팔

목이 완성되는 것이다. 놀이를 할 때는 4명이 한 패가 되어 각 20장씩 나눠 가지고, 부챗살처럼 펴 들고 한 장씩 빼어 장판 위에 던진다. 이렇게 한 장씩 던진 팔목 가운데 제일 많은 끗수를 낸 사람이 다른 3장을 먹게 되는데, 이 4 장을 '한(一)수'라 하여 가장 많은 수를 먹은 사람이 이기게 된다.

　팔목의 놀이 방법을 좀더 소상하게 살펴보기로 하자. 총 매수가 80장이며 종이 앞면에 "인人(사람)·어魚(물고기)·조鳥(새)·치雉(꿩)·성星(별)· 마馬(말)·토兔(토끼)·장獐(노루)"이라고 각각 적어 넣는다. 그리고 이들 8종목에는 1에서 10까지의 숫자가 있는데, 10은 장將이라 하여 숫자를 쓰지 않고 특정 명사를 적어 둔다. 즉 인장은 제帝, 어장은 용龍, 조장은 봉鳳, 치장은 응鷹, 성장은 두斗, 마장은 추騶, 토장은 취鷲, 장장은 호虎이다. 글씨를 써넣을 때는 장은 초서, 숫자는 반초서, 8종목 가운데 어·조·성·마는 반 초서, 인·치·토·장은 변형된 약체略體 곧 인은 彡, 치는 靃, 토는 ㄞ, 장 은 犇이라고 쓴다. 그리고 종이 뒷면에는 초서로 낙엽落葉이라고 적는데, 이 는 팔목을 펴 들었을 때 상대방에게 글자가 비치지 않도록 하기 위함이다.

8종목 가운데 인·어·조·치는 숫자가 높은 것으로 낮은 것을 먹으며, 성·마·토·장은 숫자가 낮은 것이 높은 것을 먹는다. 이를 두고 "인어조 치 노老로 먹고, 성마토장 소少로 먹고"라고 한다. 즉 인·어·조·치는 '장, 9, 8, 7, 6, 5, 4, 3, 2, 1'의 순서로 눌러 먹고, 성·마·토·장은 '장, 1, 2, 3, 4, 5, 6, 7, 8, 9'의 차례로 먹는다는 뜻이다.

【패 섞기】 팔목놀이에서는 반드시 4명이 한 패를 이루며, 3명이나 5명으 로는 할 수 없다. 4명이 모여 한 패를 이루면 팔목을 나눠주기 위해 골고루 섞는다. 팻목(팔목)을 섞을 때는 화투를 치듯이 엎어서 섞는 방법과 팻목을 갈라 쥐고 X자형으로 교차시켜 트럼프처럼 한 장씩 섞이게 하는 방법이 있 다. 주실에서는 후자를 정법으로 여긴다.

【패 나누기】 패(팔목의 낱장)가 골고루 섞여지면 X자형으로 교차시켜 장 판 위에 엎어놓은 다음 1명씩 20장을 나눠 가지는데, 팻군 가운데 가장 연장 자 맞은편에 앉아 있는 사람이 엎어놓은 팻목의 일정량을 떼어 옆에 내려놓 으면, 그 맞은 편의 최연장자가 X자형의 팻목 중에서 아래 묶음(떼어간 묶음 의 다음 것)의 첫 장부터 넉 장을 떼어 간다. 그 다음이 연장자의 오른편 사 람, 연장자의 맞은편 사람, 연장자의 왼편 사람 순으로 각각 넉 장씩 떼어서 80장을 4등분한다.

【패 끊기】 나눠 가진 20장의 팔목을 손에 쥐고 정리하는데, 이 때 좋은 쪽 과 낮은 쪽을 가려서 자신이 세워 둔 작전에 유리하도록 순서를 정렬하여 부

챗살처럼 펴 든다. 팔목 80장의 등급은 다음과 같다.

A. 장(인어조치의 장과 성마토장의 장)
B. 구일九一(인어조치의 九와 성마토장의 一)
C. 이팔二八(성마토장의 二와 인어조치의 八)
D. 삼칠三七(성마토장의 三과 인어조치의 七)
E. 사륙四六(성마토장의 四와 인어조치의 六)
F. 오오五五(인어조치의 五와 성마토장의 五)
G. 숫 사륙四六(인어조치의 四와 성마토장의 六)
H. 숫 삼칠三七(인어조치의 三과 성마토장의 七)
I. 숫 삼팔二八(인어조치의 二와 성마토장의 八)
J. 숫 일구一九(성마토장의 九와 인어조치의 一)

여기서 가령 '숫 사륙四六'은 '역逆 사륙'이라는 말로서 '좋은 사륙'이
아닌 '나쁜 사륙'이라는 뜻이다. '숫'은 웅雄이라는 말로 비생산적인 것으
로 여겨지기 때문이다. 다만 위의 등급은 동일한 종목에서만 효력을 발휘할
뿐, 다른 종목에 대해서는 힘을 펼 수 없다. 이를테면 구어九魚는 어의 종목
에서 장 다음으로 힘이 세어 그 아래 수를 누를 수는 있으나, 팔인八人이나
칠조七鳥, 육치六雉 등을 누르지는 못한다.

【패 겨루기】 팻목 정리가 대충 끝나면 놀이를 시작하는데, 첫 번째로 뽑
아 던지는 사람은 패 나누기에서 가장 먼저 넉 장을 떼어 간 최연장자이다.
이 때 만일 최연장자인 갑이 육조六鳥를 낸다면, 조는 수가 높은 것으로 낮
은 것을 먹으므로 을이나 병·정이 칠조 이상을 내지 않으면 이를 누를 수
없다. 여기서 을이 칠조를, 병이 구조九鳥를 내고 정에게 조장鳥將이 없다
면 첫 수는 병이 먹게 된다. 그리고 둘째 수에서는 한 수를 먹은 병이 가장
먼저 팻목을 뽑아 던진다. 그런데 갑이 육조를 낸 것은 전략일 수도 있다. 즉
자기에게 조장과 팔조·육조·오조가 있으므로 육조에 반응하여 칠조와 구

조가 빠져 나오면 조장과 팔조·오조까지 그대로 먹을 수 있기 때문이다. 따라서 이런 경우 을이 칠조를 내고 병이 구조를 낸 것은 갑의 작전에 그대로 말려든 셈이 된다. 이렇듯 어떤 작전 아래 첫 장을 뽑아 내면서 다른 사람들의 반응을 보는 것을 '수불림' 이라고 한다.

【수불림】 '수불림' 이란 자신이 가지고 있는 것보다 윗수를 판에 내리도록 유도하는 전략이다. 즉 숫자로 하는 대부분의 놀이처럼 장將이 판에 내려진 후에는 9·1이 장으로 승격되고, 9·1이나 8·2까지 나오게 되면 7·3이 장격이 되듯이, 낮은 숫자는 바로 위의 숫자가 빠질 때마다 한 단계씩 승격되기 때문이다. 이 수불림 작전은 놀이를 하는 가운데 계속되지만, 각자가 네 수(4조 4매)를 먹을 때까지의 초반전에서 주로 행한다.

【수털기】 자신이 지닌 것 가운데 먹을 수 있는 것은 다 먹어야 하는 것을 '수털기' 라고 한다. 네 수를 먹기까지는 수를 불리는 작전 때문에 먹을 것이 있어도 먹지 않고 자신이 가진 것의 등급을 승격시키기 위해 남의 손에 있는 높은 수가 빠져나오도록 유도하지만, 다섯 수만 먹으면 자신이 지닌 것 중에서 먹을 수 있는 것은 남김없이 먹어야 한다. 먹을 것을 다 먹고 남은 팔목을 엎어 쥐고 있으면, 오른편에 앉은 사람이 한 장을 뽑아서 이 때 뽑혀 나오는 종목의 최고점을 지닌 사람에게 준다. 가령 뽑혀 나온 것이 칠마七馬인데, 이미 마장馬將에서는 삼마까지 빠져나갔다면 사마를 가진 사람에게로 가는 것이다. 이 사마를 가진 사람은 칠마를 받으면 그 때까지 한 수도 먹지 못했어도, 먹을 것이 나오면 무조건 먹어야 하는 수털기를 해야 한다. 따라서 수털기는 4명 가운데 1명만 털어도 나머지 사람들은 싫든 좋든 털도록 정해져 있다.

이 외에도 팔목놀이에는 다양한 기술과 방법이 있으나 여기서는 중요한 방법만을 소개하였다. 그런데 팔목의 놀이 방법을 모두 터득하여 실제 놀이에 참가하기까지는 많은 시간이 소요된다. 끈기를 갖고 배우지 않으면 좀처럼 익히기 어려운 것이다. 이처럼 놀이 방법이 무척 까다롭기 때문에 다른 민속놀이에 비해 비교적 일찍 소멸했을지도 모른다. 실제로 팔목놀이를 전승하고 있는 지역은 매우 드문 편이다. 아예 처음부터 놀이 자체가 없었거나 이미 오래 전에 전승이 중단된 지역들이 대부분이다. 주실에서도 최근에는 팔목놀이를 거의 접할 수 없으나, 60대 이상의 남성이라면 대부분 기억하고 있다. 이들의 기억에 따르면 호롱불을 밝히고 살던 시절에는 불이 어두워 팔목에 적힌 글씨가 잘 보이지 않으므로 밤새 입에 흰 종이를 물고 거기에 반사되는 빛을 이용하여 놀이를 했을 정도라고 한다.

3. 살림살이에서 물러난 할머니들의 놀이

1) 가투 놀이를 통해 시조를 외우다

대개 반가의 시어머니들은 적절한 시기가 오면 며느리에게 살림을 물려준 후 한가로운 노후를 보내게 된다. 살림살이에서 한 발 물러난 이들은 무료함을 달래기 위해 다양한 놀이를 고안해 내기도 하였는데, 그 가운데 하나가 '가투'이다. 가투는 시조를 암기하여 이를 알아 맞추는 시조 놀이의 일종이다. 일반적으로 가투는 '화가투花歌鬪'로 널리 알려져 있으며, 장방형 종이에 그림과 시조의 종장만을 적어둔 형태이다. 최근에는 화투나 트럼프처럼 시중에서 쉽게 구입할 수 있다. 주실 사람들에 따르면 원래의 가투는 그림 없이 시조만을 적어둔 것이었으나, 개화 이후 일본의 화투와 함께 화가투(이와 유사한 것으로 일본의 '가루타かるた'가 있음)가 보급되기 시작하였다고 한다. 순전히 수작업으로 이루어지는 가투에 일일이 그림을 그려 넣기란 실제로 불가능하다는 것이다.

주실에서 사용하고 있는 가투는 가로 6~7cm, 세로 9cm 정도의 한지를 몇

▲ 방바닥에 펼쳐 놓은 가투

겹씩 붙여서 만든다. 가투의 매수는 특별히 정해져 있지는 않으나 대략 70
~80장 정도이다. 가투 한 장에 시조 한 수를 적으므로 결국 시조 70~80수
가 들어가는 셈이다. 집집마다 전해 내려오는 시조집(언문)을 보면서 옮겨
적는데, 초장과 중장은 제외하고 종장만을 써 둔다. 가령 「태산이 높다하되」
라는 시조의 종장 '사람이 제 아니 오르고 뫼만 높다 하더라' 는 구절만을 적
어두고, '태산이 높다 하되……' 에서 시작하여 중장까지 읽어 내려가면 이
를 들은 사람이 '사람이 제 아니 오르고……' 가 적힌 가투를 재빨리 집어드
는 놀이이다. 시조집에 실린 시조들은 대체로 내용이 비슷하므로 반드시 자
기 집 가투가 아니어도 누구나 쉽게 어울릴 수도 있다. 때로는 딸이나 손녀
들이 시집을 갈 때 어머니나 할머니가 손수 만든 가투를 가지고 가는 경우도

있다.

가투 놀이는 최소 2명만 있으면 가능하며 인원이 많을수록 긴장감을 더해준다. 대개 할머니가 거처하는 안방이나 건넌방이 놀이 장소가 되며 방안에서 주로 하기에 겨울철 놀이로 적절하다. 가투는 평소 내방가사나 시조를 즐겨 읽는 반가의 여성 놀이 중의 하나이다. 따라서 주로 여성들끼리 하는 것이 일반적이지만, 무료한 할머니들이 놀러온 손자 손녀나 혹은 집안 총각들을 앉혀 놓고 하는 경우도 있다.

놀이 방법은 간단하다. 각 시조의 종장만을 적어 둔 70~80장의 가투를 방바닥에 펼쳐 놓고 시조를 잘 외우고 목청이 좋은 할머니가 시조집을 들고 특정 시조의 초장과 중장을 읽어 내려가는 중에 그 시조의 종장이 적힌 가투를 재빨리 집는다. 이런 식으로 펼쳐 둔 가투가 모두 없어지면 각기 집어간 가투의 숫자로 승패를 가리는 것이다. 승패의 관건은 우선 시조에 통달하는 일이다. 대개 이런 사람들은 초장의 첫 마디만 듣고도 가투를 낚아채어 간다. 그러므로 초장이나 중장의 내용을 모두 들은 후에 찾기 시작하면 이미 늦다. 그러나 시조에 아무리 통달해 있어도 눈썰미가 없고 동작이 느리면 역시 불리하다. 두 사람이 동시에 그 시조를 알아차렸다면, 그 때부터는 누가 먼저 발견하고 집어 가느냐의 재빠른 손놀림이 승패를 결정하는 것이다. 따라서 놀이를 시작하기 전에 방바닥에 펼쳐진 가투를 미리 보고 기억해둘 필요가 있다. 간혹 꾀가 많은 사람들은 자기가 앉은 쪽에서 읽기 쉽도록 거꾸로 된 가투를 돌려놓기도 한다.

이처럼 민첩한 동작을 필요로 하는 놀이인 만큼 실수도 잦다. 이를테면 '태산……' 이라는 부분만 듣고 '사람이 제 아니 오르고……' 가 적힌 가투를 재빨리 집었으나, 그 뒤에 나오는 구절이 '태산에 올라앉아 사해를 굽어보니' 로 시작되는 전혀 다른 시조인 경우도 종종 있기 때문이다. 이런 실수가 나올 때마다 억울함을 호소하는 사람과 이를 보고 웃는 사람들로 놀이판은 절로 흥거워진다. 간혹 짓궂은 할머니들은 이런 실수를 유도하기 위해 초장의 첫 단어가 같은 시조들만을 골라서 가투를 만들어, 시조를 읽어 내려갈 때도 '태~산~' 또는 '청~산~' 하고 일부러 목청을 길게 뽑아 혼란을 자아내기도 한다. 놀이의 재미는 실수로 인해 한층 더해진다는 놀이의 참맛을 아는 분임에 틀림없다.

가투가 시조 놀이라고는 해도 한문이 아닌 언문으로 적혀 있기 때문에 언문을 깨친 6~7세 정도의 아이들도 함께 어울릴 수 있다. 즉 시조의 깊은 뜻을 제대로 음미하고 있든 그렇지 못하든, 이에 상관없이 기계적으로 시조를 암송하는 것이다. 주실에서 만나 60대 이상의 노인들은 한결같이 가투 놀이 덕분에 시조를 외우게 되었다고들 한다. 실제로 현재 그들이 외우고 있는 대부분의 시조들도 그 당시 놀이를 통해 익힌 것들이다. 특히 아이 어른 할 것 없이 놀이에서 이기기 위해 할머니 시조집을 빌려와서 틈만 나면 시조를 읽고 외웠다고 한다. 이처럼 가투야말로 놀이와 교육을 완벽하게 조화시킨 좋은 본보기라 하겠다.

2) 장군빼기로 긴 밤을 지새우다

할머니들이 즐겨하는 놀이로 '장군빼기'도 빼놓을 수 없다. 비교적 놀이 방법이 간단한 '장군빼기'는 '쌍륙雙六'과 상당히 유사한데, 다만 정확한 기원에 대해서는 알 길이 없다. '장군빼기'의 놀이 방법은 다음과 같다.

〈장군빼기의 말판〉

　장군빼기를 하기 위해서는 주사위 2개, 말판을 그린 종이, 말(바둑알)이 필요하다. 최소 2명만 있으면 할 수 있는데, 대개 4명이 하는 경우가 많다. 4명이 할 때는 각각 2명씩 두 편으로 갈라 승부를 겨룬다. 놀이 방법은 주사위 2개를 던져서 각각 나오는 숫자대로 말판의 1에서 6이나 장군에 말을 넣는다. 가령 주사위를 던져 2와 4가 나왔으면 말판의 2와 4가 씌어진 곳에 말을 한 동씩 넣으며, 3과 3처럼 같은 숫자가 나오면 이를 '장군'이라 하여 장군자리에 한 동을 넣는다. 1에서 6까지는 각각 말 두 동, 장군에는 석 동이 들어가면 말판을 다 채운 형상이 되므로 이번에는 같은 방법으로 말을 빼낸다. 채워 넣은 말을 먼저 빼내는 편이 이기는 것이다.

　말판에서 보듯이 4명이 하는 경우에는 1에서 6까지는 각자의 말판이므로 우선 자신의 말판부터 채워야만 같은 편 사람을 도울 수 있다. 즉 자신의 말판을 모두 채우면, 이 때부터 던져 나오는 숫자로는 미처 말판을 다 채우지 못한 같은 편 사람의 말판을 함께 채워가는 것이다. 이와 반대로 자신의 말판을 다 채우지 못한 상태에서는 같은 편 사람을 거들어 줄 수 없다. 가령 주사위를 던져 나온 숫자가 3과 5라고 할 때, 이미 자신의 말판 3과 5에 말이 두 동씩 채워져 있다면 더 이상 이 곳에 말을 넣을 필요가 없다. 그러나 이 때 같은 편 사람의 말판 3과 5가 비워져 있더라도 자신의 말판을 다 채우지 못한 상태라면 그 곳에 말을 놓을 수 없는 것이다. 그러나 장군 자리에는 두 사람 모두 자신들의 말판 상황과 상관없이 같은 숫자가 나오면 말을 넣을 수 있다.

장군빼기에서 가장 어려운 것은 '장군' 곧 같은 숫자가 나오도록 하는 것이다. 아마 이런 이유에서 으뜸을 의미하는 '장군'이라는 명칭이 붙여졌는지도 모른다. 주사위를 던질 때는 자신이 바라는 숫자를 크게 외치는데, 이 때 1과 2는 '백'과 '아'라는 별도의 명칭으로 부른다. 이를테면 주사위를 던질 때 "백 나와라!" 또는 "아 나와라!"라고 한다. 이처럼 주사위를 던질 때 원하는 것을 외치면 그대로 나온다고 믿는 점은 윷놀이와 흡사하다. 그런데 호골虎骨 즉 호랑이 뼈로 만든 주사위는 으슥한 밤이 되면 주문하는 대로 나온다고도 한다. 영험이 있다는 말이다. 한편 같은 숫자가 나왔을 경우에는 "장군이요!" 하거나, 각 숫자의 명칭에 따라 "백둘이요!", "아둘이요!", "삼둘이요!"라고도 하는데, 6만 "줄육이요!"라고 한다.

윷놀이와는 달리 주사위 놀이에서는 말판에 해당하는 숫자가 나와야만 말을 움직일 수 있기에 그만큼 더 어렵다. 가령 말판의 다른 곳은 모두 채웠으나 3에만 한 동이 부족한 경우, 3이 나올 때까지는 그야말로 속수무책이다. 따라서 주사위를 던지는 사람은 어떻게 해서든지 3이 나올 수 있도록 묘안을 짜내야 한다. 이 때문에 변칙적인 방법이 등장하기도 했다. 두 개의 주

사위를 동시에 던지지 않고 한 개를 미리 던져서 나온 숫자가 3이 아니라 6
이라면, "어디 용수聳手를 한 번 부려 볼까……" 하고는 손에 쥐고 있는 나
머지 한 개로 바닥에 있는 주사위를 때리면서 던지는 것이다. 이렇게 하면
이미 6이 나온 주사위가 바닥에 뒹굴면서 3이 될 수도 있기 때문이다. 그러
므로 간혹 짓궂은 사람들은 상대편이 던진 주사위가 바닥에 떨어지기 무섭
게 집어들어 버린다.

4. 화전을 굽는 여성들과 이를 노리는 남성들

어느 마을에나 진달래꽃이 한창 피는 봄철의 들놀이로 '화전놀이'라는
것이 있다. 마을 여성들이 삼삼오오 무리를 지어 산으로 들로 진달래꽃을
따러 가는 것이다. 주실 역시 봄철이 되면 특별한 날을 잡아 집안 여성들이
화전놀이를 가곤 했다. 주실의 화전놀이가 비교적 소상하게 묘사되어 있는
「화전가花煎歌」를 소개한다.

어화우리 벗님내야 화전노름 놀러가세 / 앞집새댁 뒷집새댁 모도갓치 놀러가세
백년금고 시집사리 빠져나기 어렵기로 / 양춘가절 화개춘에 하로소풍 못할소냐
깁히깁히 접어너혼 농옷차자 터러입고 / 압서거니 뒤서거니 장사진을 이루면서
반석조코 물조흔곳 차자보니 매방산밋 / 월록서당 놉흔난간 올라서니 선경이요
날을듯이 놉흔추녀 아담하게 지은정자 / 우리조상 대대손손 문인재사 배향할새
지평종가 형제간에 옥천승지 이름놉고 / 동네남정 독서소리 오늘하로 쉬난도다
동구구숩에 숨은춘풍 산들산들 반기난듯 / 물소리도 은은하게 글소리와 흡사한데
하로전날 모흔떡살 새벽부터 찌어지고 / 번철위에 바를기름 두루미로 이고오니
고직이는 쪼차나와 황공해서 조아리며 / 땔나무도 갓다주고 솟뚜껑도 걸어줄제
일월산을 바라보니 봉화춘양 접경이요 / 홍림산을 처다보니 안동땅이 지척이라
꼬불꼬불 저산길로 가마타고 오고가고 / 백년고락 임타인에 우리신세 한탄할제
동네남정 공부하는 월록서당 하로빌려 / 널븐대청 압뒤문을 활짝열어 달아매니
문전옥토 한복판에 구비치는 냇물이랑 / 산간벽촌 앞뒤산에 두견화가 만발토다

어화춘풍 조흘시고 오늘우리 화전이라 / 한양조씨 주실딸내 오랜만에 친정와서
삼삼오오 작반하야 모여드니 한방이요 / 악수상봉 즐긴후에 싸힌회포 터러노코
동네안에 부녀모하 하로소풍 시키랴고 / 어린딸네 산에보나 두견화를 꺽게하니
아롱명주 겹저고리 자주고름 팔랑팔랑 / 잇씨물감 당홍치마 꽃과석겨 바꿔볼듯
문필봉에 진달래꽃 어린품에 다안겻나 / 아해마다 한아람식 꺽거온꽃 진달래라
화심을랑 고히두고 화판만을 고히따소 / 차노치떡 구을적에 보기좋게 석거두어
몰신몰신 김이날때 맛이잇게 노나먹고 / 화전노름 꽃싸움에 누가지나 내기하세
이기면은 떡한두레 지고나면 절하기라 / 동부서부 두패모듬 우숨속에 내기로다
이기는쪽 춤을추고 지는쪽이 노래하면 / 산간벽촌 꽃마을의 앞뒤산도 짓버하고
매방산밋 송림사이 두루미도 춤을추리 / 어화춘풍 조흘시고 오늘우리 화전이라
밤나즈로 짜던베틀 오늘이라 나랑쉬고 / 달밤에도 돌던물레 오늘나세 잠을사네
어화지야 반갑도다 화전목판 들어오네 / 노골노골 차노치에 살작익은 꽃냄새라
노릿노릿 익은화전 골나내서 따로담아 / 장유유서 잇지말고 고루고루 노나주소
실큰먹고 남는떡은 이긴편에 상을주게 / 소두뱅이 맛튼사람 세도너무 하지마소
어화춘풍 조흘시고 오늘우리 화전이라 / 시집갓다 근친온딸 허기병을 곳처가고
시집사리 하는새댁 꿀덕꿀덕 채할새라 / 중늘근이 부녀들은 상기아직 못먹었네
못다먹은 화전떡은 긴수건에 꼭꼭싸고 / 꽃속싸움 노름터에 호기잇게 닥아안자
화심뽑아 고히걸어 묘리잇게 땡겨보세 / 동부편에 하회숙주 다섯명을 이겼도다
박수갈채 환희속에 원촌형주 맛붓트니 / 에헤조타 장쾌로다 서부쪽의 서광이요
사람마다 지고이겨 승패수가 자즈매라 / 어느편이 개선할지 누가미리 짐작할꼬
한참동안 백병전에 동부편이 승리로다 / 박장대소 승전곡에 앞뒤산이 진동할새
어화우리 조흘시고 이긴편이 춤을추네 / 패한편은 안즌채로 목을뽑아 노래하네
풍정잇는 하회딸내 새댁중에 호걸이요 / 윷잘하는 원촌부녀 퇴계딸내 대표로다
어화오늘 조흘시고 화전노름 제일이라 / 노소동락 오늘하로 시집사리 잇은하로
내기붓처 이긴떡은 머리우에 고히언꼬 / 등실등실 엉둥춤에 사람마다 요절이요
하로종일 먹고놀고 일어서며 하는말이 / 삼년묵은 현기증이 화전으로 골을막고
시집사리 썩은속이 오늘이라 거풍햇네 / 동방이라 예의지국 삼강오륜 여필종부
잘밧들어 가장이요 목숨밧처 렬녀로다 / 어화춘풍 조흘시고 오늘우리 화전이라
가세가세 어서가세 화전떡을 이고가세 / 노래하며 늘근이들 마당으로 너러가니
동내새댁 헐수업시 무름쓰고 나서난데 / 자주무름 귀귀마다 진주옥판 달랑달랑

분홍단혀 옥색단혀 뾰족뾰족 뾜듯말듯 / 하로쉬고 다시틀에 굴레쓰고 가는기상
우리들도 시집가면 피치못할 운명이며 / 양춘가절 낙화유수 우리딸내 정경이라
서로잡고 울다보니 해는서산 넘어가네 / 헛브도다 초로인생 어느때나 또모일꼬
기약못할 모듬이라 눈물모아 먹을갈고 / 펼처노혼 긴수건에 적어노니 화전가라
한양성남 천리박게 우리조씨 은거함을 / 세상이야 알든말든 우리딸내 작사로다

위의 「화전가」는 친정 나들이 온 주실 딸네들이 화전놀이를 하고 나서 지
은 노래이다. 여느 지역과 마찬가지로 주실 또한 시집살이를 하는 새댁들이
적극적으로 나설 수 없기에 주로 딸네들이 화전놀이를 주선하는 편이다.
즉, 딸네들이 앞장서서 깃대를 잡고 새댁들이 따라가는 모양새다. 이러한
사정은 딸네들이 주선하는 화전놀이에 참가한 적이 있는 어느 할머니의 "우
리야, 딸네들이 끼워주니까 따라 갔지. 우리가 화전놀이를 주선한 적은 없
어……"라고 하는 말에도 잘 드러난다.

그러나 친정 터전에서 기세 등등한 딸네들, 곧 새댁들 앞에서 대쪽같은
시누이들도 시집살이를 하는 처지에서는 기죽은 새댁들과 크게 다를 바 없
었던 것 같다. 즉 이들 모두 '백년금고百年禁錮'라는 표현처럼 그야말로 창
살 없는 감옥살이와 다름없는 시집살이, 밤낮 가리지 않고 매여있던 베틀과
물레질에서 벗어나 마음껏 꽃놀이를 즐겼을 터이고, 이러한 화전놀이를 통
해 '시집사리 썩은 속'을 멀리 날려보냈으리라. 또한 '시집갓다 근친온딸
허기병을 곳처가고 / 시집사리 하는 새댁 꿀덕꿀덕 채할새라'라는 구절처
럼, 시누이와 올케라는 일상의 긴장된 관계도 시집살이의 고된 처지에서는
모두 힘없는 여성들로 남겨진다. 그러기에 대청마루의 상노인들 눈에는, 마
치 그 동안의 허기진 배를 채우려는 듯 정신없이 집어먹는 딸네들(시누이)과
남의 눈이 두려워 체할 듯이 몰래 집어먹는 새댁들(올케)이 모두 가엾고 애
처롭게만 비쳐질 뿐이다. 이들의 이러한 모습에서 일상의 팽팽한 긴장 관계
란 도저히 찾아보기 힘든 것이다.

'문필봉에 진달래꽃 어린품에 다안겻나' 라는 구절에서 알 수 있듯, 주로
마을 맞은 편에 자리한 문필봉文筆峰과 마을 뒤편의 매방산梅坊山으로 진
달래꽃을 따러 갔다고 한다. 그리고 매방산이나 마을 월록서당에서 화전을
구워 먹으며 놀았는데, 주로 월록서당에서 하는 경우가 많았다. 마을 어귀
에 '쑤(洞藪)' 솔밭이 있기는 하지만 길가에 자리하고 있는 탓에 남의 이목
을 두려워하는 새댁들은 마음껏 놀 수 없어 그곳에서는 한 적이 없다고 한
다. 그런데 '동네남정 독서소리 오늘하로 쉬난도다' 에서도 알 수 있듯이, 월
록서당에서 화전놀이를 하는 날은 남성들이 글공부를 하루 쉬어야 했다. 이
처럼 서당을 선뜻 내어줄 만큼 화전놀이는 일종의 공인된 행사로 여겨졌던
것이다.

화전놀이를 할 때는 하루 전에 쌀을 갹출하여 당일 새벽에 미리 찌어둔
다. 그리고 꽃따기가 끝나면 땔나무로 불을 지펴서 솥뚜껑을 뒤집어 걸고
삼삼오오 둘러앉아 화전을 굽는데, 대개 이런 준비는 남자 하인들이 거들어
주었다. 주실의 화전은 보름달처럼 크고 넓적하게 굽는다. 젊은 딸네들과
새댁들이 화전을 굽고, 나이 지긋한 상노인들은 한적한 곳에 둘러앉아 시조
를 읊거나 가사를 지으면서 담소를 나누며, 중노인들은 이들 사이를 오가면
서 소일을 한다. 구수한 냄새를 풍기면서 화전이 어느 정도 구워지면 상노
인들에게 먼저 맛을 보인다. 장유유서에 따라 나이 많은 사람들에게 우선
돌리고 나머지는 다 구운 다음에 먹는 것이 원칙이지만, 화전을 굽는 젊은
사람들은 한 점 두 점 남모르게 집어먹기도 한다. 그러나 '중늘근이 부녀들
은 상기아직 못먹었네' 에서처럼, 나이가 어정쩡한 중노인들만이 '소두뱅이
맛튼사람 세도너무 하지마소' 라는 원망을 하면서 솥뚜껑을 끼고 앉은 젊은
사람들의 눈치만 살핀다.

'화심을랑 고히두고 화판만을 고히따소 / 차노치떡 구을적에 보기좋게
석거두어' 의 구절에서 화심花心은 꽃술이 있는 부분을 말한다. 즉 꽃술은

248

건드리지 말고 잎만 고이 따서 화전을 구우라는 뜻이다. 남겨둔 꽃술로 '꽃싸움'을 하기 위해서이다. 화전을 모두 구우면 동부와 서부로 각각 편을 갈라 '꽃싸움'을 시작한다. '화심뽑아 고히걸어 묘리잇게 땡겨보세'에서처럼, 꽃술 가운데 길이가 긴 암술을 뽑아 두 사람이 서로 걸고 당겨서 먼저 끊어진 쪽이 지는 것이다. '꽃싸움'에서 이긴 편은 화전 한 광주리를 상으로 받을 뿐 아니라 진 편으로부터 절도 받는다. 이긴 편은 상으로 받은 떡 광주리를 머리에 이고 엉덩춤도 마다 않고 덩실덩실 춤을 추며, 진 편은 바닥에 주저앉아 목놓아 노래를 부른다. 또한 뒤풀이에서는 딸네들에 뒤질세라 새댁들도 제각기 한몫 하는데, '풍정잇는 하회딸내 새댁중에 호걸이요 / 윷잘하는 원촌부녀 퇴계딸내 대표로다'가 이러한 광경을 잘 보여 준다. 이렇듯 화전놀이는 시누이와 올케, 노소 구별 없이 모두가 하나로 어우러져 노는 일종의 '해방 놀음'이었다.

일상으로부터 모처럼의 해방을 맞이한 이들의 놀이는 밤늦도록 이어진다. '꽃싸움'이 끝나면 '까치윷'과 '가투놀이' '쌍륙雙六' 등을 하며 신명나게 논다. 밤이 깊어져 놀이판을 접어야 할 무렵이 되면 누구보다 친정 나들이 온 딸네들의 아쉬움이 유별나다. '서로잡고 울다보니 해는서산 넘어가네 / 헛브도다 초로인생 어느때나 또모일꼬 / 기약못할 모듬이라 눈물모아 먹을갈고 / 펼처노혼 긴수건에 적어노니 화전가라'는 구절에서 알 수 있듯이, 모처럼의 친정 나들이에서 오랜만에 만난 혈육들과의 이별을 못내 아쉬워한다. 그러나 이들에게 있어 이별의 아쉬움보다 더 괴로운 것은 '하로쉬고 다시틀에 굴레쓰고 가는기상'처럼, 시집살이의 고단한 삶으로 다시 돌아가야 한다는 사실이다. 이러한 광경은 미혼 여성들의 '우리들도 시집가면 피치못할 운명이며'라고 한 한탄에도 잘 드러나 있다.

한편 화전을 다 구우면 여자들이 떡 광주리를 머리에 이고 다니면서 집집마다 돌린다. 그러나 식욕이 한창인 짓궂은 마을 총각들은 잠시도 기다릴 수 없다. 화전 굽는 구수한 냄새가 마을 뒤편 매방산에서 불어오는 산들바람을 타고 마을에 퍼지기 시작하면 사랑방에 모여 앉아 팔목八目을 하고 있던 총각들이 움직이기 시작한다. 이른바 주실 화전놀이에서 빠뜨릴 수 없는 '떡 훔치기'가 시작된다. 화전을 한창 굽고 있을 때 마을 총각들이 놀이판 주변을 서성거린다. 그러다가 떡 광주리에 떡이 쌓였다 싶으면 순식간에 달려들어 떡 광주리를 낚아채어 도망가는 것이다.

총각들이 덮쳐 올 때 여자들은 "왔다! 왔다!" 하는 고함을 지르면서 저마다 떡 광주리 앞으로 우르르 모여든다. 그러나 제 아무리 여자들이 떡 광주리를 끌어안고 있어도 혈기왕성한 총각들을 당할 재간이 없이 이내 빼앗겨 버리고 만다. 몇몇 여자들이 도망가는 총각들의 바지춤을 잡고 애를 써보지만 이미 떡 광주리는 다른 총각들이 들고 빠져나간 지 오래이다. 이렇게 한바탕 소동을 벌이고 나면 젊은 딸네들은 떡 광주리 빼앗긴 것이 못내 아쉬워서 한숨만 내쉰다. 그런데 이러한 '훔침-지킴-빼앗김'이라는 일련의 행동들은 어디까지나 '의례적 행위(ritual action)'에 지나지 않는다. 즉 이들은 미리 짜여진 대본에 따라 떡을 훔치고, 이를 말리고, 빼앗기는 것이다. 이처럼 매년 반복되는 총각들의 '떡 훔치기'는 이미 주실 화전놀이의 일부분이 되어 버렸다. 화전놀이를 하는 여성들도 총각들이 떡을 훔치려 올 것을 미리 예측하고 있을뿐더러 어느 정도 각오가 되어 있는 상태이다. 따라서 여성들이 광주리를 다시 뺏기 위해 총각들의 바지춤을 잡아당기거나, 빼앗기고 나서 이를 원망하는 것 역시 놀이의 재미를 더하고 맘껏 즐기기 위함에서인 것이다.

5. 주실의 민속을 생각하며

주실의 민속을 정리하면서 지면관계상 미처 다루지 못한 것들이 많아 내심 아쉬움이 적지 않다. 특히 그 중에서도 매년 정월 보름 마을 어귀의 '쑤(洞藪)'에 자리한 당목에서 올려지는 '동고사洞告祀'와 1900년까지 지속되었다는 '원놀음'이 그러하다.

주실의 서낭은 암서낭이며 이웃 마을 가마실(佳谷)의 남서낭과는 부부신夫婦神으로 알려져 있다. 서낭대는 대나무 장대 끝에 꿩 깃털을 묶어 달고 치마를 상징하는 장방형의 홍포紅布를 감아두어 서낭제를 올릴 때는 치마를 풀어헤친다. 섣달 그믐날 월록서당 뒤쪽 추녀 밑에 걸어 둔 서낭대를 내려와서(이를 '서낭을 내린다'고 함) 좨주祭主 집 처마에 기대어 두고, 1월 3일에서 5일 사이에 서낭대를 앞세우고 농악대가 그 뒤를 이어 집집마다 다니면서 지신밟기를 하는데, 이 때 종택 그리고 최연장자가 있는 집을 선두로 나이 순서대로 돌아다닌다. 이를 '서낭 세배'라고도 한다. 1월 10일 무렵에는 '하후굿'이라고 하여 가마실의 남서낭과의 만남 곧 부부 해후를 주선한다. 1월 16일 새벽 1시에서 3시 사이에 '쑤'의 당목에서 서낭제를 지낸 후, 다시 월록서당의 추녀 밑에 서낭대를 매달아 둔다(이를 '서낭을 올린다'고 함). 지금은 하후굿과 지신밟기는 하지 않고 서낭제만을 올리고 있다. 전하는 말에 따르면, 어느 해 이들 서낭대끼리 맞붙어 싸운 끝에 가마실 남서당이 부러져서 패하였고, 그 때문에 서낭대가 없어졌다고 한다. 이로써 부부 만남의 기회인 하후굿이 사라지게 된 셈이다. 조동일의 논문에 따르면 하후굿이 중단된 시기는 대략 1920년대라고 한다(동고사에 대해서는 조동일의 논문 「가면극의 희극적 갈등」, 『국문학연구』 제5집, 1968을 참고하였음).

주실의 원놀음 역시 1900년을 기점으로 전승이 중단되어 버린 탓에 이를 기억하고 있는 사람이나 자료가 전혀 남아 있지 않은 실정이다. 다만 "심할 때는 원놀음 패가 영양 현감도 꿇어 앉혔다"라는 조동일 교수의 글을 통해서 당시 원놀음의 기세를 조금이나마 짐작할 수 있을 뿐이다. 한편 다행스럽게도 주실을 비롯한 이 지역 원놀음에 대해서는 「영양 원놀음」(『한국민속학』 4집, 1970)이라는 안동대학교 성병희 교수의 논문이 있으므로 참고하면 도움이 될 것이다.

주실의 민속을 한마디로 표현하자면 '조화로움의 민속'이라고 할 수 있다. 즉 현실과 적절한 타협을 하면서 민속을 지속적으로 전승해 간 것이다. 여느 마을에 비해 비교적 많은 민속을 보유할 수 있었던 까닭도 바로 이 '조화로움의 민속'을 추구했기 때문일 것이다. 그 대표적인 것으로 음력에서 양력으로의 전환을 들 수 있다. 동고사의 제일祭日이 양력 정월로 바뀐 것을 비롯하여 조상들의 기제사를 대부분 양력으로 전환했다. 특히 옥천 조덕린 선생의 불천위 기일은 원래 음력 7월 20일이었으나, 당시의 음력 7월 20일을 양력으로 환산하여 현재는 8월 15일에 지내고 있다. 또한 일찍이 1928년부터 양력 과세過歲를 도입하기도 했다. 이처럼 주실 마을이 음력 대신에 양력을 선택한 데에는 개화에 대한 이들의 적극적 자세가 크게 작용한 것이다.

주실의 개화 바람은 익히 알려져 있는 사실이다. 이를테면 1895년 단발령이 내리고 나서 1899년에 옥천 조덕린의 6대손 조병희가 상투를 과감히 잘라 버렸으며 잇달아 대부분의 사람들도 단발을 실행했다. 조동걸 교수(국민대)에 따르면, 당시 안동에서는 몹쓸 병에 걸리면 "왠거 낫겠나……. 글쎄, 주실 사람들 상투나 삶아 먹으면 나을라나……"라는 말을 곧잘 하곤 했는데, 이 말은 죽으라는 말과 다름없다고 한다. 당시 주실에서 상투를 찾아보기란 몹쓸 병을 고치는 일보다 더 힘들었기 때문이다. 개화에 대한 주실 사람들의 적극적 자세는 외지로 공부하러 나간 유학생의 급증과 관련지어 살펴볼 필요가 있다. 사실 주실 마을은 '삼불차三不借(財不借, 人不借, 文不借)'를 가훈으로 삼은 호은壺隱 종택을 제외하고는 대부분 끼니 때우기조차 힘들만큼 살림이 궁색했다. 사정이 이러하니 주실 사람들은 살길을 안에서 찾지 않고 밖에서 구하고자 했다. 경제적 여건이 따르지 않아 고학을 하는 일이 있어도 서울 등의 대도시로 무조건 떠났다. 조동걸 교수에 따르면 이러한 경향은 당시 주실 마을에서 일종의 유행처럼 번졌다고 한다. 그리고 방학이 되면 이들 유학생들이 고향으로 돌아와서 개화 바람을 불어넣었던 것이다. 1963년에는 관혼상제의 간소화와 양력 과세를 주요 내용으로 한 '주실 향약'을 제정하기도 했다. 당시 이들은 현실 세계와의 적절한 타협이야말로 전통 문화의 지속적인 전승을 보장해 줄 수 있다는 판단을 하고 있었던 듯하다.

이렇듯 흔히 민속의 전승 문제를 논할 때 '현실과의 타협'이 화두로 등장하는 경우가 많다. 즉 현실과 부닥치는 부분이 많아 전승을 단절하느니, 적절한 타협으로 전승을 지속시키는 편이 현명하다는 것이다. 마을 골목길을 빠져 나오면서 조동일 교수(서울대)는 "우리는 전통의 계승을 선택적으로 했다"라는 한마디를 던졌다. 이 한마디가 주실 민속의 특징을 여실히 드러내 준다고 생각한다.

11장

새날을 여는 주실 사람들

일월산日月山 정기를 한껏 받아 그 이름도 정기가 쏟아지는 마을이라는 뜻의 주곡注谷에 한양 조씨가 터를 잡은 것은 13세 호은공壺隱公 조전趙佺 대부터였다. 본래 한양에 세거하였던 조씨의 선대가 기묘사화로 인해 각지로 흩어지면서 9세 현감공縣監公 조종趙琮이 경북 영주에 정착하게 되었고 그의 손자 조원趙源이 1535년에 영양 땅에 입향하였는데, 조전은 조원의 손자이다. 조전이 1629년에 매방산 기슭에 터를 닦은 이후 조씨 가문은 학문과 사환 그리고 영남 명문가와의 혼인을 통해 명문 사족으로 성장해 갔다. 16세 호봉공壺峰公 조덕순趙德純, 옥천공玉川公 조덕린趙德鄰 형제에 이르러서는 형제가 모두 문과에 급제하여 가문이 크게 빛나기도 했지만, 조덕린이 노론 비판 상소를 올려 노론의 탄핵을 받는 바람에 더 이상 중앙으로는 진출하지 못했다.

관계로의 진출은 좌절되었지만 '문한지향文翰之鄕' 주실은 학행과 도의가 뛰어난 인물을 많이 배출해 냈다. 훌륭한 인물을 배출한 마을이야 찾아보자면 한둘이 아니겠지만 주실처럼 계속해서 많은 인재를 낸 곳은 찾아보기 어렵다. 그래서 주실에는 '인물의 고장'이라는 수식어가 자연스럽게 따라붙는다. 인물의 고장으로서 주실의 명성은 특히 현대에 들어 더욱 높아진 듯하다. 주실의 존재를 확실히 세상에 알렸던 조지훈을 비롯하여 많은 인물들이 해방 이후 한국 사회의 각 방면에서 활약하였고 지금도 활동하고 있다. 그리하여 주실은 사람들의 발길이 끊이지 않는 유명한 답사지가 되었으며, 최근에 들어서는 주실에 대한 학문적 접근도 활발하게 이루어지고 있다. 그 결과 조씨의 사족가문으로의 성장 및 근대 문화의 수용 과정 등에 관한 중요한 정보를 비교적 쉽게 얻을 수 있었다. 주실에 관한 연구는 이제 초보적 단계로 앞으로 풀어가야 할 과제가 적지 않은데 현대 주실 인물에 대한 조명도 그 가운데 하나라고 할 수 있다. 현대 주실 인물의 활동 양상은 매우 중요한 연구 주제이다. 오늘날 주실 인물들의 활동에 대한 이해 속에서 주

▲ 일월산 전경

실의 전통이 지니는 의미 또한 분명해질 것이기 때문이다.

이에 본고에서는 현대 사회에서 활동하였거나 활동하고 있는 주실 인물들을 살펴보고자 한다. 많은 인재 배출을 가능하게 한 주실의 전통은 무엇이며, 어떤 인물들이 어떤 분야에서 활동하고 있는가를 고찰해 보는 것이 본고의 목적이다. 현대 주실 인물의 범위를 어떻게 설정할 것인가는 연구자의 시각에 따라 다를 수 있겠지만 본고에서는 적어도 조부가 주실을 본적 혹은 주소로 두고, 해방 이후 시기까지 활동하였으며, 현재 나이가 30세 이상이라는 세 조건을 충족시키는 경우만을 현대 주실 인물에 포함하였다. 기준을 이보다 좀더 완화하여 주실 인물의 폭을 넓혀 볼 수도 있겠지만, 그럴 경우 전통 마을을 탐색한다는 연구 본래의 취지에서 벗어날 우려가 있어 위와 같은 기준을 마련하였다. 그리고 활동 분야는 교육계, 전문직 종사자, 정계·

▲ 주곡 마을 입구 표석

관계·사회문화단체 인사, 기업인, 종교·예술계 인사로 구분하였다. 한 인물이 여러 분야에서 활동한 경우 이는 중복 분류하였다. 명단 작성에는 주실에 관한 기존의 연구 성과와 마을 분들의 제보, 한양조씨병참공파보漢陽趙氏兵參公派譜 등을 주로 참조하였다.

1. 근대로 향한 문을 활짝 열고

주실은 문한지향이다. 집권 노론과의 불편한 관계로 인해 조선후기에 관지으로 많이 진출하지 못 했지만 문집과 유고를 남긴 인물이 63인을 헤아릴 정도로 학문에 깊은 관심을 보였다. 문장을 빌리지 않는다는 '문불차文不借'의 전통이 '삼불차三不借'의 한 조목으로 내려올 수 있었던 것은 학문에 대한 자신감이 뒷받침되어 있었기 때문일 것이다. 주실 인물들은 영남학파의 학통을 계승하여 의리지학義理之學을 확고히 지키면서도 채제공蔡濟恭, 이가환李家煥, 정약용丁若鏞 같은 근기남인 실학자들과 활발한 교유를 하며 제례에서 단설의 실시, 관혼례의 통합 등 개혁을 추진했고 이를 하나의 전통으로 정착시켜 나갔다.

개화기에 접어들자 주실 인물들은 이러한 전통을 바탕으로 의병운동을 전개하는 한편 신학문을 적극 수용하는 방향으로 나아갔다. 석농石農 조병희趙秉禧(1855~1917)가 1899년에 서울에서 개화개혁운동에 동참한 후 고향에 내려와 조창용, 조술용, 조종기, 조인석, 조두석 등을 대동하고 상경하면서부터 주실에 개화 바람이 불기 시작하였다. 인근에서 제일 먼저 단발을 시행하였던 데서 주실의 분위기를 읽을 수 있는데, 안동에서는 이 일을 가지고 주실이 상놈 다됐다고 비아냥거렸다고 한다. 조병희를 따라나섰던 조술용, 조종기, 조인석, 조두석은 1879년생 동갑이었으며 조창용은 이들보다 4년 연상으로 모두 20대 초반의 혈기왕성한 청년들이었다. 이들은 조병희와 함께 1904년부터 국민교육회와 대한자강회에서 활약하였고, 조창용은 1895년에 설립된 황성 사범학교, 조술용은 관립 영어학교에서 각각 수학하였다. 조창용의 경우는 후일 만주로 건너가 신한촌 건설에 선봉적 업적을 남기기도 하였는데, 독립기지건설운동이 애국계몽운동과 의병운동의 발전적 결합체임을 생각한다면 주실 인물의 해외 독립운동은 당연한 수순처럼 보인다.

주실 마을의 개화풍은 조술용 등 개화운동을 주도한 1세대들에 의해 확산되었다. 이들은 대개 자신의 자녀들에게 적극적으로 신교육을 받게 하였다. 관립 영어학교에서 수학한 조술용은 네 아들 석기, 용기, 휴기, 홍기 모두에게 신교육을 받도록 하였으며 그 가운데 용기와 홍기는 일본에 유학을 보냈다. 조두석의 네 아들 용해, 붕해, 성해, 도해 역시 모두 신교육을 받았다. 자발적으로 단발을 하고 개화운동에 참여하였던 조인석은 김도현金道鉉 등과 함께 1908년에 영양 지역 최초의 근대적 사립교육기관인 영흥학교를 설립하는 등 교육 활동에 적극 나섰다. 그는 호은종택 안에 영진의숙英進義塾을 세우고 『초독경편初讀徑編』이라는 교재를 만들어 마을 어린이를 직접 지도하였으며, 딸네들의 지도를 위해 동진학교를 세우고 교재 『소녀필지小女必知』를 만들어 소녀들을 가르쳤다. 한편 주실은 반상班常의 신분 타파에 앞장서서 1910년대에 이미 노비를 해방하고 종손의 과부를 재가시키는 등 봉건적 유제를 청산하는 데도 적극적이었다. 유길준은 『서유견문록』

에서 개화를 허명의 개화와 실상의 개화로 분류한 바 있는데 그의 분류 방식에 따르면 주실은 실상의 개화를 단행한 셈이다.

일제가 조선을 강점하자 조인석은 '왜놈 교육을 받아서 어디다 써먹을데가 있느냐'고 일제 치하에서의 신교육에 노골적인 반감을 드러내며 전통한학을 고집하였지만 자신이 일으켜 놓은 개화바람을 잠재울 수는 없었다. 그의 완강한 반대에도 불구하고 두 아들 근영과 헌영은 일본에 건너가 공부를 하였으며, 여자는 가정을 다스리고 자녀 양육에만 힘써야 한다고 교시를 내렸지만 딸 애영 역시 신교육을 받았다. 신학문에 대한 열풍 속에서 마을 내의 많은 청년들은 각지의 고등보통학교와 사범학교, 농림학교 등에 진학하였고 일부는 일본으로 유학의 길을 떠나기도 하였다. 주실 마을 사람들의 제보와 족보를 참고하면 1875년에서 1920년대 사이에 출생한 청년 가운데 신식 교육을 받은 사람은 〈표 1〉에 보이는 것처럼 50여 명에 달하며 일본으로 유학한 사람도 8명이나 된다.

일제 치하에서 신학문을 공부한다는 것은 조인석의 우려처럼 식민통치배를 위해 봉사하는 지식인으로 전락할 위험성이 농후한 일이었으며 실제로 신학문을 배운 이들 가운데 적지 않은 수가 일제의 하수인으로 활동하기도 하였다. 하지만 적어도 주실에서는 조인석의 우려는 기우에 불과하였다. 신교육을 받은 주실 인물들은 민족운동을 주도하고 나섬으로써 조인석의 우려를 깨끗이 불식시켰다. 선대의 학문적 전통이 근대에 들어서도 그대로 관철되고 있음을 확인할 수 있으며 해방 후 전개될 주실 인물들의 활동상 또한 충분히 짐작케 하는 대목이라 하겠다.

〈표1〉 신교육 이수자 명단(1945년 해방까지의 중등 졸업자 이상)

성명	생몰년	약력	주소	비고
조술용趙述容	1879-1944	관립 영어학교 수학(1904-1905)	220	
조범용趙範容	1885-1914	신흥강습소 수학(1911-1912)	183-1	
조창용趙昌容	1875-1947	황성 사범학교	188-2	
조범석趙範錫	1890-1977	대구농림학교	162	
조승기趙嵩基	1892-1945	대구농림학교	164	
조하기趙夏基	1895-1985	신흥강습소 수학	187	
조윤기趙允基	1896-1965	대구농림학교	259	
조근영趙根泳	1896-1970	제일고보, 일본 와세다대학교	201	조인석의 아들
조석기趙奭基	1896-1926	경성치의전	153-2	
조석구趙錫九	1899-1947	신흥강습소 수학	189	
조석기趙碩基	1899-1976	경성사범	220	조술용의 아들
조헌영趙憲泳	1900-1988	대구고보, 일본 와세다대학교	203-2	조인석의 아들
조용해趙龍海	1900-미상	경성의전	158	조두석의 아들
조준영趙俊泳	1903-1962	보성고보	510	조인석의 아들
조용기趙龍基	1903-1979	제일고보, 일본경응대·동지사대	220	조술용의 아들
조우석趙禹錫	1904-1993	대구사범	512	
조구석趙九錫	1904-1940	대구사범	148	
조진기趙鎭基	1905-1983	양정중학	259	
조석주趙錫周	1905-1976	공주사범	153-2	
조우영趙佑泳	1905-1971	대구농림 중퇴	199	
조석태趙錫泰	1906-1956	대구사범	197	
조휴기趙烋基	1907-	경복고보, 일본동경농대	220	조술용의 아들
조희석趙熙錫	1907-1971	일본동방상업학교	149	조종기의 아들
조승기趙升基	1908-2000	상주농림학교	259	
조붕해趙鵬海	1909-1967	배재고보	158	조두석의 아들
조석규趙錫奎	1910-1972	대구농림	197	
조명교趙明敎	1910-1993	경성여상 중퇴	199	조홍석의 딸
조석운趙錫運	1913-1971	중동학교 졸업	221	
조애영趙愛泳	1911-2000	배화여고보, 이화여전 중퇴	201	조인석의 딸
조홍기趙鴻基	1912-1950	동래중학	220	조술용의 아들
조세영趙世泳	1912-1949	명륜전문	518	
조대기趙大基	1912-1978	마산상업	259	
조석하趙錫河	1913-1989	평양사범	153-2	
조성해趙聲海	1914-미상	중앙고보, 일본대학중퇴	158	조두석의 아들
조창기趙昌基	1915-	대구고보중퇴, 보성고보	259	
조도해趙燾海	1917-	계성중	158	조두석의 아들
조종해趙宗海	1918-1997	대구농림	162	
조동탁趙東卓	1920-1969	혜화전문	203-2	조헌영의 아들
조성길趙星吉	1920-1991	보성전문	220	조석기의 아들
조경인趙慶寅	1914-1945	동경공대 졸업	153-2	
조성을趙星乙	1923-	경성사범 졸업, 서울사대	220	조석기의 아들
조성대趙星大	1926-	경기중학, 서울대 문리대 수학	220	조석기의 아들
조동수趙東洙	1926-1951	봉천중학교 졸업	198	
조운해趙雲海	1925-	경복중학교 졸업, 경북의대	162	
조석준趙錫駿	1926-1949	나고야상업학교 중퇴	184	
조완수趙完洙	1925-	김천중학교 졸업	197	
조동민趙東敏	1927-	성신여학교 졸업	203-2	조헌영의 딸
조동원趙東媛	1927-	성신여학교 졸업	201	조근영의 딸
권상목權相牧	1906-1980	중동학교 졸업	186	조희석의 사위
권영세權寧世	1925-1996	휘문중, 서울대 상대	186	권상목의 아들
권영대權寧大	1927-1999	보성중, 고려대 법대	186	권상목의 아들

• 주소란의 숫자는 주곡리의 번지를 의미한다.

2. 해방을 맞아 새로운 용기로

남의 재화를 빌리는 않는다는 '재불차財不借'가 '삼불차'의 또다른 한 조목으로 내려온 것을 주실의 경제력이 상당했다는 증거로 드는 경우도 있지만, 주실 역시 일제 강점기 때에는 조선의 여느 마을과 마찬가지로 궁핍하였다. 요절 시인 조세림은 자작시 「실춘보失春譜」에서 "허기진 어린애들 양지쪽에 누워 하늘만 보거니 휘늘어진 버들가지 물오름도 부질없어라, 땅에 붙은 보리싹 자라기도 전 단지밑 긁는 살림살이 풀뿌리 나무껍질을 젖줄 삼아 부황난 얼굴들이여"라고 1930년대 후반 고향 주실 마을의 비참한 생활상을 묘사하였다. 이처럼 곤궁하였지만 교육에 대한 열의만큼은 여전하여 주실 사람들은 어려운 살림살이에도 불구하고 대부분 자식들을 외지로 보내 공부를 시키며 앞날을 준비하였다.

해방은 일월산 골짜기 주실 마을에도 찾아왔다. 조성을의 집에서 일본 천황의 항복 방송을 청취한 마을 사람들은 거리로 쏟아져 나와 만세를 외쳤으며 청년들은 태극기를 만들었다. 마을에는 일제 치하에서 불렀던, "한산도의 왜적을 쳐서 파하고 동에 갔다 서에 번득 모든 한 칼로 국권을 회복하는 우리 독립군 승전고와 만세소리 천지 진동해, 나가세 전쟁장으로 나가세 전쟁장으로" 하는 「용진가」의 힘찬 가락이 다시 울려 퍼졌다. 민족운동에 전력을 쏟았던 만큼 해방을 맞은 주실 마을의 감격은 남달랐다. 해방 다음날에는 조우영을 선봉으로 하여 100여 명의 마을 어른과 어린이들이 전날 만든 태극기를 손에 들고 「애국가」와 「용진가」를 부르면서 면소재지 초등학교에 있던 두 곳의 일본 신사를 부순 후 군소재지로 향하였다. 군의 중앙 일본 신사에 도착한 일행은 만세와 노래를 부른 후 신사를 부수면서 전군에 광복의 축제 분위기를 확산시켰다.

매방산 자락에 '용진가'가 메아리치는 가운데 마을은 새로운 미래 설계를 위한 준비로 분주하였다. 조동걸 교수의 회고에 따르면 해방이 되고 남북단독정부가 수립되기 전까지 주실에는 전에 보지 못했던 어른들, 청년들이 돌아와 마을이 시끌벅적했으며 극우의 노래와 극좌의 노래 등 별별 노래가 다 불리었다고 한다. 먼저 행동을 개시한 것은 청년들이었다. 조성을을 비롯하여 조훈기(1920~1979), 조석구(1919~1958) 등의 마을 청년들은 곧바로 은화청년회隱花靑年會를 결성하였다. 일제 강점기 때에 꽃탑회를 만들어 수시로 토론회와 시국강연회 등을 개최했던 경험이 있는데다가 해방 당시 주실에는 대학 졸업자와 재학생이 수십 명에 달하였기 때문에 은화청년회의 활동 수준은 대단히 높았다. 1945년 8월 20일경부터는 조성을이 '주실 야간공민학교'를 월록서당 내에 설치하여 국어·수학·역사·도덕을 가르치는 등 교육 활동도 전개하기 시작하였다.

한편 조성수(1930~미상), 조석철, 조동건, 권영운, 조동걸 등의 소년들은 소년들대로 주실소년회를 조직하였다. 이들은 은화청년회의 지도를 받아 토론회·연극회·음악회 등을 개최하는 등 다양한 활동을 벌이며 소년다운 웅대한 기개를 보여 주었다. 1953년에 조동걸이 가사를 짓고 조동건이 곡을 지어 만들었다는 「주실의 노래」에는 주실 소년들이 지향하던 의식 세계가 잘 드러나 있다. "훈기찬 매방산의 아침해 받아 영남의 개명천지 열어가던 주실, 영웅의 산발로 찾는 새 모습 긴 수풀 거친 길을 다시 닦는다, 아아 주실사람 새 사조 받아서 새 역사 새 천지를 이루어 가자"라는 가사에는 문향文鄕·의향義鄕 주실에 대한 자긍심이 녹아 있으며 새로운 세계 건설에 대한 의지가 번뜩인다. 전통을 묵수하는 것이 아니라 항상 선택적으로 보존하며 재창조해왔던 주실의 개혁적 성향이 세대를 건너서도 중단없이 계속되고 있음을 잘 보여 준다.

청소년들이 은화청년회나 주실소년회를 만들어 분주히 활동하고 있을 때 마을 어른들은 서울과 대구 등지로 나가 새 조국 건설 작업에 매진하였다.

조근영은 관계에 입문하여 문교부 문화국장과 국립도서관장을 역임하였고, 조용해는 미군정기에 경상북도 후생국장을 지냈다. 조헌영과 조준영은 임정 및 연합군환영준비회 위원으로 참여하면서 해방 후 얼굴을 내밀었다. 조헌영은 한국민주당 창당에 참여하면서 본격적으로 정계에 뛰어들어 1945년 9월에는 연락부장 · 조직부장 등을 지냈으며 1948년 5월에는 고향에서 제헌의원에 당선되었다. 조준영은 경찰에 투신하여 문경경찰서장을 시작으로 경북도경국장까지 승진했다가 사임하였으며, 한국전쟁이 발발하자 조병옥 내무부장관의 특명으로 다시 경북도경국장을 지냈다. 한편 조지훈은 조선 문화의 해방과 건설 그리고 문화전선의 통일을 목표로 해방 직후 설립된 조선문화건설중앙협의회에 참여하고 조선청년문학가협회 창설과정에도 깊숙이 관여하는 등 문화운동에 적극 나섰다. 1946년에는 박두진 · 박목월과 함께 『청록집』을 간행하여 문단에 커다란 파장을 일으키기도 하였다.

일찍부터 신교육을 수용하였음에도 불구하고 일제강점기 때에는 정계나 관계에 전혀 발을 딛지 않았던 것을 생각하면 해방 후 주실 인물들의 활동은 대단한 변화가 아닐 수 없다. 사실 주실 인물들이 정치에 관심이 없어서 일제강점기에 정계나 관계에 나서지 않았던 것은 아니다. 조덕린 사건으로 관계로의 진출이 좌절되었던 때문인지 오히려 조씨들은 기회가 있을 때마다 중앙 정계로 진출하고자 노력해 온 편이었다. 그럼에도 불구하고 일제 강점기 때에는 정계 · 관계를 철저히 외면하였던 것은 일제 치하에서 그곳에 진출하였을 경우 본인이 원하든 원치 않든 결국 일제의 통치를 돕는 결과를 초래하게 될 것이 분명하였기 때문일 것이다. 하지만 해방이 되면서 상황은 완전히 달라졌다. 새로운 국가 건설을 위해서는 이제 정계나 관계에 적극적으로 진출해야 했다. 정계나 관계로의 진출이 본인의 의지로만 이루어질 수 있는 것은 아니지만, 신교육을 받은데다가 투철한 민족 의식까지 지니고 있었으므로 주실 인물들은 충분한 자격을 갖추고 있었던 것이다.

해방 후에 활동하던 주실 인물들은 언제나 민족적·민주적 자세를 견지하였다. 조헌영은 반민족행위특별조사위원회 문제로 한민당과 결별하고, 1950년 2대의원선거에서는 무소속으로 출마하여 당선하였다. 조준영은 자유당 독재가 심화되자 민주당에 입당하여 민권 회복 투쟁에 헌신하였으며 1958년에는 초대 민선 대구시장으로 선출되었다. 해방 후의 상황을 민족적 주체의 위기로 진단하였던 조지훈은 자본적 민주주의의 경제적 지배와 계급적 독재주의의 사상적 지배 모두를 경계하고 민족적 주체성을 바로세울 것을 역설하였다. 그는 자유당 정권에서는 자유당의 불법 행위를 규탄하는 데 앞장섰고, 4·19 때는 한국교수협의회 중앙위원으로 활동하며 학생들의 시위를 지지하고 나서는 등 학자적 양심을 대변하였으며, 1962년에는 「지조론」을 발표하여 지도자들에게 경종을 울렸다. 주실 인물들의 이러한 활동 때문에 주실에는 항상 '야당 마을'이라는 꼬리표가 붙어 다녔다고 한다. 「지조론」에서 "순일한 정신을 지키기 위한 불타는 신념이요, 눈물겨운 정성이며, 냉철한 확집確執이요, 고귀한 투쟁"으로 정의된 '지조'야말로 주실 마을이 끊임없이 자기 변신을 시도하는 가운데서도 끝내 지켜내고자 했던 정신적 유산이 아닌가 하는 생각이 든다.

3. 오늘을 사는 주실 인물들

해방 후 주실 인물들은 사회 각 방면으로 진출하여 활발한 활동을 벌였는데 뚜렷한 발자취를 남긴 인물이 유달리 많아 세인의 관심을 끌었다. 특히 교수 출신 인사가 많다는 사실이 늘 관심의 초점이었다. 실제 주실 출신 전·현직 교수는 그 숫자만도 20여 명이 되고 박사학위를 소지한 예비 교수까지 합치면 30여 명에 이른다. 문집과 유고를 남긴 인물이 63인에 달하였던 '문한지향'의 전통을 생각하면 학자를 많이 배출한 것이 그리 이상할 것

없어 보이면서도 또한 예사롭지 않게 느껴지는 것은 어쩔 수 없다. 예사롭지 않음은 인물의 면면을 살펴보면 한층 더해지는데, 특히 뛰어난 국학 연구자가 많이 배출되었다는 점은 민족운동을 치열하게 전개해 왔던 주실의 전통이 학문 연구에도 그대로 이어졌음을 말해 준다.

주실마을 출신으로서 대학강단에 선 인물은 헤아리기 힘들 정도로 많은데, 전·현직 교수들을 열거해 본다면 다음과 같다. 조용기(대구대학교, 종교학), 조지훈(본명 東卓, 고려대학교, 국문학), 조봉기(영남대학교, 물리학), 조동걸(국민대학교, 한국사), 조대봉(영남대학교, 교육학), 조동성(인하대학교, 금속공학), 조동일(서울대학교, 국문학), 조성환(육군사관학교, 동양대학교, 기계공학), 조성하(고려대학교, 경영학), 조석련(평택대학교, 행정학), 조동원(성균관대학교, 한국사), 조석환(평택대학교, 경영학), 조석팔(성결대학교, 전자공학), 조동택(경북대학교, 세균학), 조성란(의학박사), 조은희(조선대학교, 생물학), 권치명(동아대학교, 공학), 조구영(한림대학교, 의학) 등이 있다. 여기에 최근에 박사학위를 취득하고 대학 강단에 선 조성완(경제학), 조정렬(언론정보학)을 비롯한 신진들이 대거 학문에 몸을 담고 있어 주실의 전통을 이어가고 있다. 그리고 북한에서 활동한 조헌영(한의학), 조휴기(농업학), 조성대(화학) 등과 의사나 목사 등 전문직에 종사하면서 박사학위를 소지한 인물까지 산정한다면, 교수와 박사는 25명을 훨씬 넘고 있다.

지금까지 언급된 적은 없지만 각급 학교의 전·현직 교장을 19명이나 배출한 것도 놀라운 일이다. 어려움 속에서도 자식들의 교육을 고집했던 주실의 교육에 대한 열정이 잘 드러난다. 교장 출신 가운데 대표적인 인물로는 조석기(1899~1976)를 들 수 있다. 조석기는 주실의 개화 바람을 주도했던 조술용의 아들인데 그와 관련해서는 서울사대부속초등학교장 시절에 학교가 특권층을 위한 특수학교처럼 운영되는 것을 막기 위해 합격 여부가 적힌 종이를 어린이들로 하여금 직접 뽑도록 하였다는 일화가 전해진다. 이처럼 교육자적인 덕망을 갖추었던 때문에 대한교련 부회장을 역임하였다.

주실 인물들은 해방 이후 정계와 관계 및 법조계로 본격적으로 진출하기 시작하였다. 조헌영이 제1대·제2대 의원 선거에서 연속 당선되고, 조희석(1907~1971)이 경상북도 도의원이 되는 등 정치권으로의 진출도 활발하였지만, 특히 눈에 띄는 것은 관계로의 진출이었다. 조근영은 문교부 문화국장과 초대 국립도서관장을 지냈다. 조진기(1905~1983)는 문교부 성인교육과장, 조석운(1913~1971)은 국립도서관 고전과장, 조성길(1920~1991)은 문화공보부 문화국장과 문화예술진흥원 원장, 조동창은 문예진흥원 기획조사부장, 조석공은 문예진흥원 감사부장을 각각 역임하였다. 모두 교육·문화계에서 활동했음이 이채롭다. 광복 후 조용해는 경상북도 후생국장, 조준영은 대구민선시장과 경북지사, 조두해는 도선거관리위원회 관리관, 조건영은 영양·안동군수와 영천시장, 조춘영은 국회의장 정무수석비서관을 각각 역임하였다. 그리고 외무고시에 합격하여 주미 대사관에서 참사관으로 재직하고 있는 조태열을 비롯하여 행정고시를 합격한 조동호·조영기·조성환 외 10여 명이 고급공무원으로 활동하고 있다. 또 법조계에는 조상희·조영준·조석영 등이 사법고시를 거쳐 판사와 검사 및 변호사로 활동하고 있다. 군인으로는 조성호 육군준장과 조근해 공군대장을 배출하였다. 특히 조근해는 예나 지금이나 이 마을 사람들이 한결같이 자랑하는 인물인데, 공군참모총장 재임 중에 안타깝게도 헬리콥터 사고로 순직하였다.

한편 의사·건축설계사·공인회계사 등 이른바 전문직으로의 진출도 활발하였는데, 그 가운데에는 특히 의학 분야에서의 활동이 두드러져 현재 의대 교수 이외에도 조성호·조창호·조동대·조갑수·조성태·조지영(한의학)·조용호 등이 개업의로 활약하고 있다. 주실에서 처음으로 의학을 공부했던 인물은 조헌영으로 그는 뛰어난 한의학자였다. 본래 영문학도였던 조헌영이 한방에 관심을 갖게 된 것은 일본 유학 시절 사귀게 된 결핵환자 애인을 주실로 데리고 와 한방으로 치료해 주면서부터였다고 한다. 이처럼 우연한 기회에 한방에 관심을 갖게 된 조헌영은 1930년대에는 마을 초동들을 데리고 다니며 일월산 초목을 조사하는 등 본격적인 연구에 돌입하였다. 이 때의 연구를 바탕으로 1934년에 『통속한의학원론』을 저술하였고, 조선일보에 「한방의학 부흥문제: 동서의학의 비교비판의 필요」, 「음양론의 이론과 실제」, 「한의학으로 본 다산의학의 특색」 등의 글을 기고하여 한의학에 대한 관심을 불러 일으켰다. 조헌영의 처방전을 받기 위한 사람들로 문전성시를 이루고 그가 저술한 『통속한의학원론』과 『동양의학사』는 한의과대학 교재로 사용되었다고 하니, 그 실력을 짐작할 만하다. 조헌영은 한국전쟁 당시 납북되었는데 북한에서도 동방의학연구소장과 의학과학원 동의학연구소 연구사 등을 역임하며 북한 한의학의 기초를 닦았다.

한편 서양의학과는 조석기와 조용해가 각각 경성치의전과 경성의전에 입학하면서 인연을 맺기 시작하였으며 조운해가 대구의전에 들어가 그 뒤를 이었다. 이들 가운데 조운해는 서울대학교 의과대학 교수로도 재직하고 고려병원 원장을 역임하기도 했던 의학계의 대표적인 원로이다. 그는 대한병원협회 회장 뿐 아니라 아시아의사협회 회장 · 세계의사협회 이사로도 활동하였는데, 동양인으로서 세계의사협회 이사에 선임된 것은 조운해가 처음이라고 한다.

주실 인물들이 일찍부터 유달리 의학 분야에 활발하게 진출했던 것은 아마도 의학이 친일과 거리를 둘 수 있는 분야였기 때문이 아닐까 생각된다. 같은 전문직이지만 그 성격상 일제의 하수인 노릇을 하게 될 가능성이 큰 법조계로는 한 사람도 진출하지 않았던 것과 좋은 대비가 된다. 조씨가에 의사로 활동하는 인물이 많은 것도 이러한 인연에서 연유한 바가 깊다고 하겠다.

주실 인물들은 사상·종교계에서도 중요한 역할을 담당하였다. 영양 향교의 전교직을 맡았던 인물을 분석해보면 130여 명 가운데 조씨가 65명으로 거의 반을 차지하고 있다. 조씨가 영양 유림을 주도하는 위치에 있었음을 알 수 있는데 조씨 가운데 주실 인물이 26명을 차지한다. 유림계에서 주실이 차지하는 위치를 짐작하고도 남음이 있다. 해방 후에는 조유기, 조호기, 조홍석, 조형석, 조진영 등이 영양 향교의 전교직을 맡아보았다.

이처럼 주실은 유교적 전통이 매우 강한 지역이지만 일찍부터 기독교의 세례를 받은 곳이기도 하다. 블라디보스토크에서 독립운동을 벌였던 조창용은 일찍이 1906년에 국민교육회 본부인 서울 연동교회에서 기독교에 입교하였다. 또 1914년에는 조병택에 의해 영양군에서는 제일 먼저 주실 마을에 교회가 세워졌다. 조창용의 문집 『백농실기』에 「나라를 위하여 기도함」이란 기도문이 실려 있고, 마을 예배는 일제 치하에 항거하는 애국심에서 시작되었다고 한 것을 보면 주실 인물들의 기독교 수용은 민족운동 차원에서 이루어진 것임을 알 수 있다. 처음에는 마을 사람들 대부분이 교회에 나갔지만 유교 문화와 상충하자 나가는 사람이 크게 줄었다는 증언도 이를 뒷받침한다. 물론 교회에 다니는 과정에서 기독교 자체에 대한 인식은 심화되어 갔으며 목사도 많이 배출되었다. 1930년 초에 조용기 목사를 비롯하여 4부자 목사와 3형제 목사 외에 10여 명이 목사로 목회 활동을 하고 있다.

이 밖에 재계·금융계에서도 굴지의 인물들이 많다. 조운해가 고 이병철 삼성그룹 회장의 사위가 된 연유로 조운해의 아들과 조카들이 한솔그룹의 회장과 부회장, 사장으로 그룹 경영에 참여하고 있다. 그리고 조완해는 한국 IBM과 한국유리시스의 사장을 역임하면서 한국의 컴퓨터 업계를 이끌어나갔고, 조선기·조여석·조기원·조훈영·조천석 외에도 많은 사람이 기업체를 경영하고 있고, 조동식이 삼성전자의 중역으로 활동하고 있다. 금융계에서는 한국은행의 부장과 지점장, 대동은행 상무와 감사를 거쳐 은행장을 역임한 조성춘 대동은행장이 취임초의 배당 약속을 공약하고 배당이 이루어지지 않자 책임을 느끼고 사퇴함으로 약속을 지킨 대표적 인물이다.

이상에서 살펴본 것처럼 궁벽한 시골 마을 주실 출신 인사들이 한국 사회에서 차지하는 비중은 결코 가볍지 않다. 물론 그 비중은 결코 세속적인 출세나 성공 여부에 의해 규정되어지는 것이 아니다. 가문의 전통을 소중히 하면서도 그대로 묵수하지 않는 혁신적 전통이 오늘의 주실 인물들을 키워냈으며 그러한 전통의 존재가 주실을 주목하게 만드는 것이다.

주실은 영남 학통을 계승하여 기본적으로 의리지학을 중시하면서도 개혁성이 강한 학풍을 형성하였다. 주실 인물들은 왜란과 호란을 당하자 분연히 의병을 일으켜 국가와 군주에 대한 의리를 실천하는 한편 마을 내에서는 제례에서 단설을 실시하거나 관혼례를 통합하는 등 개혁을 추진하였다. 이러한 주실의 학풍은 근현대에 들자 민족적 · 민주적 색채를 강하게 나타내게 되었다. 일찍부터 신교육을 적극적으로 받아들였던 주실 인물들은 일제 강점기에는 치열한 민족운동을 전개하였으며, 해방 이후에는 비민주적 요소에 강하게 저항하였다. 오늘날 많은 주실 인물들이 사회 각처에서 활동하고 있으며 민족적 · 민주적이라는 두 단어는 그들을 특징짓는 매우 적절한 수식어라고 생각된다.

이렇게 화려한 이력을 가지고 있는 주실이지만 지금은 한국의 모든 농촌들이 안고 있는 문제를 그대로 안은 채 쇠락의 길을 내닫고 있다. 일제 강점기 때며 해방 직후에 「용진가」와 「주실의 노래」가 떠들썩하게 울려 퍼졌던 주실은 이제 적막하기 그지없다. 1910년경에는 110여 호에 달했고, 해방 당시만 해도 70호에 350명 정도가 살았다고 하는데, 지금 마을 인구는 148명에 불과하다. 1910년경에는 110여 호 가운데 80여 호가 조씨로 마을의 절대 인구를 차지하였으며, 1987년에 영남대학교 민족문화연구소에서 조사했을 당시만 해도 70여 호 가운데 50여 호 정도가 조씨였다고 한다. 하지만 지금 조씨 성을 가진 사람은 49명에 지나지 않는다. 14년 사이에 조씨의 반 이상이 외지로 나간 것을 알 수 있다. 현재 남아 있는 분들은 여느 시골과 마찬가지로 연세 지긋한 어른들이다. 조씨 성을 가진 어린아이는 '몇 년에 한 명 태어날까 말까'라고 하니 이런 추세라면 주실에서 조씨의 맥이 끊기는 것은 피할 수 없는 일처럼 보인다.

그나마 다행인 것은 90대 원로인 조형석을 비롯한 어른들과 조세락·조인영·조동길·조동시·조석걸·조동혁·조교영 등 많은 '지킴이'들이 각별한 애정으로 마을을 지키며 보살피고 있다는 사실이다.

장군천이 내려다보이는 부용봉 기슭에는 경상북도와 영양군의 지원으로 1999년에 주실의 집이 새로 지어져 손님들을 맞고 있다. 주실의 집 책장 안에 가득히 진열된 주실 출신 인물들의 저서는 마을의 학문 전통에 대한 주실인들의 자부심이 깊이 배어 있다. 2000년에는 주실의 역사와 문화를 소개하는「주실 마을」이라는 책자를 만들어 주실을 찾는 사람들에게 나눠주고 있다. 또 '주실문화전시관'을 건립하여 전통마을, 애국마을, 개화마을, 문화마을로서의 전통과 역사를 담을 계획이라고 한다.

주실 사람들의 이러한 노력은 농촌이 피폐해져 가는 상황에서 취할 수 있는 최선의 것으로 보인다. 그럼에도 불구하고 한편으로는 우리의 소중한 정신적 유산과 문화적 전통이 박제화되어 가는 것 같아 서글픈 마음을 금할 길 없다. 다시 주실에 소년 소녀들의 노랫가락이 떠들썩하게 울려 퍼질 날을 기대하는 것은 어리석은 일일까?

부 록

일월의 문향 주실 마을*

유홍준

　서석지에서 나와 영양읍으로 달리는 길은 더욱 맑고 맑은 반변천을 거슬러 올라가는 길이다. 지나다 보면 '오일도吳一島 시비'도 있고, '문향文鄕 영양'이라고 쓴 빗돌도 보이며, 또 들판 한가운데로는 현2동 삼층 석탑이 보인다. 그 모두가 영양의 역사를 자랑하는 것인데 막상 영양 읍내는 크게 볼 것이 없다.

　영양읍을 지나 봉화 쪽으로 어느 만큼 가다 보면 경상도 산골이 아니라 강원도 산골처럼 경사가 가파르고 산이 가까이 다가서는데 일월면日月面이라는 멋진 이름이 나와, '아! 여기가 일월산이 있는 곳인가보다' 생각하게 되고 또 어느 만큼 가다 보면 갑자기 차창 오른쪽으로 산자락 아래 번듯한 반촌이 나와 답사객을 놀라게 한다. 여기가 시인 조지훈의 고향으로 알려진 주곡注谷, 속칭 주실 마을로 한양 조씨 집성촌이다.

　주실 마을로 말할 것 같으면 한 마을에서 인물 많이 나오기로 여기만한 곳이 없을 정도이다. 동자 돌림만 해도 고 조동탁(지훈, 고려대), 조동걸(국민대 역사학), 조동일(서울대 국문학), 조동원(성균관대 역사학), 조동택(경북대 미생물학), 조동욱(대구대), 조동성(인하대 공학) 등을 꼽으며, 조성환(안동전문대

＊『나의 문화유산답사기 3』(창작과비평사, 1997).

학장, 기계공학), 조성하(고려대 경제학), 조석연(평택대 행정학), 조석경(평택대 컴퓨터공학), 조석준(경남대 국문학), 조형석(과기대 산업공학) 등을 하염없이 손꼽으며, 내가 근무하는 영남대학교에만도 정년하셨지만 조봉기(물리학), 고 조대봉(교육학), 조화석(기계공학) 등이 이곳 주실 출신이다.

몇 해 전 공군참모총장으로 헬기 사고로 타개한 조근해 대장도 여기 출신이고, 고려병원 원장을 지낸 조운해 박사도 여기 출신이니 내가 미처 알지 못하는 인물이 어디 하나둘이겠는가. 이 캄캄한 산골, 고추밭에 알려진 것이 없는 영양 산골에 이런 문향이 있다는 것이 신기하다 못해 고맙다는 생각도 든다.

영양 주곡의 입향조는 조전趙佺이다. 본래 한양에 뿌리를 둔 이 집안은 조광조 파동이 일어나는 기묘사화 때부터 이리저리 피해 다녔는데 조전이 이 곳에 들어온 것이 1630년 무렵이라고 하며 그 분의 증손되는 조덕순趙德純, 조덕린趙德鄰이 모두 대과에 오름으로써 명문의 기틀을 다졌다. 그러나 조덕린이 영조 때 사약을 받아 비운에 세상을 떠나고(귀양 도중 병사함: 편집자) 역적 마을이 된 주곡에서는 출세길이 막혀 자연히 학문에만 힘을 쓰는 문흥文興이 일어났다. 그래서 조덕린은 가문의 추앙을 받아 옥천종택에서 불천위로 모신다.

이런 주곡 마을이 역사적 흐름 속에 용틀임하는 것은 1899년 단발령을 자발적으로 먼저 받아들인 것으로 시작한다. 이는 조병희趙秉禧가 독립협회 무렵 서울의 개화 바람을 보면서 고향의 청년들을 서울로 데리고 와서 신문명을 접하게 하고 개화시켰는데 이 개화 청년들의 다음 세대들은 도쿄, 베이징, 서울로 유학을 가게 된다. 이런 개화 운동의 센터가 마을의 월록서당月麓書堂이었다. 1910년대에 종손의 과부를 재가시켰으니 그 개화바람을 알만한데, 마을 한복판에 교회가 앉은 것도 그런 분위기를 말해준다.

이 무렵 조지훈의 증조부 되는 조승기趙承基는 의병장을 하였으니 주실에서 구시대의 마지막 인물이라 할 것인데 조지훈의 아버지 조헌영趙憲泳

은 신간회 도쿄 지회장을 맡아 1928년에는 신간회 활동의 일환으로 영양 주곡을 양력과세로 바꾸는 파격적인 단안을 내린다. 그런가 하면 주실은 마을 전체가 창씨 개명을 거부했다. 그러니 이 마을의 전통과 기개와 문흥을 알고도 남음이 있다. 또 1930년대에 주곡에는 '꽃탑회'라는 문화패가 있어서 회지도 만들고 하여 나름대로 활동하였는데 조지훈의 형인 조동진趙東振이 그 중의 인물이었고 주실에 처가가 있는 오일도가 여기에 합세했다. 그러나 조동진은 스무 살에 이빨 뽑고 술 먹는 바람에 세상을 떠나고 오일도는 그의 유작을 모아 『세림시집世林詩集』을 냈으며 조동진의 시는 결국 아우 조지훈에 의해 계승되었다. 내가 남의 동네 이력을 이렇게 소상히 밝히는 뜻은 아무리 궁벽진 곳이어도 전통과 의지와 열정은 새로운 신화를 만들어낼 수도 있다는 시범을 여기서 현실감 있게 느끼기 때문이다.

한번은 연줄에 대서 영양군 의회 부의장이신 조동시 어른의 안내로 주실 마을을 두루 살폈는데 마을 찾아오는 손님이라고 일부러 감주를 담가 40여 명을 대접하는 것을 보고 역시 양반의 상징은 접빈객이라는 것을 새삼 느꼈다. 주실 마을을 나오면서 아무리 양택이 밝기로서니 이렇게 많은 인재가 나올 수 있는가 싶어 신기해하면서 동네 어른과 인사를 하고 또 동네 얘기를 들으려고 동네 칭찬을 먼저 해올리니 이 어른이 기분 좋으면서도 겸양의 뜻으로 부끄러워하며 하는 대답이 퍽 인상적이었다.

"할아버지, 한 동네에서 이렇게 인재 많이 나오기는 전국에서 최고가 아닐까요?"
"뭐, 전국에서 제일이랄 거야 있겠소마는, 좀 마안치."
"지례가 전국에서 최고라고 하는데 제가 보기에는 주실이 더 많은걸요?"
"암, 지례보다야 많겠지."

그러나 주실 마을은 유감스럽게도 6·25 때 오래된 집들은 불타고 지금은 몇 채만 남아 옛 마을의 명색만 유지하고 있고, 대부분의 집들이 안동 양반처럼 죽으나 사나 끼고 앉아 갈고 닦는 정성과 애착을 보이지 않아 황폐하고 때로는 스산해 보였다. 인재들이 다 잘되어 서울로 가니까 마을은 또 그렇게 될 수밖에 없었는지도 모른다. 그래서 '들은 주실이지 볼 주실은 아니다' 라는 말도 나왔고 멀리서 보는 것이 아름다울 뿐 자세히 건물을 살필 동태는 못 되었다. 그 대신 마을 어귀 '쑤(洞藪)' 솔밭에는 건축가인 조지훈의 조카(장남이 옳다: 편집자)가 설계한 건실한 구조미의 조지훈 시비가 있어서 답사객이 내려 이곳 주실의 저력을 새기며 쉬어가게 한다. 조지훈 시비에는 그의 제자인 고려대 홍일식洪一植 총장이 쓴 비문과 그의 명작 「빛을 찾아가는 길」이 새겨 있다.

(…)
돌뿌리 가시밭에 다친 발길이
아물어 꽃잎에 스치는 날은
푸나무에 열리는 과일을 따며
춤과 노래도 가꾸어보자.

빛을 찾아가는 길의 나의 노래는
슬픈 구름 걷어가는 바람이 되라.

경북 영양의 시인 조지훈 종택*

조용헌

1. '지조론' 낳은 370년 명가의 저력

재물과 사람과 문장을 빌리지 않는 '삼불차三不借' 원칙을 370년간 지켜온 조지훈의 생가 호은종택. 조지훈도 삼불차 집안의 훈도를 받으면서 자라나 '지조론'을 말할 수 있었다고 한다. 굳세게 명가의 지조를 지켜오면서 박사만 14명 배출시킨 산골동네 주실 마을 조씨 집을 들여다보니…

'개똥밭에 굴러도 저승보다는 이승이 낫다', '땡감을 따먹고 살아도 저승보다는 이승이 낫다'라는 한국 속담이 있다. 죽어서 저승 가는 것보다는 어찌되었건 간에 숨이라도 쉬고 살아 있는 것이 낫다는 말이다. 만고풍상을 겪어 본 팔십 노인들로부터 이런 이야기를 듣다보면 삶에 대한 애착이 어떠한 것인지를 새삼 느낀다.

냄새가 진동하는 개똥으로 범벅된 개똥밭에 굴러도, 떫디떫은 땡감을 삼시 세끼 목구멍에서 삼키더라도 죽음보다는 삶이 낫다는 것이 한국 사람들의 사생관死生觀 아니었나 싶다. 정말 끈끈한 사생관이다. 필자가 과문한지는 모르겠지만, 세계 어디에도 이처럼 질기디 질긴, 사생관이 농축된 속담이 있다는 소리는 들어보지 못했다. 이 속담대로라면 한국 사람들의 자살율은

---

* 『신동아』(2000. 10).

세계에서 최하위권에 머물러 있어야 맞지 않을까?

'개똥밭에 굴러도', '땡감을 따먹고 살아도'가 형성된 이면에는 우리 조선사람들이 겪은 근세 100년간의 눈물겨운 역사가 있다. 조선후기 탐관오리들의 끝없는 착취와 굶주림, 참다참다 못 견뎌서 백성들이 떨쳐 일어선 동학농민혁명과 죽음, 식민지 36년간 쥐어짜는 수탈과 압박, 뒤이어 6·25라는 겁살, 자유당 정권의 혼란과 부패…….

정말이지 이처럼 눈물나는 근세 100년을 겪은 민족이 있으면 어디 나와 보라고 하고 싶다. 우리는 눈물어린 빵을 너무 지나치게 먹은 감이 있다. 근세 100년 동안 한국인들은 마치 공수부대의 살벌한 유격 훈련을 받았다고나 할까. 고강도 훈련 과정에서 고래심줄+잡초와 같은 끈기와 생존력을 체득하게 된 한국인이다.

혹독한 고생을 겪고 살아남은 인간은 대략 2가지 유형으로 변화해 간다. 하나는 생존을 위해서 품격이고·나발이고 다 던져버리고 악착같은 인간으로 변해가고, 다른 하나는 모든 것을 달관達觀하는 인간으로 변해간다. 비율을 따져보면 대략 8 대 2 정도로 전자의 인간형이 많나 싶다. 유감스럽게도 달관의 인품보다는 체면이고 자존심이고 던져버리고 어떻게 해서든지 자기 앞에 큰 감을 놓고 보려는 범부凡夫가 압도적으로 많은 것이 우리 인간 세상이다.

악착같은 인간형에게서 우리는 강인한 생명력은 느낄지 몰라도, 그윽하게 풍겨오는 초절超絶의 향기를 기대하기는 어렵다. 이해관계 때문에 왔다 갔다 하지 않는 일관성을 기대하기 어렵다. 『도덕경』의 '총욕불경寵辱不驚'(총애를 받거나 욕됨을 당해도 놀라지 않음)의 경지를 기대하기는 더욱 어렵다.

소설가 서머싯 몸도 '서밍업(Summing up)'에서 'Man is inconsistent(인간의 속성은 일관성이 없다)'라고 설파한 바 있듯이, 범부가 일관성을 견지하고 지조를 지키기는 정말 어려운 일이다. 나 역시 일관성을 지키려고 노력하면

할수록 거기에 비례하여 현실에 돌아오는 결과는 불이익이라는 차디찬 열매였음을 길지 않은 인생에서 여러 번 경험하였다.

그렇기에 매천梅泉 황현黃玹(1855~1910년)이 죽으면서 남긴「절명시」한 구절, '추등엄권회천고秋燈掩卷懷千古하니, 난작인간식자인難作人間識字人(가을 등불 아래에서 책을 덮고 지나간 천년세월을 회상하니, 인간으로서 식자인 노력하기가 어렵구나)' 을 가슴속에 새길 수밖에 없는 것이다.

그래도 한국 사회의 여러 명망가들이 결정적인 순간에 지조를 지키지 못하고 이해타산 때문에 왔다갔다하다가 훼절하고 망신당하는 걸 지켜보면서, 식자 노릇을 하기가 쉽지 않고 인간으로서 한평생 지조를 지키면서 산다는 것이 얼마나 고귀한 삶인지를 다시 한번 실감하게 된다.

물론 지조를 지키면서 살아가기에는 우리 근대사가 너무나 힘든 가시밭길이었지만, 그렇다 하더라도 그 숱한 변절과 기만을 상황 탓으로 합리화하기보다는 내면의 양심과 자존심을 지킨 지조있는 인간의 모습을 보고 싶다!

2. '지조론' 으로 유명한 조지훈

조지훈趙芝薰(1920~1968년) 선생은 시인이지만 그가 남긴『지조론志操論』으로 더 유명하다. 나 역시 조지훈을 시보다『지조론』의 저자로 기억한다.『지조론』에 그 어떤 힘이 담겨 있다고 여겼기 때문이다. 세간에서 그를 '마지막 선비' 또는 '지사문인志士文人' 으로 부르는 이유가 여기에 있다. 유명한『지조론』의 일부를 인용해 본다.

지조란 것은 순일한 정신을 지키기 위한 불타는 신념이요, 눈물겨운 정성이며, 냉철한 확집確執이요, 고귀한 투쟁이기까지 하다.…… 지조가 없는 지도자는 믿을 수가 없고, 믿을 수 없는 자는 따를 수 없기 때문이다. 자기의 명리만을 위하여 그 동지와 지지자와 추종자를 일조에 함정에 빠뜨리고 달아나는 지조없는 지도자의 무절제와 배신 앞에 우리는 얼마나 많이 실망하였는가? 지조를 지킨다는 것이 참으로 어려운 일임을 아는 까닭에 우리는 지조 있는 지도자들을 존경하고 그 곤고困苦를 이해할 뿐 아니라 안심하고 그를 믿을 수도 있는 것이다. 우리는 이와 같이 생각하는 자이기 때문에 지도자, 배신하는 변절자들을 개탄하고 연민하며 그와 같은 변절의 위기 직전에 있는 인사들에게 경성警醒이 있기를 바라는 마음이 간절하다.…… 지조는 선비의 것이요, 교양인의 것이다. 장사꾼에게 지조를 바라거나 창녀에게 정조를 바란다는 것은 옛날에도 없었던 일이지만 선비와 교양인과 지도자에게 지조가 없다면 그가 인격적으로 창녀와 가릴 바가 무엇이겠는가? 식견은 기술자와 장사꾼에게도 있을 수 있지 않은가 말이다.

조지훈은 말로만 지조를 부르짖은 것이 아니라 처신으로 보여주었다. 그는 일제 때 조선어학회 사건에 연루되어 경찰에 잡혀가 신문을 받고 풀려난 후 강원도 오대산 월정사에서 비승비속非僧非俗의 신분으로 숨어 지냈다. 비록 총을 들고 항일 투쟁은 하지 않았지만 비굴하게 일제에게 날품팔이와 같은 행동은 결코 하지 않았다. 『친일문학론』의 저자 임종국林鍾國은 일제에 협력하지 않은 문인 가운데 한 사람으로 조지훈을 꼽고 있다. 광복 이후 삶의 궤적을 보아도 선비로서의 품격을 잃지 않았다.

선비와 교양인과 지도자에게 지조가 없다면 그가 인격적으로 창녀와 가릴 바가 무엇이겠는가.

필자는 조지훈이 남긴 어떤 시보다도, 바로 이 대목에 그가 일생 연마한 내공內功이 응축되어 있다고 생각한다. 그가 남긴 이 초식은 입에서 휘파람처럼 나오는 소리가 아니라, 저 아랫배 단전丹田에서 수십 년 가다듬어 올라온 소리임에 틀림없다. 매사에 파고 들어가면 연원淵源이 있고 끝탱이가 있는 법이다. 단전에 지조의 힘이 차곡차곡 쌓이기까지는 오랜 시간 적공積功이 있었다고 보아야 할 것이다.

그렇다면 『지조론』을 낳은 조지훈의 연원과 끝탱이는 무엇이란 말인가?

그 정신을 낳게 한 배경이 무엇인가? 그것이 궁금하였다. 한국이 비록 작은 나라이지만, 국토가 좁다고 해서 인물이 없는 것은 아니다. 찾아보면 골짜기 골짜기마다 그래도 인물은 있다. 천하명산天下名山을 주유하는 취미를 가진 내가 어떻게 가만히 있을 수 있겠는가. 인걸人傑은 지령地靈이라고, 그 인물의 출신지를 보아야 할 것이다.

그래서 나는 조지훈의 생가인 경북 영양군 일월면 주실 마을을 찾아가 보았다. 영양군 일월면 주실 마을 가는 길은 두 가지가 있다. 하나는 경북 봉화 쪽에서 청량산淸凉山을 끼고 돌아서는 길이고, 다른 하나는 안동에서 영덕 쪽으로 가다가 영양으로 꺾어져 들어와 주실로 가는 길이다.

영양으로 가는 길은 부드러운 길이고, 청량산을 돌아 들어가는 길은 훨씬 장엄한 것 같다. 청량산이 어디 보통 산인가. 층층의 바위 절벽, 마치 중후하고 청결한 신사의 기품을 느끼게 하는 바위절벽이 돋보이는 산이다. 산의 이름처럼 산의 전체적인 기운이 맑고 상쾌하다. 이런 산이 남아있다는 것은 축복이 아니겠는가! 아직 관광객의 탁기로 오염되지 않은 산임을 멀리서 보아도 알 수 있다. 퇴계 선생이 항상 청량산을 흠모했던 이유를 짐작할 수 있겠다.

내가 보기에 청량산은 야성과 품위가 어우러진 산이다. 승용차의 창문을 열고 아랫배의 단전으로 들어간 청량산 정기는 피가 되고 살이 되고 나의 뇌수腦髓까지 충실하게 채워줄 것이 틀림없다. 이런 길이라면 돌아다녀 볼 만하다. 지금 이 길을 달리고 있는 나는 얼마나 행복한가!

3. 삼불차三不借의 조지훈 생가

청량산을 지나 첩첩 산중의 산길을 20분 정도 더 가니 주실 마을(注谷里)에 닿는다. 동네는 60 가구 정도에 200명 남짓한 주민이 거주한다고 한다. 조지훈의 생가를 동네사람에게 물으니 동네 중심부의 맨 앞집이란다.

대문 옆에는 '호은종택壺隱宗宅'이라고 새겨진 비석이 있다. 조지훈의 생가는 보통집이 아니라 종택宗宅이다. 즉 그는 종가에서 태어난 것이다. 호은壺隱은 주실 조씨趙氏들의 입향조이자, 1629년(인조 7년) 주실에 처음 들어와 이 동네를 일군 사람의 호이다.

그러니까 이 집은 370년의 역사를 지닌 집이다. 4세기 가까운 세월 동안 집안을 유지했다는 사실은 주목할 만하다. 그만한 노하우가 있었을 것 아닌가.

현재 이 집을 관리하고 있는 조동길趙東吉 씨를 만났다. 객지에서 공무원 생활을 하다가 정년퇴직하고 고향에 돌아와 종택을 관리하고 있다고 한다. 말년을 의미있게 회향回向하고 있는 셈이다. 생년이 신미생辛未生이라고 하니까 올해 70의 연세다. 꽉 다문 입과 약간 매서운 눈매, 그리고 깔끔한 차림새로 보아 음양오행론으로 보면 '금金 체질'에 속하는 관상이다.

대개 금 체질들은 끊고 맺는 것이 정확한 사무라이 기질이 강하다. 이야기를 할 때도 앞뒤가 분명하고 요점만 이야기하는 특징이 있다. 서론이 짧고 뼈다귀만 이야기하므로 인터뷰 상대로는 최적이다.

"호은종택에는 370년 동안 내려온 가훈이 있습니다. 그것은 바로 삼불차三不借라는 것이죠."

"삼불차三不借가 무슨 뜻입니까?"

"3가지 불차한다, 즉 빌리지 않는다는 뜻이죠. 첫째는 재불차財不借로 재물을 다른 사람에게 빌리지 않는다는 것이고, 둘째는 인불차人不借로 사람을 빌리지 않는다는 뜻이고, 셋째는 문불차文不借인데 문장을 빌리지 않는다는 말이죠. 이 삼불차는 호은壺隱 할아버지 때부터 현재까지 지켜져 왔습니다."

그런데 삼불차 중 두번째의 인불차가 확실히 이해되지 않았다.

"사람을 빌리지 않는다는 것은 어떤 의미입니까?"

"아, 그것은 양자를 들이지 않는다는 겁니다. 다른 종가들은 중간에 아들이 없어서 양자를 많이 들였지만, 이 집안에는 한 번도 그런 일이 없었습니다. 16대 동안 양자를 들이지 않고 친자로 계속 이어져 왔죠. 우리 주실 조씨들은 대체로 성질이 좀 꼿꼿한 편입니다. 머리가 숙이지 않으면 손해도 많이 봅니다. 주실 조씨들이 공직에도 많이 가 있는데 뇌물 받아먹고 형무소에 간 사람은 거의 없습니다. 손해를 보면 보았지 비굴하게 살려고 하지는 않습니다."

금체질의 검기劍氣를 지닌 조동길 씨의 대답이다.

그렇다! 호은종택은 삼불차의 집안이다. 조지훈 선생의 집안에 370년 동안 이어져 온 가훈 삼불차는 한마디로 요약하면 남에게 아쉬운 소리 하지 말고 살자는 정신이다.

가훈을 이렇게 정한 걸로 보아서 호은공壺隱公이라는 양반의 성품이 짐작된다. 대단히 자존심이 강하고 강직했던 분이었던 것 같다. 남에게 아쉬운 소리하지 말고 살자는 것이 어디 쉬운 각오인가! 그것도 당신 자신에게만 강요한 원칙이 아니라 후손 대대로 그렇게 살도록 당부한다는 게 어디 보통 신념인가!

이 쾌남아의 사주팔자四柱八字나 한번 뽑아보면 대강 어떤 사람인가 짐작해 볼 수 있을 텐데, 생년월일을 알 수가 없고 초상화도 남아 있는 게 없어서 아쉽기만 하다.

여하간 나는 삼불차 이야기를 들으면서 그러면 그렇지 하는 생각이 들었다. 조지훈의 『지조론』은 삼불차의 바탕 위에서 나온 것이다. '강장强將 밑에 약졸弱卒 없다'는 말마따나 그 선조에 그 후손이다. 조지훈은 어릴 때부터 삼불차의 집안에서 훈도를 받으면서 지조론을 말할 수 있었던 것이다. 400년 가까이 내려온 집안의 자랑스런 전통을 돈 몇 푼하고 쉽게 바꿀 수 있겠는가? 이래서 전통은 무섭다. 전통은 불가佛家의 엄한 계율과 같은 것이다.

그러나 한편으로는 지조만 가지고 370년 동안 집안을 유지한다는 게 가능한 일인가 하는 의문을 제기해 본다. 물질력 없이 정신력만 가지고 연명하기는 어렵다는 것이 고금의 이치다. 강직만 가지고 되는 것이 아니라 지혜도 있어야 한다.

이런 각도에서 삼불차를 뒤집어보자면, 빌리지 않아도 될 만큼 재財, 인人, 문文 3가지 요소를 주실 조씨들이 갖추고 있었다는 이야기가 성립된다. 돈이 없어서 굶어죽는 상황에 무턱대고 재불차만 부르짖을 수 없는 법이며, 후사가 없어서 대가 끊어졌으면 현재까지 집안이 내려왔겠는가. 무식한 사람이 문불차를 주장한다는 것이 어디 성립될 수 있겠는가. 주실 조씨들이 재물과 인물과 문장을 유지해 온 지혜를 본격적으로 알아보기 전에 이 3가지 요소를 자세히 살펴보자.

먼저 재물을 보자. 호은종택 앞에는 논 50마지기가 있는데 평수로는 1만 평이다. 이 논은 370년 전 호은공 때부터 마련해 놓은 문전 옥답이다. 중간에 누가 손댄 사람 하나 없이 현재까지 그대로 내려왔다. 앞으로도 그럴 것이라고 하니 놀라운 일이 아닐 수 없다.

4. 주실 조씨의 박사들

인물과 문장을 보자. 주실에서는 많은 학자들이 나왔다는 점이 주목된다. 박사만 해도 14명이 배출되었다고 한다. 그것도 궁벽진 산골동네에서 14명이나 나왔다고 하는 것은 무엇인가 있긴 있는 동네다. 전북 임실군任實郡의 삼계면三溪面이라는 곳에서도 박사가 40여 명 나왔지만 그것은 면 단위이고 여기는 일개 조그만 마을이다. 조그만 마을 하나에서 현재까지 14명이 나왔다는 것은 신기한 일이다.

더군다나 주실 마을에서 나온 박사들은 시원찮은 나일론들이 아니다. 대표적인 3인방만 꼽자면 조동일趙東一, 조동걸趙東杰, 조동원趙東元 교수를 들 수 있을 것이다. 조지훈 선생의 호적 이름이 조동탁趙東卓이니까 이들은 모두 동자 돌림의 같은 항렬이다.

서울대 국문학과의 조동일 교수는 『한국문학통사(6권)』로 유명한 학자다. 한국 문학 전체를 삼국시대부터 근세시대에 이르기까지 통시적으로 정리한 이 책은 문학뿐 아니라 역사와 철학을 공부하는 사람들까지도 필독서로 꼽는다. 조동일 교수 특유의 직절直切한 필치로 문사철文史哲을 꿰뚫은 명저다. 그뿐만이 아니다. 조동일 교수는 93년에 나의 가슴을 후련하게 한 책 『우리 학문의 길』을 펴낸 바 있다. 나는 이 책을 읽고 조동일 교수의 팬이 됐는데, 그는 외국 이론의 수입중개상 노릇이나 해서 먹고사는 사람들을 통렬히 비판한다.

학문의 수입업자나 하청업자 노릇을 하면서 행세하려고 하지 말고, 요즘 유행하는 문자로 국제경쟁력을 가진 자기 상품을 내놓아야 하는 것이, 생각이 깨인 다른 모든 나라에서 함께 채택하고 있는, 재론의 여지가 없는 유일한 노선이다.

그는 그만 굽실거리고 이제는 자기 상표의 제품을 내놓을 때가 되지 않았느냐고 주장한다. 조동일 교수의 글에서는 '주체성'이 느껴진다. 지조와 자존감을 소중히 간직한 사람만이 이런 글을 쓸 수 있다.

국민대 대학원장을 지냈고 현재는 명예교수로 있는 조동걸趙東杰 교수는 고려대의 강만길 교수와 함께 근세사의 양대 고수로 꼽히는 학자다. 또 성균관대 부총장을 지낸 조동원趙東元 교수는 발로 뛰어다니면서 한국의 금석문金石文 탁본을 20년에 걸쳐 정리한 『한국금석문대계韓國金石文大系(7권)』의 저자다. 남한 전지역에 세워진 금석문을 집대성했기 때문에 현장에 직접 가지 않더라도 이 책만 있으면 원본을 그대로 볼 수 있다. 미술사, 역사, 불교, 민속, 도교, 서예 전공자들에게 필수 장서임은 물론이다.

요즘에야 인문학이 파리 날리는 신세로 전락하여 겁 없이 함부로 인문학을 전공했다간 쪽박차기 쉽지만, 그럼에도 불구하고 그 나라 그 민족의 혼과

정신은 역시 그 나라의 인문학에 들어있다는 것이 나의 생각이다. 인문학이 죽으면 그 나라의 주체성도 죽는다. 이런 점에서 주실 마을 태생의 인문학자 3인방을 경외敬畏의 염念으로 바라보지 않을 수 없는 것이다. 거기다가 조지훈까지…….

주실 마을 조씨들의 항렬을 따져 보면 동자東字 윗대 항렬은 영자泳字가 된다. 항렬 정하는 데도 법칙이 있다. 오행五行의 상생相生 법칙으로 볼 때 목木인 동자를 생해 주는 것은 수水인 영자 항렬이다(水生木의 이치).

5. 납북 한의학자 조헌영

영자泳字 항렬 가운데서도 인물이 많이 배출되었다. 조근영趙根泳(1896 ~1970), 조헌영趙憲泳(1900~1988), 조준영趙俊泳(1903~1962), 조애영趙愛泳(1911~2000) 4남매가 그렇다. 근영은 일본 와세다대 출신으로 국립도서관장을 지냈고, 헌영은 일본 중앙대(와세다대학이 옳다: 편집자) 출신의 유명한 한의학자이고, 준영은 보성고보를 나와서 초대 민선 대구시장·경북도지사를 지냈으며, 애영은 여류 시조시인이다.

이 중에서 조헌영이 바로 조지훈의 부친인데 한의학의 대가였다. 소문에 의하면 그는 납북된 뒤에도 한의학을 계속 연구하여 많은 한의학 제자들을 배출하였다고 한다. 상당수의 이북한의학자들이 그의 제자들이라는 것이다.

조헌영이 한의학을 연구하게 된 계기가 있다고 한다. 영문학도인 그가 엉뚱하게도 한방에 정통하게 된 것은 일본 유학시절 병에 걸린 친구를 치료하기 위해 독학으로 『동의보감』을 연구한 결과라는 것이다.

원래 조헌영은 영문과를 졸업한 뒤 일본에 머물며 허헌이 회장으로 있던 신간회 동경지회장을 지냈다. 귀국한 후에도 신간회 총무회 간사를 지냈는데, 신간회가 해산된 뒤 일경의 감시를 피하는 방편으로 서울 명륜동과 성북동에 '동양의약사'라는 한의원 간판을 달고 의원 행세를 하며 광복을 기다렸다고 한다.

그는 한편으로 『동양의학사』, 『통속한의학원론』 등 전문 한의학서를 여러 권 저술했는데, 한때 한의과대학의 교과서로 사용됐다. 이 책에 대해 경희대 한의과 대학 김병운金秉雲 교수는 "한의학의 과학성과 민족의학적 가치성을 처음으로 이론화한 입문서"라고 평가하고 있다.

그는 한의사 일 외에 조선어학회가 주관한 '한글맞춤법통일안' 심사위원을 지냈다. 광복 후 고향에서 한민당 의원으로 당선되었으나, 민족 반역자를 척결하기 위한 반민특위위원에 선임된 후 한민당과 결별했다. 2대 의원 선거에서는 무소속으로 나와 연속 당선되었다. 그러다가 6·25 전쟁 때 납북되는데, 북한에서도 한의학 연구서를 내는 등 북한 한의학의 기초를 닦았다고 한다. 북한은 88년 5월 평양 방송을 통해 '조헌영이 노환으로 작고했다'고 그의 별세를 보도했다(《조선일보》 '新名家', 1995.6. 12일자에서 인용).

역사학자 조동걸이 자신의 고향 이야기를 서술한 '주실이야기'를 보면 1930년대에 조헌영이 약재를 채취하기 위해서 동네 초동樵童들을 데리고 경북 영양 일월산을 누볐다고 되어 있다. 아무튼 조지훈의 부친도 보통 인물이 아니었음을 알 수 있다.

그런데 근영, 헌영, 준영, 애영 4남매의 아버지는 누구인가? 바로 조인석 趙寅錫(1879~1950년)이다. 영자 위 항렬은 금金인 석자錫字이다(金生水의 이치). 조인석은 1900년경 서울로 올라가 개화가 대세임을 목격하고, 동네에 들어와 신학문을 가르치는 영진의숙英進義熟을 종가이자 자신의 집인 호은 종택에 설치한다. 그는 『초경독본初徑讀本』이라는 교육 책자를 저술하고 동네 아이들에게 신학문을 가르쳤다. 계몽가이자 교육자였던 셈이다.

조인석은 자식 4남매를 모두 훌륭하게 교육했지만 그 자신은 자살로 생을 마감하였다. 여기에는 6·25 전쟁의 비극이 개입돼 있다. 당시 그의 3남인 준영이 경북도경국장을 지내고 있었기에 아버지인 조인석은 좌익청년들에게 매일 시달렸다. 20대 초반의 젊은이들이 집에 들어와 "이 영감! 아들 어디 있어? 아들 찾아내?" 하면서 칠십 노인에게 반말로 모욕을 가하자 참지 못하고 마침내 근처 방죽으로 가서 투신 자살을 하였던 것이다.

나는 조인석의 자살도 주실 조씨들의 전통과 직접 연관이 있다고 생각한다. 자존심과 목숨 중에서 자존심을 선택했던 것이다. 보통 사람은 칠십 나이가 되면 어지간한 수모는 그러려니 하고 넘기기 마련인데, '삼불차'의 자초지종을 중시하였던 선비 조인석은 새파랗게 어린것들로부터 이런 치욕을 받고 그냥 넘길 수 없었던 것이라고 해석된다. 조인석은 조지훈의 직계 조부다. 1950년 당시 30세였던 조지훈은 칠십 조부의 자살을 어떻게 받아들였을까?

기왕 족보 조사한 김에 조인석의 부친도 알아보자. 석자 위 항렬은 토土로 기基 자字다. 조인석의 부친 조승기趙承基(1836~1913)는 일제가 국모인 명성황후를 시해하자 의병을 일으켜 의병대장을 하였다. 조승기 역시 불의에 분노할 줄 아는, 행동하는 선비였던 것이다.

이처럼 주실 조씨들은 학자도 많고, 그 학자들도 책상물림에 지나지 않는 백면서생이 아니라, 결정적인 순간에 한 방 날릴 줄 아는 행동하는 선비임을 알 수 있다. 주실에서는 이외에도 많은 인물이 배출되었음은 물론이다.

6. 지리적 안목으로 분석

경북 영양군 일월면의 주실이라는 작은 마을에서 이처럼 지조와 학문을 갖춘 인물들이 집중적으로 배출될 수 있었던 이유는 무엇인가? 재인문財人文의 삼불차를 4세기 가까운 세월 동안 유지할 수 있었던 비방이 있었다면 그 비방은 무엇인가?

여기에 대한 해답은 두 가지 방면에서 생각해 볼 수 있다. 이판理判과 사판事判이 그것이다. 이판이란 눈에 안 보이는 데이터(invisible data)를 가지고 사태를 파악하는 방법이고, 사판이란 눈에 보이는 데이터(visible data)를 가지고 사태를 파악하는 방법이다. 전자가 다분히 신비적인 파악이라면, 후자는 요즘 말로 합리적인 파악이다. 사판이 드러난 현상에 대한 분석이라면, 이판은 배후에 잠재하는 부분에 대한 분석이라고나 할까.

그래서 어떤 사안에 대하여 정확한 판단을 내리기 위해서는 이판과 사판 양쪽을 모두 보아야 한다는 것은 불가佛家 고승高僧들의 입장이다. 한쪽만 보아서는 미급이다. 이판사판理判事判을 모두 통과해야 실수가 적다. 그래서 이판사판이란 말이 나왔다. 이걸로 보나 저걸로 보나 답은 하나로 나왔으니 행동에 옮길 수밖에 없다는 것이 이판사판이다.

불교의 화엄철학에서는 이 경지를 이사무애理事無碍라고 표현한다. 이理와 같이 사事에도 걸림이 없는 경지다. 고려 때까지만 하더라도 국사國師나 왕사王師 제도가 있었는데, 이런 정도의 경륜은 이사무애의 경지에서 나온다고 보았다. 요즘 공식적인 국사 제도는 사라졌지만 가톨릭의 김수환金壽煥 추기경은 어느 정도 국사 노릇을 한 듯하다. 최근 20년간 대통령이 중대한 결정을 내릴 때 김 추기경 하고 상의하는 경우가 많아서 하는 말이다.

아무튼 사판적事判的 분석分析이야 세상사에 밝은 사람들이 많을 테니까 제쳐 두고, 주로 이판적 입장에서 주실 마을의 인물 배출 배경을 뜯어보자.

이판의 입장이란 천문天文·지리地理·인사人事·삼재三才의 안목에서 보아야 하지 않을까 싶다. 천문이란 시간, 즉 타이밍을 가리킨다. 지리란 넓은 의미로는 환경을 말하지만, 좁은 의미로는 명당이다. 인사는 넓은 의미로는 천문과 지리를 매개하는 존재인 사람을 말하지만, 좁은 의미로는 인간의 몸에 대한 식견을 지칭한다. 이 3가지가 조화를 이룰 때 일이 성취된다.

대만 총통의 국사를 역임한 남회근南懷瑾(1918~) 선생은 그의 역저 『역경계전별강易經繫傳別講』(국내에서는 『주역강의』로 번역돼 있음)에서 이를 명리命理·지리地理·의리義理로 요약한다. 중국에서 전통적으로 내려오는 관습에 따르면 식자라면 반드시 이 삼리三理를 공부해야 한다.

자기 운명의 이치인 명리命理를 알아야 천시天時가 언제 오고 가는가를 알 수 있고 거기에 따른 진퇴를 결정할 수 있다. 지리地理를 알아야 살아있을 때 양택陽宅과 죽은 후의 음택陰宅을 제대로 잡을 수 있고, 의리義理를 알아야 병의 원인을 파악해서 몸을 건강히 보존할 수 있다는 것이다. 이 삼리 중에서 의리는 70년대 초반 한의학이라는 제도권 학문에 들어가 학문 대접을 받을 수 있었지만 지리와 명리는 여전히 제도권 밖에서 '학문적 시민권'도 없이 서성되고 있는 상황이다.

최근이긴 하지만 지리도 학문적 영역으로 조금씩 진입하는 분위기다. 서울대 최창조 교수가 한국 사회의 식자층에 지리를 소개하면서 인식이 약간 개선된 것 같다. 미신 잡술이라는 종래의 인식에서 약간 벗어나 풍수라는 것이 우리의 전통적인 자연관을 반영한 것일 수도 있다는 쪽으로 변해가고 있는 것이다.

상대적으로 제일 천대받는 것이 명리다. 명리는 아직도 미아리 골목에 잠자고 있는 것 같다. 이야기가 조금 옆길로 새버렸지만 다시 주실 마을로 돌아가자. 내가 보기에 주실 마을은 삼리 가운데서도 지리적 안목에서 분석할 필요가 있다. 한국의 문화 현상은 한국의 토양에서 우러난 문법으로 해석해야 깊이 들어갈 수 있으며, 나는 그 문법이 바로 지리라고 생각한다.

7. 매를 날려 잡은 집터

주실 마을의 가장 중심 맥에 자리잡은 호은종택壺隱宗宅 터는 이름 그대로 호은공이 잡은 자리이다. 한양 조씨인 호은공 선대는 한양에서 거주하다가 1519년 조광조의 기묘사화를 만나 멸문 위기에 처하자 전국 각지로 흩어져 피신했는데, 그 후손 중의 하나인 호은공이 인조 7년(1629)에 주실에 자리를 잡게 되었다고 한다.

호은종택이 자리잡은 지맥은 영양 지방의 명산인 일월산日月山에서 흘러온 맥이다. 주실에서 일월산까지 능선을 타면 12km 정도다. 주실에 도달한 지맥은 야트막한 3개의 봉우리로 응결된다. 그 가운데 봉우리 밑 부분에 호은종택이 자리잡고 있다.

호은종택은 내려오는 구전에 의하면 이 집터를 잡을 때의 일화가 흥미롭다. 호은공이 매방산梅坊山에 올라가 매(鷹)를 날려 매가 날아가다가 앉은 자리에 집터를 잡았다는 일화다. 매방산은 100여 미터 정도의 야트막한 산으로, 주실에 맺힌 3개의 봉우리 중 맨 오른쪽에 해당하는 3번째 봉우리다. 이때의 매는 아마도 야생 매가 아닌 집에서 꿩 사냥용으로 기르던 보라매로 생각되는데, 이 매가 앉은 지점은 흥미롭게도 물기가 질컥질컥 베어 있는 늪이었다고 한다.

호은종택 터는 원래 늪지대였던 것이다. 늪을 메워 집을 지었다는 이야기가 되는데, 다소 희귀한 사례에 속한다. 매를 날려 집터를 잡았다는 점, 그리고 늪지대를 메워 집을 지었다는 점에서 호은종택의 터잡기는 일상적인 택지법擇地法과 다르기 때문이다.

불가에서 고승들이 오리를 날려 그 오리가 착지着地하는 지점에 절터를 정한 경우는 발견된다. 전남 순천의 송광사松廣寺가 그런 경우다. 전해오는 이야기에 의하면 고려 때 보조국사普照國師가 암자 터를 정할 때 오리를 날렸다고 한다. 또 한 가지 사례는 조선 중기 호남 지역에서 많은 신통神通을 나투었다고 회자되는 진묵대사 역시 나무로 만든 오리를 날려 절터를 잡았다는 이야기가 전해진다.

불가에서는 오리를 해수관음海水觀音의 화현으로 보기도 한다. 항해를 업으로 하는 뱃사람들에게 해수관음은 바다의 풍랑을 다스리는 신으로 여겨지는데, 비록 오리는 바다가 아닌 육지의 저수지에서 살지만 하늘을 날 수도 있고 물결 위에 떠 있을 수도 있어서 해수관음과 비슷하다고 보았다. 물론 이때의 오리는 집오리가 아닌 청둥오리로 여겨진다. 이처럼 고대인들은 오리를 신령한 능력을 지닌 동물로 여겼다. 솟대 위에 나무오리를 만들어 올려놓은 한국의 민속도 이러한 신령함의 표현이라는 것이 학계의 정설이다. 여하간 불교에서 절터를 잡을 때 오리를 날렸다는 이야기는 있어도 매를 날려 집터를 잡았다는 이야기는 호은종택에서 처음 접한다.

왜 매를 날렸을까? 아마도 날짐승은 하늘에서 날다가 땅에 내려앉을 때 본능적으로 유리한 지점을 잡는 능력이 있지 않나 싶다. 동물은 사람보다 감각이 발달돼 있다. 매를 날린다는 것은 동물의 감각 내지는 본능을 이용하는 방법 같다. 물론 처음부터 무턱대고 매를 날리지는 않았을 것이다. 사람이 어느 정도 범위를 잡아 놓은 다음에, 정확한 지점을 찍을 때 매를 날리지 않았을까. 혹은 2~3군데 후보지를 잡아 놓고, 그 가운데 어느 쪽을 최종적으로 선택할 것인지 고심하다가 마지막 결정에 동물의 촉각을 이용했을 개연성도 있다. 일종의 동물점動物占이라고 볼 수 있다.

8. 늪지에 집터를 잡은 도인

그 다음 주목할 사항은 평지나 언덕이 아닌 늪지를 집터로 선택한 부분이다. 사람이 거주하는 양택을 늪지에 잡은 경우를 나는 들어보지 못했다. 그러나 절터를 늪지에 잡은 경우는 있다. 백제 때 무왕武王이 잡은 익산 미륵사 터가 원래 늪지였고, 진표율사進表律師가 잡은 김제 금산사의 미륵전이 늪지였다. 이외에도 치악산 구룡사, 도선국사가 말년에 잡은 광양 옥룡사, 고창 선운사 대웅전 자리가 애초에는 늪지였다는 기록이 있다. 풍수의 좌청룡 우백호를 따지지 않고 늪지를 메워서 사찰을 세우는 것은 고대 불교에서 행해지던 유풍이다.

늪지에 건물을 세우면 습기가 차서 목재가 쉽게 부식되기 때문에 늪지를 메울 때는 반드시 숯을 집어넣는다. 숯은 습기를 빨아들이는 작용이 탁월하다. 미륵사나 금산사 미륵전 자리에서 실제 숯이 출토되었는데, 호은종택 자리가 원래 늪지였음이 사실이라고 한다면 그 밑에도 숯이 깔려 있을 공산이 크다.

아무튼 불교사찰이 아닌 양택을 늪지에 잡았다는 사실은 상당히 이색적일 뿐 아니라 흥미로운 일이다. 매를 날려 터를 잡은 호은공도 정신적으로 상당한 경지에 있었던 분이라고 짐작된다. 호壺는 호리병을 지칭한다. 따라서 호은壺隱이란 호리병을 가지고 숨었다는 뜻으로 해석되는데, 이에는 다분히 도가적인 취향이 내포되어 있다. 호리병은 방랑과 은둔을 좋아하는 도사들의 휴대품이다.

이렇게 볼 때 호은종택을 잡은 호은공은 주자 성리학을 연마한 유가의 선비이긴 하지만, 내면 세계 한 부분에는 다분히 도가적인 취향을 가지고 있었을지도 모른다. 이런 저런 사실을 종합해 보면 호은공은 방외方外의 학문에도 일가견을 지닌 인물이었던 것 같다.

9. 붓처럼 생긴 문필봉

호은종택의 대문을 등지고 정면을 바라보면 아주 인상적인 봉우리 하나가 빛을 발하고 있다. 눈이 부실 정도의 봉우리다. 정신이 번쩍 나게 한다. 바로 문필봉文筆峰이라서 그렇다. 집터나 묘터의 정면에 위치한 산을 안산案山이라 하는데, 홍림산이라고 불리는(홍림산 앞에 있는: 편집자) 문필봉이 호은종택의 안산에 해당한다. 이 문필봉이 왜 눈부신가 하면, 그 모습이 너무 문필文筆처럼 뚜렷하고 대문의 정면 일직선상에 교과서처럼 자리잡고 있기 때문이다. 문필봉은 글씨 쓰는 붓처럼 생겼다고 해서 붙여진 이름이다. 쉽게 말하면 정삼각형 산이다. 삼각형 모양의 산은 오행으로 따지면 목형木形의 산이다. 풍수가에서는 문필봉이 정면에 있으면 공부 잘하는 학자가 많이 나온다고 본다. 문필봉이 안산으로 자리잡고 있는 지역에서 장기간 거주하면 그 기운을 받아 사람도 역시 문필가나 학자가 된다고 신앙하는 것이 풍수이다. '천지여아동 일체天地與我同一體 아여천지동심정我與天地同心正(천지와 내가 한 몸이요, 나와 천지가 같이 바른 마음)' 이라는 한자 문화권의 세계관에 비추어보면 이러한 신앙은 납득이 간다.

문필봉이 있으면 대개 그 동네에는 특출한 학자가 많이 나오기 때문에, 길을 지나가다가 우연히 문필봉이 보이면 나는 다짜고짜 그 동네에 들어가 보는 습관이 있다. 그리고 이 동네에 어떤 학자가 살았느냐고 동네 사람에게 물어본다. 십중팔구는 누구누구가 있었다고 대답한다. 신기할 정도다. 문필봉이 있어서 학자가 나왔는가, 아니면 학자들이 문필봉을 보고 일부러 찾아 들어가서 학자가 나왔는가. 어찌됐든 둘 중 하나는 틀림없다.

한국의 산천에서 주목할 현상은 삼각형 모양의 문필봉과 그 지역의 학자 배출은 밀접한 관계가 있다는 점이다. 산천과 인물이 같은 쳇바퀴로 돌아간다. 왜 그렇게 되는 건지 중간 공식은 범부인 나로서는 확실하게 파악할 수 없지만, 드러난 결과를 놓고 볼 때는 분명 상관관계가 있는데 어쩔 건가! 문제는 중간과정의 공식을 현대인이 모른다는 사실이다.

조선시대에 문필봉이 보이는 터는 요즘 식으로 이야기하면 땅값이 엄청 나게 비쌌다. 돈만 있다고 되는 문제도 아니었다. 그래서 서민들은 천신도 못했다. 특히 주실 마을 앞에 보이는 문필봉 같으면 내가 살펴본 문필봉 가운데서도 최상급의 문필봉에 속한다고 해도 과언이 아니다. 모양이 뚜렷하고 방정하기 때문이다. 손으로 쓰다듬어도 보고 보듬어도 보고 싶다. 문필 봉을 바라보고 있노라니 밥을 먹지 않아도 배가 부를 것 같다. '문필망식文筆忘食' 이라고나 할까.

폐일언하면 주실 마을 산세의 모든 정기는 이 문필봉 하나에 집중되어 있다. 주실에서 학자가 많이 배출된 것도, 박사가 14명이나 나온 것도, 인문학의 조씨 3인방도 이 문필봉의 정기와 관련 있다고 생각한다. 주실 마을 박사들은 고향에 오면 그냥 가지 말고 이 문필봉에 감사할 줄 알아야 할 것이다.

주실 사람들도 이 문필봉을 특별하게 생각하는 것 같다. 올해 4월에 제작된 「주실마을」이라는 14페이지짜리 팸플릿 첫 페이지는 문필봉 사진으로 시작된다. 첫 페이지에 실었다는 것은 그만큼 마을의 명물로 중요하게 생각하고 있다는 증거다. 마을 사람들은 어렸을 때부터 나이 드신 어른들로부터 이 문필봉의 영험성에 대하여 귀가 아프도록 들었을 것이다. 그래서 주실 마을의 집들은 거의 이 문필봉을 향하여 방향을 잡고 있다. 문필봉을 안대案帶로 삼고 있는 것이다.

10. 3개의 봉우리를 타고난 인재들

한편 일월산日月山에서 12㎞나 달려온 용맥龍脈은 주실에 와서 3봉우리로 맺혔다. 그리고 그 3개의 봉우리에서 제각기 인물들이 나왔다. 주실을 정면에서 보았을 때 제일 왼쪽에 있는 제1봉에는 노계魯溪 조후용趙垕容(1833~1906) 고택과 만곡정사晩谷精舍가 자리잡고 있다. 노계 고택에서는 주실 마을 개화와 구국운동에 앞장섰던 두석斗錫, 붕석朋錫(독립유공자 건국훈장), 용해龍海 등이 태어났고, 현대에는 운해雲海(의학박사, 한솔그룹)와 서울대 국문학과 조동일 교수의 생가이기도 하다.

이 집은 ㅁ자집의 전형적 건축 양식이라고 팸플릿에 소개되어 있다. 만곡정사는 조선후기 명문장으로 이름 높은 만곡晩谷 조술도趙述道(1729~1803)에게 학문을 배우기 위하여 문하생들이 뜻을 모아 창건한 정자다. 만곡은 옥천공 조덕린의 손자로 대산大山 이상정李象靖을 사사했고 많은 문도를 길러냈다. 만곡정사는 원래 영양 원당리에 건립했는데 순조 초에 주실로 옮겼다.

만곡정사의 액자는 정조 때 영의정 번암 채제공蔡濟恭(1720~1799)이 직접 썼다. 채제공은 남인南人 출신으로 조선후기의 명재상으로 꼽히는 인물이다. 채제공은 죽기 2년 전인 1797년에 78세의 노구를 이끌고 주실을 방문해, 그 기념으로 현판 글씨와 친필 사인을 남겨 놓았다. 같은 남인으로서 정치적 동지이자, 학문으로 이름 높았던 만곡을 만나기 위해 적어도 열흘은 걸렸을 여로를 마다하지 않고 산 넘고 물 건너 이 심심 산골까지 찾아온 그 동지애와 의리 그리고 풍류가 느껴진다.

200년 뒤의 어느 비오는 날, 글을 쓰기 위해 찾아와 처마 밑에서 그 현판에 어린 사연을 쳐다보고 서 있는 나그네의 소회所懷도 무량하기만 하다. 사실 채제공뿐 아니라 당시 남인 계통 실학자인 이가환李家煥과 정약용丁若鏞도 주실 조씨들과 깊이 교유했다.

만곡정사는 제1봉이 내려온 제일 끝머리에 위치하고 있다. 만곡정사 뒤의 입수맥入首脈은 바위여서 기운이 다른 곳보다 강하다. 흙에 비해서 바위가 깔려 있으면 기운이 강한 것으로 본다. 강한 곳은 일반 가정집으로는 부적당하고, 젊은 학생들이 모여 공부하는 학교를 세우면 좋다.

정사 앞으로는 냇물이 활처럼 돌아 흐르고, 앞에는 문필봉이 도합 4개나 포진해 있다. 하나도 아니고 4개씩이나 푸짐하게 도열해 있는 것이다. 주실 마을 전체에서 볼 때 이 위치가 문필봉이 가장 여러 개 보이는 장소다. 학문하는 정사로는 제대로 잡은 터 같다.

11. 호은종택과 옥천종택

제2봉은 주실의 내룡來龍 중에서 가장 중심 자리다. 풍수에서는 항상 중심액을 높이 친다. 호은종택과 주실에 있는 또 하나의 종택인 옥천종택玉川宗宅이 제2봉의 줄기에 자리잡았다.

호은종택은 제2봉의 맥이 내려온 끄트머리에 자리잡았다. 호박을 보면 가지의 끝에서 열매를 맺듯이, 땅의 기운도 위보다는 아래에 그리고 끄트머리에 맺힌다. 이 터가 주실의 센터라고 보면 된다. 지금은 집이 없어져서 빈

터로 남아 있지만 옛날에는 호은종택 바로 뒤에도 집이 있었다. 이 집에서 국민대 조동걸 교수가 태어났다. 그런가 하면 호은종택 바로 우측에도 집이 한 채 있는데, 이 집에서 성균관대 조동원 교수가 태어났다. 조지훈, 조동걸, 조동원 교수가 앞뒤 옆집에서 태어났다. 재미있는 일이다.

옥천종택은 주실 입향시조 호은공 조전趙佺의 증손자이며 장사랑 조군趙頵의 둘째 아들인 옥천玉川 조덕린趙德鄰(1658~1737)의 종택이다. 옥천공은 문과에 급제한 후 승문원 정자正字, 세자시강원 설서說書, 홍문관 교리校理, 승정원 우부승지右副承旨를 지냈다.

조덕린은 당시 시폐를 비판한 '십조소十條疏'의 주인공으로 유명하다. '십조소' 중 열째 대목이 노론을 자극해 제주도로 유배해 가던 도중 강진에서 서거하였다. 희당喜堂(草堂), 운도運道(月下), 진도進道(磨岩), 술도述道(晚谷), 거신居信(梅塢), 만기萬基(독립운동유공자 건국훈장), 대봉大鳳(교육학박사, 영남대) 등의 명사가 이 종택에서 태어났다. 그리고 조덕린의 아들 희당이 아버지를 기려 별당을 세우고 당호를 초당이라 했다. 이걸 보아 만곡정사의 주인공인 조술도는 조덕린의 아들(손자가 옳다: 편집자)임을 알 수 있다.

한 가지 흥미로운 사실은 주실 마을 양택 중에서 옥천종택의 좌향坐向만 특이하다는 점이다. 호은종택을 비롯해서 다른 집들은 거의 간인좌艮寅坐(南西向)를 놓았는데, 옥천종택만은 거의 남향南向에 가까운 임좌壬坐다. 내룡도 2봉에서 맥 하나가 내려오다가 중간쯤에서 남쪽으로 70도 각도로 틀었는데, 그 꺾은 지점에 자리잡았다. 그러므로 옥천종택의 안대案帶는 문필봉이 아니다.

대신 토금체土金體(산의 끝이 약간 평평한 모습)의 안대가 놓여 있다. 이러한 안대는 보는 사람에게 심리적 안정감을 부여한다. 그래서 중후하고 의지가 굳은 인물이 나온다고 한다. 안대 높이도 호은종택에 비해서 그렇게 높지 않고 적당하다. 호은종택은 안산인 흥림산이 높아서 약간 답답한 감이 있는데 비해서 옥천종택은 전망이 훨씬 시원하다. 툭 트였다. 주실에서 가장 전망 좋은 집인 것 같다.

12. 마을에 하나뿐인 우물

옥천종택에서 주목할 우물이 하나 있다. 마당 오른쪽 담장 곁에 있는 자그마한 우물이다. 특별히 깊은 우물은 아니지만, 이 우물은 주실에서 하나뿐인 우물이라는 특징이 있다. 옛날부터 주실 마을에는 이 우물 하나뿐이었다. 60여 가구 사는 동네에 우물이 하나뿐이니 물길어다 먹기가 상당히 불편했을 텐데도 우물을 여러 개 파지 않고, 오로지 이 우물 하나만 사용하였다.

현재에도 주실에는 우물이 없다. 대신 50리 떨어진 곳에서 수도 파이프를 연결하여 식수로 사용한다. 다른 동네 같았으면 젊은 사람들이 불편을 견디지 못하고 진작에 마당 한가운데 지하수 관정이라도 박았을 텐데 주실에서는 그런 일이 발생하지 않았다.

이유는 무엇인가? 풍수적인 원리 때문이다. 주실은 배 모양의 형국이므로 우물을 파거나 지하수를 파면 배 밑바닥에 구멍이 뚫린다고 믿어 왔다. 구멍이 뚫리면 배는 침몰하게 마련이다. 고로 우물을 파면 인물이 안 나온다고 생각한다. 이 생각을 현재까지 굳게 가지고 있다. 복제인간을 만들어 낸다고 하는 이 과학시대에도, 이처럼 신화적인 사고를 지키고 있다니 놀랍기만 하다.

그러나 다른 한편으로 보면 조상의 유업을 지키려는 정신이 살아 있다는 징표다. 1년이 멀다 하고 세태가 바뀌는 요즘 400년의 전통을 지키는 유서 깊은 마을이라 무언가 다르긴 다른 마을임을 이런 데서도 실감한다. 무언無言의 법도와 기강이 살아 있음을 느낀다.

저녁 해가 서산에 기울어갈 무렵 인적 없는 옥천종택을 이리 저리 살피고 있는데 갑자기 시골 아주머니가 대문을 박차고 들어온다. 긴장한 표정의 아주머니는 나를 한참 살펴보더니 한마디 꺼낸다.

"아이고 나는 물건 훔치러 온 도둑인 줄 알았네요."

"저 도둑놈 아니고 답사 나온 사람입니다."

"아, 그래요. 얼마 전에 도둑놈이 와서 현판을 뜯어간 적이 있어요."

이야기 끝에 아주머니는 잠깐 어디로 가더니 음료를 한 병 사와 먹으라고 준다. 옥천공 후손으로 옥천종택을 관리하고 있는 조석걸(63) 씨 부인이다. 털털하고 마음씨 좋은, 시골의 전형적인 어머니 모습이다.

"부정한 방법으로 돈 안 벌어."

유서 깊은 동네에 오면 하룻밤 자고 가야 한다. 낮에 잠깐 들어 휑하니 사진만 찍고 떠나기보다는 하룻밤 자보아야 그 동네의 정기를 느낄 것 아닌가. 그러나 주실에는 여관이 없어서 숙소가 마땅치 않던 차에, 염치 불고하고 아주머니께 잠 좀 재워줄 수 있느냐고 부탁드렸다. 그리하여 그날 밤은 조석걸 씨 사랑방에서 자게 되었다.

주인양반 조석걸 씨 역시 공무원 하다가 정년퇴직하고 고향에서 농사도 짓고, 주실 마을의 여러 문화재와 옥천종택도 관리하는 분이다. 사랑방에서 조석걸 씨와 조덕린에 관해 이야기하던 끝에 주실 조씨들의 기질에 대한 이야기가 나왔다.

"우리 집안은 대대로 청렴하고 강직하게 살려고 노력했습니다. 나도 새끼들이 셋인데 공무원 박봉으로 어렵게 애들 대학을 마쳤죠. 용돈 한번 넉넉하게 준 적이 없습니다. 하지만 새끼들한테 항상 강조했습니다. 아무리 어렵더라도 우리 집안은 절대 부정한 방법으로 돈 벌 생각을 해서는 안 된다고 말입니다. 막내 아들놈이 중학교 교사로 있습니다. 그런데 이 애가 학부형들이 성의 표시로 갖다주는 봉투를 전혀 안 받았던 모양입니다. 하도 거절을 하니까 지나치다고 생각했던지, 나중에는 교장 선생이 따로 부르더랍니다. '어이 조 선생, 너무 그래도 못쓰네' 하고 타이르더라는 이야기를 저한

테 합디다."

혹자에 따라서는 좀 지나치다고 평가할 수도 있는 대목이지만, 삼불차로 상징되는 370년 지조가 30대 초반의 조석걸 씨 막내아들에게까지 유전遺傳되고 있음을 볼 수 있었다.

13. 신교육의 전당 월록서당

마지막으로 제3봉은 매방산이라 일컬어진다. 이 봉우리에는 월록서당月麓書堂이 자리잡고 있다. 「주실마을」이라는 팸플릿에서 조동걸 교수는 월록서당을 이렇게 설명한다.

> 1765년에 한양 조씨, 양성 정씨, 함양 오씨가 협력하여 일월산 기슭을 업고 홍림산을 안대하여 낙동강 원류인 장군천을 끌어안은 곳인 주실 동구에 세운 서당이다. 조선후기 실학의 학풍과 더불어 교육의 대중화를 위한 서당 건립이 전국적으로 확산될 때 주실에는 월록서당이 건립되어 이 고을 교육의 중심을 이루었다…….

건물은 겹집이며 팔작집으로 지었다. 내부 중앙은 강당이고 양편에는 존성재存省齋, 우편에는 극복재克復齋라는 편액이 걸려 있다.

구한말 이후에는 신교육의 전당으로 변신하였다. 식민지 시기에는 조석기趙碩基가 설립한 배영학당이 있었는데, 배영학당은 1927년에 조선농민사로부터 모범야학으로 표창을 받기도 하였다. 광복 후에도 야학은 계속되었고, 한편 은화청년회와 주실 소년회의 연극과 음악회가 열리던 문화의 전당으로도 구실하였다.

주실의 세 봉우리를 다시 정리하면 1봉에는 만곡정사와 조동일 교수의 생가가 있고, 2봉에는 호은종택과 옥천종택, 그리고 조동걸과 조동원 교수 생가가 있으며, 3봉에는 개화기 이후로 신교육의 전당인 월록서당이 자리잡고 있는 것이다.

조선의 지령地靈이 헛되지 않아 봉우리마다 열매가 맺혔다…. 주실 마을을 다녀온 지 일주일이 지났는데도 아직까지 가슴이 뿌듯하다. 지조를 생각해본다.

세림世林의 고향 주실 마을을 찾아서*

김정양

조지훈趙芝薫의 생가, 그러니까 조세림趙世林 시인의 생가이기도 한 주곡동注谷洞을 찾은 것은 가을 햇살이 제법 따가운 시월이었다. 영양으로 들어가는 경북 북부 지역은 산세가 수려하고 아직 시골의 정취가 잘 보존되어 있는 곳이었다. 하지만 이런 경치와는 무관하게 대구에서 두 시간 반 가량 줄곧 무료함에 젖어있던 내가 정신이 든 것은 막 단풍이 들기 시작한 산과 들이 누렇게 익어가는 벼들로 출렁이는 차창 밖의 풍경을 보고서였다. 따가운 가을 햇살을 받으며 『세림시집世林詩集』을 뒤적이다가 문득 가난에 못이겨 북만주로 떠난 〈란〉이를 그리워하며 지은 「풍년송豊年頌」의 배경이 차창 밖의 풍경과 꼭 맞아떨어짐을 발견했기 때문이다.

내가 이마실 떠난 지도 이미 다섯달
지금 끝없는 청기靑杞벌에 함박 풍년豊年이 왔단다.

봄마다 나물 캐러 네가 오르내리던 일월산日月山에
새빨안 단풍들이 봄날보담 아름답고
아람들이 머루다래 넝쿨에 열매가 한창이란다.

본명은 조동진趙東振이며, 1917년에 나서 1937년까지 만 20년이라는 짧

*『詩와 反詩』(1993년 겨울호).

은 생애를 살다간 이름밖에 전해지지 않은 이 시인은 도대체 누구인가? 〈불타는 정열〉을 펼쳐보지도 못하고 〈헛되이 여위어가는 청년〉을 저물어가는 황혼의 정설로 노래한 이 시인의 짧은 청춘은 어떠했을까?

내가 처음 『세림시집』을 본 것은 내게 기행문을 써보라는 시詩와 반시사反詩社로부터 부탁을 받고 시인의 사촌동생 조동택趙東澤 교수를 소개받기 바로 전이었다. 그때까지 내가 세림 시인에 대해 들은 것은 청록파의 거장 조지훈의 형이라는 사실 하나밖에 없었다. 아무리 문학에 대해 문외한일지라도 국정교과서에서 한 번쯤은 만났을 조지훈 시인의 등뒤에 가려진 형이 있었다는 것은, 더구나 그가 시를 썼다는 것은 내게 묘한 호기심을 가져다주었다. 대여섯 살에 『천자문』을 다 익혔고 열대여섯 살에 『대학』을 읽었을 정도로 총명했다는 지훈 시인을 생각해볼 때 과연 세림 시인도 같은 나이에 『천자문』을 익히고 『대학』을 읽었을까 하는 것이다. 그러니까 비범한 동생 지훈에게 혹 열등감을 느끼진 않았을까 하는 것이다. 이런 생각은 시집 첫장에 오일도吳一島 시인이 쓴 서문에서 세림 시인이 〈落寞, 憂鬱, 苦悶, 彷徨으로 지내다가〉 하는 구절에 이르러서는 정신적인 우울 증세를 가진 나약한 시인으로 쉽게 규정지어 버리게 했다. 하지만 조동택 교수를 만나고 나서 나의 이 선입관은 무너졌다. 경북대 의대에 재직하고 있는 조 교수는 추석 전날임에도 불구하고 연구실에서 분주히 보내고 있었다. 〈귀동냥으로 들은 것밖에는 달리 아는 게 없습니다만 세림 시인은 부르주아 집안에서 컸지만 이데올로기적 좌경을 지닌 향토적인 민족주의자였던 것 같습니다.〉 부르주아 집안. 향토적인 민족주의자. 이런 단어에 의아해졌다. 그렇다면 그는 삼천석을 거둬들이는. 그 당시 평범한 사람들과는 달리 쓰라린 가난과는 상관없는 지주의 아들이었단 말인가? 더구나 내가 생각했던 것처럼 나약한 시인과도 거리가 먼 혹독한 왜정 치하의 민족주의자였단 말인가?

조지훈에 관한 자료와 조동택 교수의 말을 빌리면 세림 시인은 경북 영양에서 명가인 한양 조씨 집안 출신이었다. 그의 조부 조인석이 '삼불차三不借'라 하여 사람, 돈, 글은 남에게 빌리지 않는 것이라 할 만큼 그 집안은 대대로 인물과 재력, 문한文翰이 끊이지 않았다. 그는 당시 선비로는 혁신적인 인물로서 토지개혁 전에 이미 소작인들에게 토지를 분배했으며 노비문서를 없애는 것은 물론, 월록서당月麓書堂이라는 곳에서 양반, 머슴 구별 없이 글을 가르치기도 한, 박식博識과 언변言辯과 지기志氣를 함께 갖춘 사람이었다. 알려진 바로는 사남매의 자녀에게 모두 신교육을 받게 하여 위로 형제는 동경에까지 보내어 대학교육을 받게 했다고 한다. 그러나 자녀들은 실제로 한학을 고집하는 부친으로부터 가출하다시피하여 고학으로 공부했다. 그래서 손자들만큼은 절대 신학문 가르치기를 거부하여 세림·지훈 형제를 슬하에 두고 한학을 공부하게 했다. 노비문서까지 없애는 개혁적 기질을 가진 그가 한학을 고집한 이유는 어려서부터 일인의 교육을 받는 것은 영원히 나라를 잃어버리는 것이라는 그의 교육론 때문이었다. 이런 조부의 영향 때문인지 세림은 그의 남성적이며 직선적인 성격으로 마을의 소년들을 모아서 〈소년회少年會〉를 조직한다. 여기서 그는 『꽃탑』이라는 문집도 내고 마을 사람들을 모아놓고 소인극素人劇도 한다. 배일사상을 띤 〈소년회〉 활동으로 세림은 일본경찰의 취조를 받고 울분에 젖어있던 차에 같이 취조를 받았던 친우 강노향姜鷺鄕을 서울로 배웅하러 나가, 치통으로 이를 뺀 것도 잊고 술을 마신다. 이것이 주독이 되어 1937년 이른 봄 스물한 살의 나이로 요절한다.

조동택 교수를 만나고 나서 나는 세림 시인에 대해 희미하나마 윤곽을 잡을 수 있었다. 처음 생각과는 달리 세림은 마을 소년들을 모아 〈소년회〉를 이끌 만큼 리더쉽을 가졌고 배일사상을 띤 소인극을 할 만큼 대범한 성격이었다. 그렇다면 잔잔한 시골의 배경을 한시조漢詩調로 읊었거나 석양 아래 허물어진 옛 성에 기대어 눈물어린 눈으로 휘파람을 부는 낭만적인 이 시들은 그 당시 주어진 상황을 체념한 상태이거나 민족의 자유와 일제에 대한 투쟁을 직선적으로 표출하지 못하고 간접적으로 표현한 것이라 볼 수 있다.

상황에 대한 체념이냐 투쟁이냐를 생각하며 『세림시집』을 다시 집어들었을 때 내 생각을 알아챈 듯 옆에 앉은 세림 시인의 여동생 조동민趙東敏 씨가 기억을 되살리며 말을 꺼냈다. "세림 오빠는 독이 목까지 퍼진 상태에서 자기가 쓴 시들을 아궁이에 넣어 불태웠지요. 지금 생각하니 자신이 죽고난 후 가족들에게 화가 미칠까 봐 그랬던 것 같아요." 조동택 교수의 소개로 연락이 닿은 조동민 씨는 이 기행에 참여하기 위해 서울에서 기꺼이 와 주었다. 예순을 지난 나이에도 활발한 사회 활동을 하고 있어서인지 당시의 기억을 찬찬히 잘 회상해 주었다. "『세림시집』은 오일도 시인과 지훈 오빠가 남은 시들을 찾아내어 엮은 것입니다. 그것도 당시 별탈이 없을 듯한 시들만 골라 넣은 것입니다." 조동민 씨의 말은 시인의 사후 평가를 의식했다기보다 사라져버린 많은 시들에 대한 안타까움이 서려있는 듯했다. 시집을 낸 것은 시인의 일주기를 기념하여 낸 것으로 이듬해인 38년도이니 충분히 그러했을 것이다. 나 또한 잃어버린 시들에 대한 안타까움으로 젖어 들었다.

어느덧 우리 일행은 영양군에 접어들어 시인의 생가에 있는 일월면 주곡동에 닿았다. 생가는 지훈 시비에서 1킬로 정도 떨어져 있었다. 우리는 먼저 시인의 재종숙再從叔인 조진영趙進泳 씨를 찾아갔다. 올해 일흔 아홉이니 세림 시인보다 두 살 위다. 〈소년회〉에 들었던 사람들 중 지금 남아있는 사람은 자신과 서울에 사는 조석창 씨 둘밖에 없다고 말하는 모습에서 문득 젊은 소년 세림을 그려보았으나 전혀 떠오르지 않았다. 나는 그때까지 시인의 사진 한 장조차 보지 못했기 때문이었다.

조지훈의 연보에 보면 1931년에 마을 소년 중심의 문집 『꽃탑』을 꾸미고 형 세림과 〈소년회〉를 조직했다고 되어 있으니 세림 시인의 나이 만 14세가 되던 때다. 지훈 시인의 〈소년회〉에 대한 기억을 「나의 역정歷程」이라는 수

필에서 이렇게 말하고 있다.

최후最後의 〈어린이날〉을 산중山中에서 비밀秘密히 거행擧行한 것이 발각發
覺이 되어 〈소년회少年會〉 수색搜索과 구류拘留 끝에 해산解散을 당하는 날
어린 소년少年들이 한자리에 모여 몹시 울었던 일은 아직도 그날의 기억記憶으
로 역력歷歷히 남아 있다. 당시當時의 〈소년회少年會〉를 영도領導하였고 우리
의 문학文學의 싹을 길러준 사람은 나보다 세 살 위의 조숙무熟한 소년少年 ─
뒤에 스물한 살을 일기一期로 요절夭折한 망형亡兄 세림世林이었다. 열여섯 살
짜리 어린 형제가 외가外家에를 다니러 가도 경찰의 내방來訪을 받던 웃지 못
할 임시臨視의 세월은 그때부터 나의 가슴에 일말一抹의 어두운 그림자를 던지
고 있었다.

〈소년회〉가 해산을 당하자 30여 명의 마을 소년들은 매방산으로 올라갔
다. 거기서 서로 부둥켜안고 만세를 불렀다. 이를 알고 산으로 쫓아온 일본
순사를 향해 소년들은 바위를 굴리고 돌을 던졌다. 그날의 기억들을 말하는
조진영 씨의 얼굴에서 훌쩍 뛰어넘어버린 세월의 흔적을 읽을 수 있었다.
이상한 것은 그의 모시 두루막을 보고 이제껏 나는 그 당시의 상황에 서서
세림 시인을 보지 않았다는 사실을 깨우치게 된 것이다.
생가는 조진영 씨의 집에서 서너 집 건너 텃밭을 끼고 우측에 있었다. 조
선 중기 인조 때 입향조 조전趙佺의 둘째 아들 정형廷珩이 창건하였으며
6·25 때 일부 소실한 것을 1963년에 복원하였다고 한다. ㅁ자형으로 지어
진 이 집은 명가의 종택치고는 작아 보였다. 조동민 씨는 어릴 적 이 집이 그
렇게 커 보일 수 없었다며 이방 저방 문을 열어보곤 했다. 그러나 낯선 사람
이 살고 있어 조심스레 멀찌감치 지켜보고만 있었다. 조부가 문필봉이 내다
보이는 안방에서 애를 낳아야 총기가 있다고 하여, 세림의 모친은 세림, 지
훈 형제와 조동민 시까지는 일부러 큰집인 이곳까지 와서 산고를 치렀다고
한다. 당시 외지에서 신학문을 배웠던 남자들이 혼인을 한 여자가 있음에도

신여성을 데려오는 적이 있어, 조부는 여자는 배워봐야 남의 첩밖에 안 된다
며 학교에 보내지 않고 『소년필지少年必知』라는 책을 만들어 가르쳤다고
한다. 그가 직접 가르치던 방을 지나 우리는 생가를 나왔다. 바깥 대문을 나
서니 멀리 문필봉과 갈미봉이 나란히 서 있었고 그 앞에서 누런 들판이 희부
옇게 부서지는 햇살 아래 펼쳐져 있었다.

허기虛氣진 어린애들 양지陽地 쪽에 누워 하늘만 보거니
휘늘어진 버들가지 물오름도 부질없어라

땅에 붙은 보리싹 자라기도 전 단지 밑 긁는 살님사리
풀뿌리 나무 껍질을 젖줄 삼아 부황난 얼굴들이어
　　　　　　　　　　　　　—「실춘보失春譜」에서

세림 시인은 이 들판에 서서 봄이면 풀뿌리 나무껍질 먹어 부황난 동무들
을 생각하며 울고 가을이면 탐스러운 벼 이삭을 보고 가난에 찌들다 시집간
동무들을 생각하며 울었을 것이다. 민족의 가난을 생각하며 시름에 잠겼을
세림을 생각하니 눈물이 났다.

한양 조씨 집성촌인 이 마을에 지금은 16대째 살고 있다. 앞에서 말한 깃
처럼 세림의 조부 조인석 씨가 토지분배에 앞장섰으므로 소작인들이 이 마
을을 떠나는 일은 없었다고 한다. 우리는 그가 머슴 양반 구별 없이 글을 가
르쳤다는 월록서당으로 향했다. 생가와 같이 경상북도 기념물로 정해져 있
는 이 서당은 정자亭子 형으로 좌우에 방 두 개가 있고 대청마루가 중간에
있었다. 서당에서 동구 밖 쪽으로 난 샛길을 보고 조동민 씨가 말했다. "세
림 오빠는 여자도 집에만 있으면 무식쟁이가 된다고 할아버지 몰래 나를 자
전거에 태워 학교에 데려다 주곤 했지요. 어느 날 할아버지께서 이 길을 지
키고 계시다가 학교에서 나를 데리고 오던 세림 오빠를 붙들고 가서는 마루
기둥에 매달아 놓고 매질을 하셨지요. 다시는 학교에 안 갈테니 오빠를 풀

어주라고 할아버지께 애원하던 나에게 오빠는 난 괜찮으니 넌 학교에 가야
한다고……."

여동생에게 신학문을 가르치고 싶었던 것처럼 세림 자신도 신학문을 갈
망하고 있었을 것이다. 구래舊來의 한문 교육의 답답함에서 회의를 느꼈을
것이고 〈소년회〉 활동만으로 성이 차지 않은 혈기왕성한 청년으로 변했기
때문이다. 어쨌든 그는 〈조고만 보따리 큰 뜻을 품고〉 35년 상경하여 오일
도 시인의 시원사詩苑社에서 일하면서 본격적인 글을 쓰기 시작했다. 그 때
부친 조헌영趙憲泳 씨가 서울에서 일월서방이라는 책방을 운영하고 있었으
므로 사회과학 서적이나 여러 문학서적을 접할 수 있었다. 세림의 민족적인
기질은 부친의 영향도 많이 받았을 것이다. 와세다 대학 영문학과를 나온
그의 부친은 고향에 내려오면 『꽃탑』 문집의 철자법도 고쳐주고 세림 시인
과 머리를 맞대고 문학을 토론하기도 했다고 한다. 창씨개명을 거부하는 등
조부와 마찬가지로 철저한 민족의식을 가졌던 부친은 해방이 되자 제헌 국
회의원으로 피선된다. 국회연설에서 많은 박수를 받을 만큼 박식과 언변을
갖추었던 그는 안타깝게도 6 · 25 때 납북되었다.

그러나 세림은 서울 생활을 〈약속約束 없는 인생人生의 길 싸늘한 거리
에서 헛되이 청춘靑春〉을 보내는 것이라 생각한다. 그것은 〈고요히 눈감으
면 떠오르는 여위어진 고향의 얼굴〉 때문이었다. 고향을 떠나 타향에 있으
면서 자신의 청춘을 바쳐야 할 곳은 고향임을 무난히 깨닫는다. 여기까지
추측해 볼 때 이제 그를 향토적인 민족주의자라 규정지을 수 있었다. 고향
에 돌아와 다시 〈소년회〉를 재조직하고 〈조기회무起會〉를 결성하기도 한
그는 이른 아침 마을을 뛰는 청년들에게 이렇게 외쳤을 것이다.

구비치는 진리眞理의 물결은 그칠 줄 모르나니
멀지 않아 성곽城郭은 다시 빛나고 승리의 꽃다발은 우리에게 오리라
　　　　　　　　　　　　　　　　　　　　　　　　　—「요람搖籃」에서

그러나 사람들을 모아놓고 가난과 압박에 못이겨 북간도로 이주하는 처참하고 애절한 가족의 모습을 소인극素人劇으로 보이는 등 갈수록 표출되어 가는 그의 투쟁의식으로 일본 경찰의 수색과 압박을 받는다. 〈키다리 포푸라가 달빛을 기다리지만 달빛을 기다리지만 구름을 쓸기에는 키가 모자라는 모양이외다.〉라고 탄식하며 〈길게 살아 무엇하리 오래 살아 무엇하리 끝내 구슬픈 삶이량이면…….〉 하고 닥쳐올 운명을 예기한다.

우리 일행이 주곡동을 떠날 때에도 짧아진 하루해가 막 서산으로 넘어갈 채비를 하고 있었다. 세림 시인이 죽고 나서 모친 전주 유씨(柳魯尾)는 아들을 잃은 곳에서는 도저히 살 수 없다고 하여 이 곳을 떠나 서울로 이사하기로 했다.

"어머니는 그 사모관대를 입었기 때문에 오빠가 돌아가셨다고 생각했지요"

사모관대라 함은 아버지 조헌영 씨가 동경유학생 학우회장 시절에 무기징역을 받은 박열朴烈 씨에게 차입한 것이다. 그 때 박열 씨가 재판을 받을 때 일본인 법관에게 '네가 네 나라의 관복을 입었으니 나도 내 나라의 옷을 입고 하겠다' 고 하여 차입한 것이라 한다. 조지훈의 「나의 역정歷程」에 보면 '어두운 방 시렁 위에 좀 먹어 가고 있던 그 사대관모를 몰래 열어보고 이상한 감격에 잠기곤 했다' 는 이야기가 나온다. 그런데 세림은 〈소년회〉에서 소인극을 하면서 이 사모관대를 입었던 것이다.

해는 지고 그 빛만이 서산 너머로 붉게 비춰지는 모습을 보고 조동민 씨는 "나는 이럴 때 목을 놓아 울고 싶을 때가 있어요……"라고 했다. 6·25 때 어머니 유씨를 여의고 조부는 자결하시고 하나밖에 없었던 남동생 동위東衛는 학도병으로 나갔다가 훈련 중에 사망했다. 아버지와 농학자였던 남편마저도 납북되고 말았으니 역사의 굴곡 속에 회한과 슬픔의 세월을 살아온 그녀의 심정을 이해할 수 있을 것 같았다. 돌아오는 길에 나는 처음으로 세림 시인의 사진을 볼 수 있었다. 선이 굵고 눈동자가 맑은, 유난히 저녁노을을 사랑한 한 청년이 사진 속에 들어 있었다.

우리는 마지막으로 세림 시인에게 시적 영향을 준 오일도 시비를 들르는 것으로 이 기행을 마쳤다. 〈이 우주에/ 저보담 더 아름다운 것이 또 무엇이랴/ 저녁놀 타고 나는 간다/ 붉은 꽃밭 속으로 / 붉은 꿈나라로〉. 시비에 적힌 오일도 시인의 「저녁놀」을 읽으면서 나는 문득 생각나는 것이 있어 『세림시집』을 뒤적이기 시작했다. 지는 석양을 보며 젊은 민족주의자 세림이 꿈꾼 나라는 어떤 것일까? 그의 시집에서 찾아낸 평화로운 이 풍경처럼 그는 지금 어디서 꽃같은 잠이라도 자고 있을까.

파랗게 개인 저 — 하늘에
검정빛 제비들이 번거롭고
금가루 은가루냥 번득이는모래텁 우에
포근한 낮잠이 나를 부르다

넘실넘실 춤추는 저긔 강江물이
맑게 개인 하늘만치 푸르러 있고
푸른 잎새 욱어진 봉화재 우에
붉게 타는 저것이 진달래런가
　　　　　　　— 「춘상春想」에서

산과 물과 들과 사람이 다 있는 마을*
김인구

1

지훈 선생의 출생지이며 생장지인 경북 영양군 주곡리에서 1박 할 기회
가 있었다. 안동과도 가깝고, 우리 집안과 대대로 세교가 있는 곳이며, 선생
과의 학연에도 불구하고 나는 주곡을 가 볼 기회가 없었다. 지훈 선생 향리
인 주곡에 그의 시비를 건립하는 행사에 참여하기 위해서였다. 시비 건립은
지훈 선생이 몸담았던 고려대학교 제자들과 주실 한양 조씨 문중 청년들과
의 협력으로 성사되었다. 고려대에서 스쿨버스가 주곡을 향해 출발한 것은
1980년대 중반 8월 15일 아침 9시 30분이었다. 중앙문단, 언론사 기자를 몇
분 제하고는 모두 제자와 문중 사람들이 동승하였다. 지훈 선생 고향마을은
첨이라 모두들 설레임 같은 것이 있었다. 현지에 가지 못하는 교우들이 배
웅 나와 차에 실어준 맥주와 소주가 초장부터 팔리고 있었다. 내가 어른들
께 들은 주곡注谷(주실이라 통칭) 이야기는 이러하다.

주실에 지훈 선생 일가인 한양 조씨들이 10수대를 세거하면서 삼불차三
不借의 전통이 끊어진 일이 없이 오늘까지 이어져 왔다고 한다. 첫째는 삼
불차三不借로 자손이 끊이지 않아 양자를 빈 일이 없다는 것이고, 두 번째는

* 〈동연회통신〉(1998.12).

문불차文不借로 글이 끊어지지 않아 남의 글을 빈 일이 없다는 것이며, 세 번째는 재불차財不借로 살림이 곤궁치 않아 남의 재화를 빌리지 않았다는 것이다. 우리가 탄 차는 막 충주 교외를 달리고 있었다. 가물거리나 너무 선명한 지훈 선생과 얽힌 30년 전 학창시절 전후를 떠올리며 주위 사람들과 담소하고 있을 때, 차내에 자못 주흥이 도도하였다. "지금 자동차가 도루 출발지인 서울로 가고 있다"고 외쳤다. 폭소가 터졌다. 초행길이라 운전기사가 시가市街 중심부를 비켜 우회도로로 길을 잘못 들어서 그렇게 된 모양인데 서울 학교 마당까지 가지 않은 것이 천만 다행이었다. 차내는 취한 주호들 소란이 잠시 멎고 잠잠하였고 버스는 주곡을 향해 달리고 있었다. 문득 1962년 5 · 16 직후의 일이 떠오른다.

그때 지훈 선생 추천으로 성신여고에 국어교사로 일하고 있었는데 같은 중학교에 정재호 교수가 근무하고 있었다. 정재호 교수가 전화로 급히 만나야겠다고 해 퇴근 후 돈암동 어느 다방에서 만난 그는 "큰일 났으니 김형이 앞장서서 해결해야 될 것 같다"며 통사정을 하고 있지 않은가. 그 사연인즉 이러했다. "서슬 퍼런 군사정권이 교직자 정년을 60세로 단축 강행하려 하는데 누구 하나 반대의사를 내비칠 수가 없어 시내 중진 교장단이 협의를 거듭한 결과 『지조론志操論』으로 장안의 지가를 들먹인 청빈으로 유명한 조지훈 선생이 유력지에 특정 일부 교장의 공로를 기리는 글을 써서 그 강행을 막아보기로 했다"고 한다. 그런데 굳이 신문에 지훈 선생 글을 싣고자 하는 진의는 이러하다. 당시 사립학교 교장 중에 60세가 넘은 L, H 교장 등 반드시 구제되어야 할 몇몇 중진이 끼어 있어 이들을 구출하고자 한 것이다. 그래서 이 교장이 이미 지훈 선생께 전화로 곡진한 글을 부탁했는데, 전화를 받은 지훈 선생이 말하기를 "못합니다. 살아있는 사람을 찬양하는 글은 아직 써 본 일도 없고 쓸 수도 없습니다. 그 사람들이 앞으로 무슨 짓을 할지 누가 압니까?"라고 하여 일언지하에 이숙종 교장은 거절을 당하고 말았다.

글 부탁을 거절당한 이 교장은 막하에 근무하는 지훈의 제자인 나와 정 교수 둘을 볼모로 하여 글받기를 끝내 관철하려 하였다.

바로 교장실과 붙어 있는 중학교 교무실에 있는 나보다 더 순진한 정재호 교수를 교장실로 불러 지엄한 명령을 하기에 이른 것이다. 우리 둘은 그 때 성신여고에 부임한 지 나는 2년이고 정교수는 1년도 채 되지 않아 장판에 내놓은 촌닭이나 다름없었다. 지훈 선생 댁에 전화를 하니 마침 계셔서 우리 둘은 성북동으로 직행하여 자초지종을 고하였다. "허허, 그것 참, 이미 못 쓴다고 거절한 일인데……" 하시며 불쾌한 기색이 역력하였다. "선생님, 그의 뜻을 지희들이 왜 모르겠습니까. 선생님의 글 한 꼭다리에 저희들의 모가지가 달려 있습니다. 써 주셔야 하겠습니다"라고 진지하고도 곡진한 어조로 앙청하였다. 한참 생각에 잠기시더니 "어허, 그 원 참, 할 수 없군, 내일 이맘때 여기로 찾으러 오게." 그래서 그 글은 후배인 정재호 교수가 찾아다 신문에 기고하게 되었는데 서슬 퍼런 군사정권하에 교직 정년은 60세로 강행되고 말았던 것이다.

2

조령을 넘어 점촌에서 점심을 먹고, 잠시 휴식을 취했다. 예천, 안동, 진보를 거쳐 주실에 이른 것이 저녁 7시 30분이었다. 10시간이 소요되었으니 주실로 가면서 꽃동네 새동네서 많이도 쉬었다. 안동에 들어서면서부터 나는 마이크를 잡았다. 차내 방송으로 향토사를 강의하여, 초행길 나그네들의 답답함을 풀어 주었다. 여기가 영양군 일월면 주실 마을이다. 날은 이미 어둑살이가 끼었고, 종일 마시고 취해 피곤했다. 여러 집에 분산하여 쉬게 되었는데 나는 일행 몇 분과 함께 지훈 큰집이요 생가인 광복 직후 국립도서관장을 지낸 지훈 선생의 백부이신 조근영趙根泳 옹 댁에 여장을 풀었다. 저녁 식사 후 환담을 했다. 낮에 마신 술은 다 깨고 본격적인 술이 시작되는 조짐이 보였다. 주당으로 둘째가라면 서러워할 조세용趙世用, 유귀상柳龜相, 김기현金基鉉 교수가 한방에 들었으니 낌새가 심상치 않았다. 대구, 부산, 안동, 포항, 경주 등지에서 온 손님들 100여 명이, 이 날밤 마을 여러 집에 나누어 묵는다고 했다. 우리가 묵는 집 뜰악 가마솥에는 황구가 통째로 삶아지고 있었다.

주곡에서 1박 한다는 것이 우리로서는 남달랐다. 재학시 지훈 선생과 학연을 맺은 제자들은 잊지 못할 것이다. 병약할 뿐더러 바쁘면서도 자유분방한 선생은 휴강이 많았고, 개강하여 몇 주만 강의하고 서둘러 종강을 해 학생들을 어리둥절하게 만든 일이 많았다. 4학년 때, 선생의 강좌인 현대시특강이란 과목에 6명이 수강 신청을 해 우리 수강생들이 선생 연구실에 모여 강의를 들은 일이 있다. 요새 같으면 학부 강의의 경우, 20명 미달이면 폐강인데 그 때만 해도 그런 규정이 없었다. 지훈 선생이 48세를 1기로 기세한 후, 선생 유고를 모아 조지훈 전집 9책을 간행하였다. 그 나이에 언제 그 만한 저술을 집대성할 수 있었는지 놀라지 않은 사람이 아무도 없었다. 그 가운데 국문학 외에 사학, 민속학 등의 선구적 업적의 학술 논문이 다수였다는데 사람들이 경탄하였다.

밤이 깊었다. 야화로 내온 별찬진미며 넉넉히 내온 술인데도, 바닥을 본 주당들이 주흥에 겨워 자지 않고 고성방가로 소란했다. 술이라면 끝장을 보는 조세용, 김기현, 유귀상 교수가 술이 떨어지자 새벽 2시나 되어, 동네 가게에 가서, 한잠이 든 주인을 깨워, 술을 사서 한아름 안고 오다가, 발을 헛디뎌 도랑에 빠져 하나같이 짜지 않은 물빨래가 되어 돌아왔다. 술이라면 일가견을 가졌던 지훈 선생인데 그 제자들이 주가본당酒家本黨 마을에 와서 맹송맹송하게 그대로 넘어갈 수가 없었던 것 같다. 동행한 김용직金容稷 교수는 용케도 비주당非酒黨 틈에 끼어서 잘 자고 있는 것 같았는데 나는 꼼짝없이 주당들 틈서리에서 잠자기는 포기해야 될 처지가 되고 말았지만 이럴 때 잠이 다 뭐냐.

새벽까지 마신 술로 주당 삼총사는 끝내 곯아 떨어졌어도, 고이 자지 않고 앓는 소리에 나는 거의 뜬눈이었다. 잠시 한눈을 붙이는 척 하다가 일어나 뜰로 나왔다.

이른 아침이었다. 지훈가의 종손 조동창趙東昌 형 안내로 마을길을 산책했다. 조동창 형은 지훈의 큰집 종제로 서울대 불문과(법대: 편집자)를 나와 문화재 관리국에서 공무원으로 일하다가 뿌리치고 환향하여 집을 지킨다고 했다. 조형은 우리와 연배가 비슷한데 금년 봄에 타계하였다는 소식을 뒤늦게 들었다. 마을 앞에는 일월산日月山에서 발원하는 반변천半邊川 상류가 흐르고 있었다. 이 물길이 안동 내 고향인 지례국란知禮菊蘭 마을 앞으로 이어지는 그 물길이다. 그 시냇물을 가운데 두고 펼쳐진 들은 산간벽지로는 꽤 넓은 농경지로 광활하였다. 명문거족 마을에는 산이 있고 물이 있고 들이 있다는 걸 여기서도 확인하는 것이다. 건너편 산이 가까이 느껴지는 것으로 산다지협한 고장임을 쉽게 알게 한다. 그래서 여기는 산과 물과 들이 있고 그리고 사람이 있는 것이다. 지훈 생가 건너 다소곳한 산봉이 시야에 가깝다. 그 이름도 문필봉文筆峰과 연적봉硯滴峰이라 한다. 지훈 선생의 시 한편이 싱그런 풍경 속에 선명히 떠올랐다.

외로이 흘러간 한 송이 구름
이밤을 어디메서 쉬리라던고

성긴 빗방울
파초잎 후두기는 저녁 으스름

창 열고 푸른 산과
마조 앉아라
들어도 싫지 않은 물소리기에
날마다 바라는 그리운 산아

온 아츰 나의 꿈을 스쳐간 구름
이 밤을 어디메서 쉬리라던고
　　　　　　—「파초우」전문

이러한 지형 때문에 문장이 부절한 문불차文不借의 마을인지 모른다. 그래서 그런지는 알 수 없으나 현재 이 마을 출신으로 박사 교수의 인구비 밀도가 전국 제일향으로 자타가 공인하고 있다. 조동탁趙東卓(지훈, 고려대, 시인), 조동걸趙東杰(국민대, 한국사), 조대봉趙大鳳(영남대, 교육학), 조동일趙東一(서울대, 국문학), 조동원趙東元(성균관대, 한국사)을 비롯하여 한 마을에서 20여 명의 교수 박사가 배출되었다. 나는 듣기만 하고 보기는 처음인 주실에 와 보고, 절묘한 마을 앉음, 산과 물과 들! 삼불차의 전통, 제제다사의 인재에 대하여 더욱 흥미를 느끼지 않을 수 없었다. 내가 어릴 때 어른들 말씀 가운데 주실을 이렇게 평하는 걸 들은 일이 있다. 마을 이름 주곡注谷은 일월산日月山 정기를 마을(谷)에 다 쏟아부었다(注)는 풍수설에 의한 것이라 한다.

김종길金宗吉 교수는 "지훈이라는 사람"(『시와 시인들』, 민음사, 1997, p.67)이란 글에서 "지훈의 가문은 안동문화권의 다른 선비마을에 비해 한 가지 뚜렷한 특성을 가지고 있다. 그것은 가문의 학자들이 근세에 들어 정약용丁若鏞, 이가환李家煥 등과 교류하여 실학을 받아들인 점이다. 그리하여 주실 조씨는 안동문화권에서도 가장 진취적이요, 가장 일찍 개화된 양반 가문이 되었던 것이다"라고 말했다. 우선 가까운 지훈의 조부 조인석趙寅錫 옹을 훈자한 지훈 선생의 선대를 보면 주실을 안다고 사람들이 말한다. 이는 지훈 선생의 선대 4남매 중, 3형제는 모두(근영·헌영 두 형제만 유학함: 편집자) 동경 유학생으로 해방정국에 정부고위직을 지냈고, 따님(趙愛泳, 지훈 고모) 한 분은 배화 여고보를 졸업한 것을 두고 하는 말이다. 일제 초기 안동사림

사대부의 후예들은 딸을 초등학교에 보내는 것을 꺼렸는데, 이 마을에서는 서울 유학까지 보낸 걸 보면 교통이 매우 불편한 외진 산간 마을 주실이 안동유림 가운데 개화를 맨 먼저 한 것을 입증하고 있다.

> 훈기찬 매방산의 아침해 받아
> 영남의 개명천지 열어가던 주실
> 영웅의 산발로 찾는 새 모습
> 긴 수풀 거친 길을 다시 닦는다
> 아아 주실아 새 사조 받아서
> 새 역사 새 천지를 이루어 가자
> (조동걸 작사 · 조동건 작곡 「주실의 노래」 1절)

위의 「주실의 노래」는 3절 중 1절이며 끝 2행이 후렴이다. 이 노래는 1953년에 만들어 마을 청년들이 부른 것이다. 1953년은 휴전협정이 된 해로 온 강토의 사람들이 전화의 이산 통고와 휴유증의 실의에 빠져 좌절하고 있을 때였다. 이 노래에 담긴 기상은 약관弱冠이었던 당시 20대 초반의 주실 청년들 기개氣槪가 넘쳐나 있다. 기골 있는 상상력을 초월한 성숙이다. 될성부른 나무는 떡잎부터 안다고 한 옛말을 떠올리게 한다. "영남의 개명천지 開明天地 열어가던 주실"이니 이 난국을 앞장서 헤쳐야 한다는 결의에 차 있다.

마을 뒷산 중턱에 기독교 교회가 있었다. 그 교회는 일제초인 1920년대에 생긴 것이라고 하니, 이것 또한 영남사림 마을로는 최초일 것인데, 이것으로 이 마을이 얼마나 선각하였던가를 보여준다. 영남 향촌이 한결같이 개화가 늦었던 것이다. 그 예로 1895년에 유길준이 『서유견문』을 간행하여 영남 향촌 지식인들에게 보냈다고 한다. 이를 받아 든 안동 유림을 대표한 성리학자 서산西山 김흥락金興洛 옹은 책을 마당에 집어 던져 패대기쳐 척사양이의 기개를 굽히지 않았다는 일화가 전해지고 있다.

마을은 기다랗게 강물 방향을 따라 이어져 있는데 약 50호쯤 된다. 지훈 선생 종가인 조동창 형집은 안채와 사랑채 사이를 연결하여, 다양한 공간을 배열한 ㅁ자 외가로 약 30간 규모이고 앞마당을 지나 소슬 대문이 있고, 다시 담 안에 뜰이 배치되어 있다. 다른 집들은 그리 크지 않으나, 와가 고풍의 집들이다. 눈에 띄는 것은 새로 지은 집이 여러 곳이 있었고 오래된 집도 한결같이 관리가 잘 되어 있었다. 그 까닭을 물어보았다. 외지에 나가 사는 사람들도 집이 퇴락하면 보수를 하고, 문화재 가치가 없는 것은 아예 뜯고 새로 신축을 하고, 나가 사는 사람들도 집 관리에 힘써 그렇다고 하니, 이것 또한 다른 지역 마을과는 다르다고 느껴졌다. 산책을 마치고 숙소로 돌아와 집주인 조동창 형과 이야기를 나누었다. 그는 주실에 전해오는 것이라면서 다음과 같은 이야기를 들려주었다.

안동 내앞과 주실과 연사연비가 이어져 옛부터 선비들의 왕래가 잦았다. 내앞 선비가 제문을 지어 제를 물으러 주실에 왔고, 주실 선비 또한 내앞에 갔다. 별탈 없이 왕래하였는데, 언제부터인가 내앞 선비들이 주실 선비들을 골탕 먹였다고 한다. 기정 드리는 제문에 일부러 벽자僻字를 써서 독제문 하는 사람들을 떠듬거리게 하여 망신을 주었다는 것이다. 망신을 당한 주실 선비들은 한편 괘씸하고, 한편 자존심이 상해 대비책을 세우기로 하였다. 그 다음 때가 되어 내앞 선비가 제 물으러 주실로 오게 되었다. 시도에서 제문이 들어 있는 기정보따리를 빼돌려, 제문을 사전 검토해 벽자를 다 읽은 다음, 다시 그 보따리를 손님에게 천연스럽게 돌려주고, 마침내 제문을 얼음에 박 밀듯이 읽으니 내앞 선비가 오히려 당황해 했다는 것이다. 『설문해자』나 『강희자전』이 다 동원되었을 것이다. 그 뒤에는 다시 그런 장난이 없어지게 되었다고 한다.

3

아침에 도착한 교우들도 있었다. 11시에 제막을 한다고 한다. 시비가 세워지는 자리는 마을 입구 쑤(나무숲) 공터인데 마을 소공원으로 마을 사람들이 평소 여기서 모여 쉬고, 행인들이 지나다니는 길목이다. 화강 석재로 설계는 지훈 선생 장남으로 재미 디자이너인 광열光烈이 했고, 돌에 새겨진 시는 "산길을 가며"이다. 이 날 제막식에 참석한 사람이 500여 명이었다. 이동환李東歡 교수가 사회를 맡고, 홍일식洪一植 교수가 경과보고를, 내가 약력보고를, 중앙문단 김용직金容稷 교수와 영양군수의 축하와 하사로 폐회하였다.

기념 촬영을 하고 현장에서 점심을 먹었다. 500명 내빈을 질서정연하게 치른다는 것은 쉽지가 않은데, 객지에 나가 있는 주실 청년들이 우정 마을로 들어와 이 행사를 돕고 50대 교수 박사님들이 점심상을 들고 나르는 모습을 보고, 이날만큼 큰 가르침을 스승의 마을 주실서 다시 배울 줄은 미처 몰랐다. 귀로의 버스는 물을 끼얹은 듯이 적막했다. 술에 장사 없다 하지 않은가.

회정길 영양읍 진보 가랫재를 넘으면서 만감에 젖었다. 재학시 나는 성북동 지훈 선생 댁 출입을 가장 많이 한 학생 중 하나였다. 어떤 때는 선생이 묵은 사진첩을 꺼내서 나에게 보여준 일이 있다. 선친 동경유학시절의 사진이 많았는데 학생차림인 선생 곁에 우아한 숙녀가 있어 "어머니신가?" 하고 물었다. "아닐세, 작은 어머니야" 하고 웃으셨다. 나중에 들은 이야기지만 지훈 선친은 동경유학 시절 사귄 결핵환자인 애인을 주실로 데리고 와서 한방 처방으로 애인의 병을 고쳤다고 한다. 그래서 한방을 본격적으로 연구하여 이 방면의 대가가 되었으며 영남 유림가에서 지훈 선생 선친 한방 화제(처방)를 받기 위해 주실이 한때 문전성시였다고 전해진다. 본처가 시퍼렇게 주실에 살고 있는데 애인을 데리고 와 병 가료에 열중한 아들과 남편을 용서한 지훈 선생의 조부와 어머니 국량은 그 고장의 명문 대가집 전설로 구전되

고 있다. 주실은 산다지협한 마을이지만 마음은 넓고 생각은 큰 사람들이
사는 마을임을 입증하는 이야기이다.

이미 고인이 된 대구 묘동 출신으로 박팽년의 후손인 서예가 효람曉嵐 박
병규朴秉圭 선생과 자주 만난 일이 있다. 효람께서는 나의 은사 수당樹堂
김석하金錫夏 선생, 지훈 선생이며 그리고 안동 내앞 중손인 하촌河村 김시
우金時雨 선생과도 막교로 지내는 사이였다. 나보다 8년 장인데 나더러 허
교하자고 여러 차례 제의한 일이 있다. 어느날 지훈 선생을 모시는 자리에
마침 효람 선생이 합석하게 되었는데 그 후부터 효람께 그 말씀을 없었던 것
으로 거두어 드렸고 상경相敬하고 지냈다. 효람과의 허교란 어느 모로 보나
나에겐 버겁기 그지없는 턱걸이였다. 지훈 선생도 "허허, 옛날 같으면 못할
것도 없으나 좀 버거울 거야"라는 한마디 말씀으로 그 일은 결말이 났던 것
이다.

차내 정숙은 그것도 잠깐이었다. 차중에서 잠시 눈을 붙인 주당들이 다시
떠들기 시작하였다. 차내는 기고만장이었다. 혀 꼬부라진 노래자랑부터 신
파 변사조 대사까지 학창시절 술자리 그대로의 재판이었다. 이래서 언제 어
디서 만나도 우리는 친구요 형제요 동지들이었다. 굶어죽어도 풀을 뜯지 않
는다는 안암골 호랑이의 포효는 북행 한양 오백리길을 누비면서, 자동차는
서울을 향해 어둠을 향해 숨가쁘게 달리고 있었다.

주실의 이야기*

조동걸

　　주실은 일월산의 정기가 쏟아져 내린 언덕에 자리한 한양 조씨 집성촌이다. 매방산의 기개와 문필봉의 꿈을 키우며 사는 사람들의 마을이다. 정기가 쏟아지는 마을이라 하여 주곡리注谷里라 이름하고 장군천의 맑은 물이흐른다고 해서 매계梅溪라는 별호를 가지고 있다. 여기에 사는 주실 조씨는원래 한양에 살았는데 1519년 기묘사화己卯士禍를 만나 일문이 팔도로 흩어질 때, 정암공靜菴公(조광조)의 종숙 현감공縣監公(琮)께서 영주로 피신하여 영남에 살게 되었다. 그의 손자 11세 참판공參判公(源)께서는 1535년 영양 원당리로 옮겼다. 1545년에는 기묘명현이 신원되어 가문의 길도 열려갔다. 12세 경산당景山堂(光仁)과 약산당約山堂(光義) 형제는 도학이 남달라1577년 영산서당英山書堂 창립원로 16인에 선발되고 향중에서 해동이로海東二老로 우러러 뵈었다. 1592년 임진왜란과 그에 이은 정유재란에서는 약산당께서 수월水月(儉), 사월沙月(任), 연담蓮潭(健), 호은壺隱(佺) 사종 형제를 거느리고 의병을 일으켜 팔공산 회맹에 참가한 후 화왕산성 전투에 참전함으로써 역사에서 용사제현龍蛇諸賢으로 받든다. 수월·사월 형제는 정묘호란과 병자호란 때도 대공을 세워 사월공은 통정대부通政大夫에서 정2품

　＊『그래도 역사의 힘을 믿는다』(푸른역사, 2001).

자헌대부資憲大夫에 승자되었다. 여기에 이르러 열집 전후의 가문이 경반의 명예를 회복한 것이다.

주실은 13세 호은공이 1629년 인조 7년부터 아들 진사공(廷玏)과 함께 개척한 마을이다. 주실에 입향한 후에도 한양으로 돌아갈 꿈을 버리지 않고 있었으나 진사공의 손자 16세世 호봉壺峰(德純) 옥천玉川(德鄰) 형제와 임호霖湖(德厚) 임악霖岳(德久) 형제 사종반이 1677년부터 연년 대소과에 급제하는 경사가 이어지면서 주실에 만년 대기를 닦은 것이다. 그후 붕당 와중에서 시련을 겪기도 했으나 여러 어른이 문명을 떨쳐 문한의 고장으로 성장해 갔다. 주실에 정착한 1629년부터 1894년 과거제 폐지까지 265년간에 옥천공 수난의 영향도 있어 홍패 넉장, 백패 아홉장에 불과하고 도학의 명망이 높은 어른이 받은 수직의 영예도 많지는 않았다. 그러나 선비로 자족하며 문집과 유고를 남긴 이가 63인에 이르러 벼슬길 이상의 영광을 누렸다.*

그래서 시인묵객의 발길이 끊이지 않았는데 특히 주목할 것은 조선후기 실학자 채제공蔡濟恭, 이가환李家煥, 정약용丁若鏞과 교류하면서 개혁의 불길을 지펴 제례에서 단설의 실시, 관례와 혼례의 통합 등, 생활 개혁을 단행했던 일이다. 이와 같은 조선후기부터의 개혁의 추진은 주실의 개혁 전통을 세우는 단서가 되었다. 그 때 유학을 새롭게 익히던 곳이 월록서당月麓書堂이다. 호은정사壺隱精舍, 만곡정사晚谷精舍와 침천정枕泉亭 학파정鶴坡亭도 그러한 뜻을 잇던 곳이다. 혹은 사미정四未亭과 임산서당霖山書堂이나 갈은정葛隱亭에 가서 공부하기도 하고 임강계霖崗稧 같은 학계를 만

---

* 霖叟(檈), 草堂(喜堂), 孤山(禔), 靜修齋(遵道), 月下(運道), 磨巖(進道), 晚谷(述道), 松韻(行道), 拙川(性道), 稼翁(居善), 梅塢(居信), 愚溪(明復), 泩溪(恒復), 心齋(彦儒), 鶴坡(星復), 冶軒(彦休), 松塢(根復), 拙窩(端復), 古隱(居南), 木澗(淵復), 默窩(彦綱), 癡軒(秉周), 蘆山(彦國), 竹塢(彦育), 大樸寮(秉奎), 翠澗(彦俊), 痴菴(彦棄), 蓉隱(秉魯), 蓉山(秉淵), 霖岡(秉性), 楠原(秉華), 菊塢(秉重), 竹下(秉薰), 日下(思容), 魯溪(垕容), 冶塢(寓容), 太杲(彦吉), 冶山(秉林), 南洲(承基), 鷹巖(耆容), 蘭皐(命基), 南山(永基), 翠巖(蓍容), 小皐(鐀容), 晚竹(寅容), 石農(秉禧), 梅墅(獻基) 등께서 남긴 문집·유고와 많은 분들의 글월이 전해 온다 (이상의 글은 원문에는 본문에 실려 있으나, 여기에서는 각주 처리하였다).

들어 면학의 뜻을 『매계수창梅溪酬唱』에 담기도 했다.

구한말의 변혁기를 맞아서는 남주南洲(承基)께서 임진·병자 양란 때의 선대 유지를 이어 의병을 일으키니 마을이 온통 의병의 고장이 되었다. 1899년에는 석농石農(秉禧)께서 서울의 개화개혁운동에 동참하고 아울러 창용昌容·술용述容·종기鍾基·인석寅錫·두석斗錫 등의 청년과 함께 1904년부터 국민교육회와 대한자강회에서 활약하게 되니 주실은 개화 마을로 일변하기 시작하였다. 여기에 이르러 주실은 개혁의 고장이란 별칭을 듣게 되었다. 국민교육회 간사였던 창용昌容께서는 1908년부터 해외로 나가 연해주·북간도 등지에서 신한촌 건설의 선봉적 행적을 남겼다. 1910년 대한제국이 멸망하자 범용範容·만기萬基·유기裕基(일명 載基)께서는 서간도로 망명, 독립군 기지 개척에 앞장서 독립운동사를 빛냈다.

마을 안에서는 영진의숙英進義塾 배영학당培英學堂 동진학교東進學校를 세워 노동야학과 여자야학을 일으켜 민족교육에 이바지하였다. 삼불차三不借로 이름난 호은 종택에 설치되어 있던 영진의숙은 유수한 어린이를 모아 가르치던 곳으로 인석寅錫·근영根泳 부자께서 저술한 당시의 교재인 『초경독본初徑讀本』이 오늘에 전하고, 석기碩基께서 정성을 쏟아 월록서당에 세웠던 배영학당은 노동야학으로서 1927년에 조선농민사로부터 전국 모범야학으로 포상을 받았고, 이 집 저 집에 돌아가며 간판을 걸었던 동진학교는 딸네와 새댁네가 모여 가사를 짓고 읊으며 무궁화 열세 송이로 13도를 수놓기도 하며 안방에 새 바람을 일으켰는데 명교明敎·애영愛泳·현필賢弼·김종진金鍾振 여사 등이 앞장을 섰다. 이것이 모두 마을 혁신의 요람이 되었다. 한편 1920년대에 노동공제회·신간회·청년동맹 등을 결성하여 민족운동에서 산골 마을답지 않은 큰 발자국을 남겼다. 특히 신간회 활동에서는 영양지회의 회장(寅錫)과 총무(俊泳)를 맡았던 외에 일본에서 동경지회장(憲泳)과 경도지회 총무(龍基)를, 또 중앙의 검사위원(헌영)을 맡아 활약하는 남다른 열성을 보였다. 이에 동민들도 신간회에 가입하니 주실을 신간회 마을이라 일컫기도 했다. 신간회 활동으로 1928년부터 양력과세로 전환한 것은 그때로서는 보기 드문 용단이었는데 지금도 주실은 양력 과세를 자랑으로 삼고 있다. 그러느라고 정초에 풍악을 울리며 지신을 밟고 성황당 동제를 올리던 흥겨운 민속이 위축된 아쉬움을 남기기도 했다.

1930년대에는 헌영憲泳께서 일월산 초목을 조사 실험하여 현대 한의학을 개척하였는데 실험을 돕기 위하여 앞뒤 산을 오르내리던 초동들의 일화가 노변담화로 내려온다. 그렇게 시작한 현대 한의학이 오늘날 남한과 북한에서 함께 민족의학의 금자탑으로 빛나고 있으니 이 또한 주실의 광영이다. 다음에는 농무회와 꽃탑회의 활동을 손꼽는다. 농무회는 혁명적 농민조합 단체였고 꽃탑회는 계몽운동 단체였다. 농무회를 통하여 세상 안목을 넓히는 한편, 회보까지 발행하던 꽃탑회 활동을 통하여 새 안목을 글에 담았다. 동진東振(世林), 동탁東卓(芝薰) 형제가 문단에 올라 10대代에 불후의 시문을 남긴 것이 이때였다. 이와 같이 주옥같은 문필과 학문을 남기고 민족운동을 전개하는 가운데 더욱 놀라웠던 것은 일본이 강요하던 창씨개명創氏改名에 저항하여 성과 이름을 지켜온 사실이다. 아마도 온 마을이 창씨개명을 거부한 곳은 우리 나라에서 주실 뿐이리라. 그래서 주실을 개혁의 고장, 신간회의 고장에 이어 민족 운동, 민족 문화의 고장이라 일컫는 것이다. 오늘날 주실에서 국학자가 많이 배출된 것이 우연이 아님을 알 수 있다.

해방될 때 주실은 70호 가량, 350명 정도의 인구가 살던 작은 마을이었다. 산전을 일궈 농사를 짓고 밥 먹을 걸 죽 먹으며 자식교육을 우기는 것이 마을의 또 하나의 전통이었다. 그 전통의 분위기에 힘입어 고학으로 공부하여 입명한 이도 적지 않다. 그 작은 마을에서 해방을 맞자 어른들은 서울과 대구로 나가 정치인으로 새 조국 건설에 이바지하고, 젊은이들은 은화청년회隱花靑年會를, 어린이들은 주실소년회少年會를 결성하여 격조 높은 연극과 음악회와 운동회와 토론회를 열었던 활기 찬 모습은 높은 향학열이 아니고는 얻을 수 없는 결실이었다.

"매방산 기개를 가슴에 품고 매계의 정기를 일신에 모아"라던 청년회의 노래가 젊은 포부와 야망을 불타게 했던가 하면, 농부가로 편곡되어 노을진 들녘에 울려 퍼질 때면 풍요로운 마을을 한결 흥겹게 했다. "하나 둘, 하나 둘" 안개 낀 새벽을 헤치며 마을을 달리는 소년회의 조기회 행렬은 아버지 어머니들의 아침 일손을 마냥 즐겁게 했고, 매방산에 올라 해돋이 맞으며 「애국가」와 「용진가」를 부를 때면 주실의 꿈을 더욱 더 부풀게 했다.

이러한 주실의 이야기가 어찌 주실 안에서만 머물 것인가. 마을과 마을로 퍼져 나갔고 혹은 딸네의 혼인길 따라 번져서 외손들의 앞길을 활짝 열기도 했다. 그리하여 경향에서 찾아오는 명사가 연중 줄을 이었다. 정초에 지신굿 놀이가 펼쳐지면 학술조사하러 왔던 학자들도 징소리에 맞춰 어깨춤을 추었고, 한여름 풀굿 놀이 때 아낙네의 허리춤이 덩실대면 길손도 북소리 장단에 맞춰 엉덩춤을 추었다. 아지랑이가 들녘에 피어오르면 뒷동산에서 화전놀이가 시작되었는데 노랫가락이 산울림을 탈 때가 되면 치마폭을 감아쥔 새댁네와 딸네의 엇물림 꽃춤이 봄하늘을 수놓았다. 설맞이 놀이는 주실이 창안한 장작윷 축제로 걸판지게 거행되었다. 해마다 그 때면 문객들이 모여들어 곱사춤과 술주정으로 송구영신의 흥을 한결 돋우었다. 사랑방의 팔목과 안방의 채윷놀이와 상방의 가투놀이는 오신 손님 대접 삼아 회가 축제로 열렸는데 집집에서 터져 나오는 웃음꽃이 겨울밤을 녹혔다.

그렇게 뜨겁던 주실의 모습이 이제는 옛 이야기 속으로 묻혀가고 있다. 그러나 그것은 모두 주실의 얼이 되고 살이 되었다. 그 토양 위에서 자란 소년회 어린이들이 어느덧 70 고령에 이르렀지만 너나없이 "바르게 행동하고 밝게 살자"던 구호가 풍진에 오염되지 않도록 북돋우어 준 주실의 교훈을 잊지 않고 있다. 6·25동란을 전후해서는 조국의 운명처럼 모진 고난을 겪

326

었고 마을은 폐허로 전락하는 듯 했으나 그래도 좌절하지 않았다. 신세대 젊은이들이 황폐한 골목의 긴 수풀 거친 길을 다시 닦으며 "아! 주실아 새 사조 받아서 새 역사 새 천지를 이루어 가자"고 주실의 노래를 다시 만들어 부르면서 마을을 새롭게 가꾸었다. 이 때에 만든 새 향약鄕約이 오늘에 이르고 있다.

　주실이 개화 마을로 변신하기 시작한 1899년부터 꼭 100년의 세월이 흐른 지금, 역사는 20세기를 마감하고 있다. 20세기의 역사가 파도칠 때마다 파도에 휘말린 우여곡절이 있었다고 해도 중요한 것은 주실을 지키고 살지어 왔다는 사실이다. 그 지성이 감천하여 오늘날 알찬 열매로 영글고 있다. 새로 이사해 온 여러 성씨의 정다운 이웃들과 함께 더욱 착하고 아름다운 마을로 다듬어져 가고 있다. 밖에 나가서 세상에 이름을 떨친 이도 주실을 사랑하기에 인색하지 않다. 수십 명의 문인 학자를 비롯하여 교육자와 의사와 판검사와 사성장군, 그리고 수령방백守令方伯을 비롯한 관공리와 기업가와 은행가와 목사와 승려에 이르기까지 여러 분야에서 활동하는 명사가 많다. 과연 작야강변昨夜江邊에 춘수생春水生하니 몽충거함艨衝巨艦도 일모경一毛輕이라는 말이 헛소리가 아니다. 마을 안에서 사는 이나 밖에 나가 사는이나 모두 어린시절 주실에서 얻은 기운으로 세상을 바르고 훌륭하게 살아가고 있다. 그래서 한양에 살던 향수를 누르고 370년 전 호은공壺隱公께서 개척한 주실을 못 잊어 오늘도 내일도 '주실에 사르리랐다'를 읊조리는 것이 아니더냐. 이제 주실은 세계로 도약할 차례이다. 세상은 바야흐로 21세기를 맞고 있다. 주실아! 주실의 문을 더욱 넓게 열자. 그리고 세계로 도약하자.

◀ 지은이 소개(게재순) ▶

이효걸

1952년생. 고려대학교 철학과를 졸업하고 같은 학교 대학원에서 철학박사 학위를 받았다. 현재 안동대학교 국학부(동양철학전공) 교수이다. 저서로는 『역사 속의 중국철학』(공저), 『논쟁으로 보는 불교철학』(공저) 등이 있으며, 논문으로는 「장자 「제물론」의 새로운 이해」, 「한국 화엄종의 정토론적 전개」, 「삼계교 – 위기 시대의 민중불교」 등이 있다.

김용헌

1962년생. 고려대학교 철학과를 졸업하고 같은 학교 대학원에서 철학박사 학위를 받았다. 현재 한양대학교 인문과학부 철학과 교수이다. 저서로는 『조선유학의 학파들』(공저), 『실학의 철학』(공저) 등이 있으며, 논문으로는 「조선조 유학의 기론 연구」, 「생태학적 위기와 전통철학」 등이 있다.

안병걸

1954년생. 성균관대학교 유학과를 졸업하고 같은 학교 대학원에서 철학박사 학위를 받았다. 현재 안동대학교 국학부(동양철학전공) 교수이다. 저서로는 『강좌 한국철학』(공저), 『안동 금계 마을 – 천년불패의 땅』(공저) 등이 있으며, 논문으로는 「17세기 조선 유학의 경전 해석에 관한 연구」, 「영남학파의 계승 발전 및 그 연구 과제」 등이 있다.

권오영

1960년생. 영남대학교 국사학과를 졸업하고 한국정신문화연구원 부설 한국학대학원에서 문학박사 학위를 받았다. 현재 한국정신문화연구원 편수연구원으로 있다. 저서로는 『최한기의 학문과 사상연구』, 『혜강 최한기』(공저), 『역주 경국대전』(공역주) 등이 있으며, 논문으로는 「1881년의 영남만인소」, 「최한기의 사회경제적 처지와 현실인식」, 「퇴계의 심성이기론과 그 사상사적 위치」 등이 있다.

김문식

1962년생. 서울대학교 국사학과를 졸업하고 같은 학교 대학원에서 문학박사 학위를 받았다. 현재 서울대학교 규장각 학예연구사로 있으면서 계간지 『문헌과 해석』, 『전통과 현대』의 편집위원을 맡고 있다. 저서로는 『조선후기 경학사상연구』, 『정조시대의 사상과 문화』, 『정조의 경학과 주자학』 등이 있으며, 논문으로는 「18세기 후반 순암 안정복의 기자 인식」, 「혜경궁 부부의 존숭에 관한 국가 전례」, 「20세기 국가제례의 변천과 복원」 등이 있다.

김기승

1957년생. 고려대학교 사학과를 졸업하고 같은 학교 대학원에서 문학박사 학위를 받았다. 현재 순천향대학교 어문학부 국제문화학과 교수이다. 저서로는 『한국근현대 사회사상사 연구』 등이 있으며, 논문으로는 「한말 유교지식인의 사상전환과 논리」, 「사회민주주의」, 「대한독립선언서의 사상적 구조」 등이 있다.

김희곤

1954년생. 경북대학교 사학과를 졸업하고 같은 학교 대학원에서 문학박사 학위를 받았다. 현재 안동대학교 인문대학 사학과 교수로 있으면서 안동문화연구소장과 박물관장을 맡고 있다. 저서로는 『중국관내 한국독립운동단체연구』, 『대한민국임시정부의 좌우합작운동』, 『백범김구전집』(공저), 『안동의 독립운동사』, 『박상진 자료집』, 『새로 쓰는 이육사 평전』, 『독립운동으로 쓰러진 한 명가의 슬픈 이야기』, 『신돌석; 백년만의 귀향』 등이 있으며, 논문으로는 「서산 김홍락의 의병항쟁」, 「단주 유림의 독립운동」 등이 있다.

정천구

1967년생. 부산대학교 국문학과를 졸업하고 서울대학교 대학원에서 석사 학위와 박사 학위를 받았다. 현재 부산대학교 국어교육과 강사이다. 역서로는 『베트남 선사들의 이야기』가 있으며, 논문으로는 「三國遺事와 中·日 佛敎傳記文學의 비교 연구」, 「고승의 일생, 그 구조와 의미」 등이 있다.

이호열

1957년생. 영남대학교 건축공학과를 졸업하고 같은 학교 대학원에서 공학박사 학위를 받았다. 현재 밀양대학교 건축공학과 교수이다. 저서로는 『경상도 700년사』(공저), 『경상감영 400년사』(공저), 『경북의 건축』(공저) 등이 있으며, 논문으로는 「조선전기 주택사 연구」, 「경북지방 근대한옥의 유형과 성격」, 「밀양영남루 연혁 및 건축형식 변천에 관한 연구」 등이 있다.

김미영

1962년생. 안동대학교 민속학과를 졸업하고 인하대학교 대학원에서 문학석사 학위를, 일본 東佯대학 대학원에서 사회학박사 학위를 받았다. 일본 琉球대학 외국인객원연구원을 거쳐 현재 안동대학교 국학부 강사이다. 저서로는 『한국 민속학 새로 읽기』(공저), 『안동양반의 생활문화』(공저) 등이 있으며, 논문으로는 「한일친족의 비교연구」, 「'제사 모셔가기'에 나타난 유교이념과 양반 지향성」, 「한국사회에서 '어른 되기'」 등이 있다.

노대환

1966년생. 서울대학교 국사학과를 졸업하고 같은 학교 대학원에서 문학박사 학위를 받았다. 현재 동양대학교 교양학부 교수이다. 저서로는 『정조대의 사상과 문화』(공저)가 있으며, 논문으로는 「1860~70년대 전반 조선 지식인의 대외인식과 洋務 이해」, 「개항기 지식인 金炳昱의 시세인식과 富强論」 등이 있다.

예문서원의 책들

근현대총서

현대신유학 鄭家棟 지음 · 한국철학사상연구회 논전사분과 옮김 · 400쪽 · 값 7,800원 · 『現代新儒學槪論』
모택동 사상과 중국철학 畢劍橫 지음 · 이철승 옮김 · 312쪽 · 값 10,000원 · 『毛澤東與中國哲學傳統』

노장총서

도가를 찾아가는 과학자들 — 현대신도가의 사상과 세계 董光璧 지음 · 이석명 옮김 · 184쪽 · 값 4,500원 · 『當代新道家』
노자철학과 도교 許抗生 지음 · 노승현 옮김 · 232쪽 · 값 6,000원 · 『老子與道家』
유학자들이 보는 노장 철학 조민환 지음 · 407쪽 · 값 12,000원
노자에서 데리다까지 — 도가 철학과 서양 철학의 만남 한국도가철학회 엮음 · 440쪽 · 값 15,000원
위진현학 정세근 엮음 · 275쪽 · 값 10,000원

성리총서

양명학 — 왕양명에서 웅십력까지 楊國榮 지음 · 정인재 감수 · 김형찬, 박경환, 김영민 옮김 · 414쪽 · 값 9,000원 · 『王學通論』
상산학과 양명학 김길락 지음 · 391쪽 · 값 9,000원
동아시아의 양명학 최재목 지음 · 240쪽 · 값 6,800원
범주로 보는 주자학 오하마 아키라 지음 · 이형성 옮김 · 546쪽 · 값 17,000원 · 『朱子の哲學』
송명성리학 陳來 지음 · 안재호 옮김 · 590쪽 · 값 17,000원 · 『宋明理學』
주자학의 인간학적 이해 이강대 지음 · 200쪽 · 값 7,000원

역학총서

주역철학사 廖名春, 康學偉, 梁韋弦 지음 · 심경호 옮김 · 944쪽 · 값 30,000원 · 『周易硏究史』
주역, 유가의 사상인가 도가의 사상인가 陳鼓應 지음 · 최진석, 김갑수, 이석명 옮김 · 366쪽 · 값 10,000원 · 『易傳與道家思想』
왕부지의 주역철학 — 기철학의 집대성 김진근 지음 · 430쪽 · 값 12,000원
송재국 교수의 주역 풀이 송재국 지음 · 380쪽 · 값 10,000원

예술철학총서

중국철학과 예술정신 조민환 지음 · 464쪽 · 값 17,000원
풍류정신으로 보는 중국문학사 최병규 지음 · 400쪽 · 값 15,000원

동양문학총서

이야기 小說 Novel — 서양학자의 눈으로 본 중국소설 김진곤 편역 · 416쪽 · 값 15,000원

동양사회사상총서

주역사회학 김재범 지음 · 296쪽 · 값 10,000원
유교사회학 이영찬 지음 · 488쪽 · 값 17,000원

한의학총서

한의학과 유교 문화의 만남 林殷 지음 · 문재곤 옮김 · 344쪽 · 값 10,000원 · 『儒家文化與中醫學』

잡지

오늘의 동양사상(제1호 · 1998) 예문동양사상연구원 펴냄 · 385쪽 · 값 10,000원
오늘의 동양사상(제2호 · 1999) 예문동양사상연구원 펴냄 · 318쪽 · 값 8,000원
오늘의 동양사상(제3호 · 2000) 예문동양사상연구원 펴냄 · 360쪽 · 값 10,000원
오늘의 동양사상(제4호 · 2001 봄) 예문동양사상연구원 펴냄 · 412쪽 · 값 10,000원
오늘의 동양사상(제5호 · 2001 가을) 예문동양사상연구원 펴냄 · 362쪽 · 값 10,000원

전집

이상은선생전집 이상은 지음 · 전4권 · 값 120,000원
이을호전서 다산학연구원 편 · 전9권 · 값 300,000원